JN057217

鎌倉北条氏の女性ネットワーク

田辺　旬
野口華世／編著

小径選書 7

はしがき

北条政子は、鎌倉幕府を開設した初代将軍源頼朝の妻であり、三代将軍実朝の暗殺後には実質的な将軍として幕府政治を主導した。中世の武士社会においては、女性は財産を相続する権利をもっており、夫の死後には後家として一族を率いるなど、その政治的立場は決して弱くはなかった。政子の執政は当時の社会のあり方を反映しているのであり、中世の武士社会における女性の政治的役割は大きかったのである。

本書では、鎌倉北条氏をめぐる女性たちを取り上げる。伊豆国の武士であった北条氏は、治承四年（一一八〇）の頼朝挙兵によって歴史の表舞台に登場した。将軍実朝の時代に義時は執権（政所の別当）となって侍所の別当も兼任するようになり、その地位は北条氏によって世襲された。源氏将軍断絶後には摂家将軍・親王将軍が擁立されたが、北条氏が中心となって幕府政治を運営した。得宗（北条氏嫡流の家督）が幕府権力を率いていったが、元弘三年（一三三三）に幕府とともに北条氏は滅亡する。

北条氏の歴史は鎌倉幕府とともにあった。本書では、北条政子とその妹たち、歴代得宗の妻たち、政子の孫娘竹御所といった人物に焦点を当てる。御台所・後家尼・乳母といった政治的立場、婚姻関係によるネットワーク、鎌倉と京都の関係、伝承や伝説といった様々な視点から分析することにより、それぞれの人物像を明らかにするとともに、女性たちを通して鎌倉時代を捉えることを目指したい。

本書の刊行は、樋口州男氏のお声がけによるものである。『「吾妻鏡」でたどる北条義時の生涯』（小径社、二〇二一年）の「人物点描」では義時周辺の女性たちを取り上げたが、その視点を発展させて新しい本を作ることを提案いただいた。樋口氏には心よりお礼を申し上げたい。

本書を通して鎌倉時代を生きた女性たちに興味をもっていただければ幸いである。

二〇二三年一月吉日

田辺　旬

〔付　記〕

本書では章ごとに人物を取り上げて分担執筆しており、叙述が重複していたり歴史的評価が異なっていたりする部分もあるが、編集委員会としては執筆者の意向を尊重する方針をとっており調整していない。また、人物や事件の表記も執筆者の意向を尊重した。系図については見やすさを優先したために、兄弟姉妹の配置が出生順になっていないものもある。なお、各章の冒頭の文章は田辺が担当した。

また、本書の刊行準備中に、今井雅晴『鎌倉北条氏の女性たち』（教育評論社、二〇二二年）が刊行された。本書と内容は重なるが、視点が異なる部分も多いので参照されたい。

目次

序章　鎌倉幕府成立以前

治承四年（一一八〇）八月、伊豆国（静岡県南部）の流人であった源頼朝は反平氏の挙兵をおこなった。鎌倉幕府の歴史書である『吾妻鏡』では、頼朝挙兵を支えた北条時政は「当国豪傑」とされており、伊豆国の大豪族であったかのように説明している。しかし、挙兵時の時政の動員兵力は多くはなく、時政以前に分かれた一族も確認できないために、北条氏の領主としての規模はそれほど大きくはなかったと考えられる。

鎌倉末期に貴族の吉田隆長が編纂した『吉口伝』によれば、時政は在庁官人として出仕していた時に伊豆守であった吉田経房（隆長の先祖）と関わりがあった。そのために、のちに時政は頼朝に経房を推挙したという。時政は在庁官人（国衙で行政事務を担当した役人）として活動しており、京都の貴族との関係も深かったのである。

平治元年（一一五九）の平治の乱後に源頼朝は伊豆に配流となった。敗走中に捕虜となった頼朝の身柄は、平頼盛（清盛の異母弟）の池家のもとに置かれていた。頼盛が領有していた駿河国大岡牧（静岡県沼津市・裾野市）の代官は牧氏がつとめており、時政は牧氏との関係により頼朝を保護することになったとされる。時政の娘政子は頼朝の妻となった。

挙兵した頼朝は、石橋山合戦で大敗したのちに房総半島で勢力を盛り返していき、相模国鎌倉（神奈川県鎌倉市）に軍事権力を樹立した。鎌倉幕府の開設によって、政子は御台所（将軍の妻）となり、時政・義時父子は御家人となった。北条氏は頼朝挙兵によって歴史の表舞台に登場することになったのである。

幕府成立以前の平安末期の北条氏は、伊豆国の武士団のひとつにすぎなかったために、その史料は限られており不明な点が多い。政子・義時の生母である時政の先妻は頼朝挙兵時にはすでに死去していたと推定されるが、伊豆国の有力武士であった伊東祐親の娘であったとされる。富士の巻狩の際に父の敵を討ったことで知られる曽我兄弟は祐親の孫にあたる。そのために、兄弟の敵討ちを主題とする軍記物語である『曽我物語』には、平安末期の伊東氏や北条氏についての記述がみられる。

伊東祐親の娘たち―史実と伝承―

●北条氏と伊東氏

平安時代末期の北条氏は、伊豆国田方郡北条（静岡県伊豆の国市）を本拠地とする武士であった。四代執権北条経時の子息で鶴岡八幡宮寺の別当をつとめた頼助の諷誦文（追善の法会で読まれた文）では、頼助を「桓武の聖代には十九世の苗裔、平将軍よりは十三代の後胤」であると述べている。鎌倉期の北条氏は、自らの家系を「平将軍」＝平貞盛の後胤であると意識していたのである。平貞盛は天慶の乱を鎮圧した武士であり鎮守府将軍に任官した。

北条氏の系譜については系図により異同がみられるために不明な点が多いが、佐々木紀一氏は、読み本系『平家物語』のひとつである『源平闘諍録』では時政の祖父時家が北条介の婿となったとされていることから、伊勢平氏出身の時家が北条介の婿となって伊豆国の住人となったと指摘している［佐々木一九九九］。北条氏は伊豆国では新興勢力だったのである。

北条時政は牧の方を後妻として政範や平賀朝雅の妻となる娘らを儲けたが、政子や義時の母である先妻は早くに亡くなったと推測されている。真名本『曽我物語』には時政の先妻が伊東祐親の娘であったとする記述があり、前田本「平氏系図」では義時の母を「伊東入道」の娘としている。近年の中世史研究においては時政の先妻は伊東祐親の娘であったとする見解が一般的になっている［細川

二〇一一、坂井二〇二一、山本二〇二一、野口二〇二二]。

伊東祐親の娘たちについての一次史料は確認できないが、『平家物語』や『曽我物語』といった軍記物語には祐親の娘についての記事がみられる。本章では、軍記物語を素材として祐親の娘たちについてみていくとともに時政の先妻についても考察したい。

●『曽我物語』と伊東氏

伊東祐親は伊豆国田方郡伊東（静岡県伊東市）を本拠地とした武士であり、藤原為憲（平安中期の人物、藤原南家乙麻呂流）を祖とする工藤氏の一族である。伊東氏の領主としての規模は北条氏よりも大きかったと考えられている。祐親は「平家重恩ノ者」（延慶本『平家物語』）であ

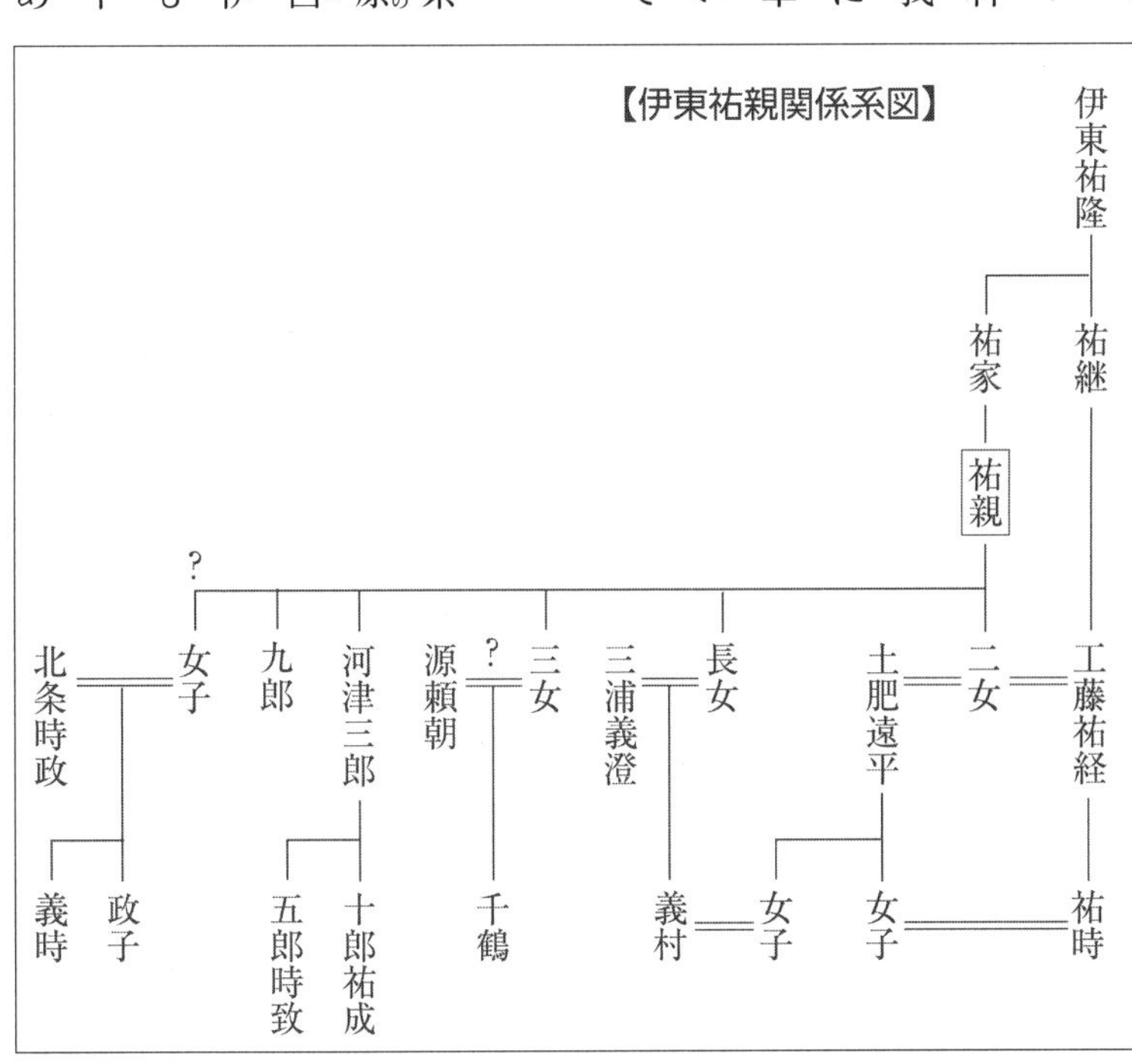

ったために、治承四年（一一八〇）の頼朝挙兵では平氏方として行動しており石橋山合戦でも頼朝軍と敵対した。

『曽我物語』は、祐親の孫にあたる曽我兄弟の敵討ちを主題とした軍記物語である。『曽我物語』では、伊東氏内部の所領争いと兄弟の敵討ちについて、次のように語られている。祐親は父が早世したために祖父祐隆に養育され次男に立てられて河津（静岡県河津町）を譲られた。一方で、祐隆は継娘（後妻の連れ子）の子を嫡子に立てて伊東荘を譲与し祐継と名乗らせた。祐親は「自分こそが祖父の嫡子に立てられ伊東荘に住むべきである」と考えて、「異姓他人」の継娘の子である祐継が嫡子になったことに不満を抱いた。しかし、実は祐継は祐隆が継娘に密かに生ませた子であり、祐親の叔父にあたったという。重病になった祐継は幼い子息（のちの工藤祐経）を祐親に託して死去した。

祐親は成長した祐経を自らの二女と結婚させたが、祐経が京都で活動しているうちに領地を押領してしまった。祐経が京都で所領についての訴訟をおこすと、祐親は二女を取り戻して相模国（神奈川県）の土肥遠平と再婚させてしまう。祐経は家人に命じて祐親の嫡子河津三郎を暗殺した。祐親は祐経と所領争いを繰り広げて嫡子を失ったのである。

三郎の妻は相模国の曽我祐信と再婚したために、三郎の遺児である一万（十郎祐成）と筥王（五郎時致）は母の再婚先である曽我（神奈川県小田原市）で成長した。伊東氏は頼朝と敵対して没落したが、工藤祐経は御家人となって頼朝に重用された。建久四年（一一九三）の富士の巻狩で、兄弟は父の敵である祐経を殺害して敵討ちを果たしたが、十郎は仁田忠常によって討たれ、五郎も捕らえられたのちに斬られた。

真名本『曽我物語』巻第二では、「伊藤次郎助親（伊東祐親）には娘四人候ひけり。第一は三浦介義澄の女房なり。第二は相模の国の住人土肥次郎実平が嫡子に早河弥太郎遠平が妻女なり。三、四は未だ親の許に在り」とあり、祐親には四人の娘がいたと説明している。延慶本『平家物語』も同じように祐親には四人の娘がいたとする。

●祐親の長女―三浦義澄の妻―

祐親の長女は三浦義澄の妻となった。三浦氏は相模国三浦郡（神奈川県横須賀市・三浦市）を本拠地とした桓武平氏良文流の武士であり、義澄の姉妹が源義朝の妻となって義平を生むなど河内源氏との関係が深かった。祐親は長女の結婚により伊東氏と三浦氏の海上交通を通じた提携を強化したと考えられている［坂井二〇〇七］。祐親の長女と義澄との間には義村が生まれている。

治承四年の頼朝挙兵では、伊東祐親が平氏方として頼朝に敵対したのに対して、三浦義澄は頼朝方に与した。伊東氏と三浦氏は敵味方に分かれたのである。石橋山合戦で大敗した頼朝は安房国（千葉県南部）へと敗走した。三浦氏の本拠地である衣笠城は武蔵国（東京都・埼玉県・神奈川県東部）の秩父平氏の軍勢によって攻め落とされて父義明は討死したが、義澄は一族とともに安房国へ渡海して頼朝に合流している。頼朝の反乱軍が南関東を制圧すると、祐親は平氏の遠征軍との合流をはかったが、同年十月に頼朝方の天野遠景によって生け捕られた。

三浦義澄は祐親の身柄を預かることを頼朝に申請して許された。中世社会では罪人を縁者が預かる慣習があったためである。養和二年（一一八二）二月に、義澄は頼朝に祐親の赦免を願い出た。北条政子の懐妊により時宜を得たと考えたためであった。頼朝は祐親を御前に召し出して赦免しようとしたが、祐親はそれを恥じて自害してしまった（『吾妻鏡』）。『吾妻鏡』には祐親長女についての記述はみられないが、夫の義澄は舅祐親を預かって赦免を申請しており、婚姻ネットワークは戦争時に敵対したのちも機能している。

義澄は頼朝死後には二代将軍頼家を支える「十三人の合議制」にも加わったが、正治二年（一二〇〇）一月に七十四歳で死去した。嫡子義村は北条政子・義時兄弟と政治的に連携することで有力御家人としての地位を確立した。承久三年（一二二一）に勃発した承久の乱では、義村の弟胤義が後鳥羽院の動員に応じて京方に与したために、兄弟は敵味方に分かれて戦った。敗れた胤義は京都で自害したが、古活字本『承久記』には胤義の子息をめぐる悲話がみられる。

東国にも哀れなる事多き中に、平九郎判官胤義が子共五人あり。十一・九つ・七つ・五つ・三つ也。祖母の尼の養ひて、三浦の屋部と云所にぞ有ける。胤義其罪重しとて、彼の子共、皆切らるべきに定めらる。

（東国でも哀れなことが多かったが、三浦胤義には子供が五人いた。十一歳・九歳・七歳・五歳・三歳であった。祖母の尼が養育しており、三浦の矢部という所にいた。胤義の罪は重いとして、その子供たちは皆斬られることに決められた。）

胤義の子息は祖母の尼（胤義の母）によって矢部（神奈川県横須賀市）で養育されていたが、胤義の罪科により斬られることになった。義村は郎等に胤義子息を連行して斬ることを命じた。祖母の尼は九歳以下の孫を差し出したが、十一歳の孫は留めようとした。

尼上、「余に無慙なれば、助けんと思ふぞ、其代りには尼が首を取れ」と宣ひければ、現には奉公の駿河守にも母也。御敵胤義にも母也。悪ふも最惜も有る間、力及ばず、四人計を輿に乗せて返りにけり。

（祖母の尼は「あまりに残酷なので、助けようと思うのだ。その代わりに尼の首を取りなさい」と言ったので、郎等は祖母の尼は現在奉公している義村の母であり、敵の胤義の母でもある。憎くも気の毒でもあるために力が及ばず、四人の孫だけを輿に乗せて引き返した。）

祖母の尼は十一歳の孫だけは差し出さずに「代わりに自分の首を取れ」と主張したために、郎等は主君（義村）の母でもある尼の要求を受け入れた。年少の四人の胤義子息は連行されて斬られてしまい、その遺体は矢部に運ばれたが、祖母の尼は悲しみにより気絶したと語られている。

「祖母の尼」は、義村の母でもあることから祐親の長女と考えてよかろう。胤義遺児のうち年長の子息が助命されて幼少の子息たちが斬られたとする内容には疑問があり、成立年代が早いとされる慈光寺本『承久記』には胤義子息をめぐる悲話はみられない。後家尼である祐親の長女が胤義遺児の助命を郎等に要求したとする描写は印象的であるが、この逸話が史実を伝えるものであるかは慎重になる必要がある。一方で、祐親の長女が夫義澄の死後に出家して尼となり、三浦氏の本拠地である矢部に居住したこと自体はありえよう。

●祐親の二女―工藤祐経の妻、土肥遠平の妻―

祐親の二女は工藤祐経の妻となったが、のちに父によって離縁させられて土肥遠平と再婚した。土肥氏は桓武平氏良文流の中村氏の一族であり、本拠地は相模国足下郡土肥郷（神奈川県湯河原町）である。伊東氏と土肥氏の勢力圏は近接しており、海上交通を通じて連携していた［坂井二〇〇七］。遠平は早河荘（神奈川県小田原市）を所領としており早河とも称した。真名本『曽我物語』では祐親二女は「万劫」と呼ばれている。前述したように、工藤祐経は祐親嫡子の河津三郎を暗殺しており、祐親二女は旧夫によって兄を殺害されたことになる。

土肥実平・遠平父子は、治承四年の頼朝挙兵に当初より参加した。石橋山合戦で頼朝軍は惨敗したが、石橋山は土肥氏の所領である早河荘に位置していたため、実平が頼朝の敗走を支えた。頼朝と実平は土肥郷から安房国を目指して出船したが、延慶本『平家物語』によれば、出船時に実平が「船を早く出せ」と言ったのに対して、遠平が「しばらく待ちましょう」と主張した。実平は遠平が舅祐親の軍勢を待って頼朝と実平を討とうとしていると疑念を抱いたために、船をすぐに出させた。実平の判断は「船を早く出したのは賢明であった」と称賛されたという。石橋山合戦では頼朝軍は大敗しており、その敗走時に敵方の伊東祐親の女婿であった遠平の裏切りを疑うような緊迫した状況があったことがうかがえる［田辺二〇一〇］。

治承・寿永の内乱では遠平は父実平とともに山陽道で平氏追討の軍事行動を担っており、鎌倉幕府成立後には御家人として出仕した。真名本『曽我物語』には、曽我五郎が富士の巻狩に赴くまえに、

「早河の伯母」の宿所で歓待されたとしている。五郎が母に勘当された身であるために衣装をお願いにきたと言ったのに対して、遠平は五郎に小袖や直垂などの衣装と鞍を用意するとともに酒宴を開いた。

　祐親二女は父祐親や兄三郎を亡くしたことを悲嘆していたが、甥である曽我兄弟がやって来ることによって心が和らぐと語って涙を流すので、遠平も喜んで五郎をもてなしたとされている。祐親二女の悲嘆と、祐親の孫にあたる五郎を援助する遠平の姿が描かれており、遠平と伊東氏の結びつきの強さがうかがえよう。

　曽我兄弟は父の敵である工藤祐経を討ったのちに落命したが、真名本『曽我物語』では祐親二女は兄弟の母とともに嘆き悲しんだとされている。なお、兄弟の異父姉は遠平の従兄弟にあたる二宮友忠（父は土肥実平の弟友平）の妻になっている。

　ここで注目されるのは遠平の娘たちの婚姻である。遠平の娘は、工藤祐時や三浦義村の妻になっている（「伊東大系図」、佐野本「三浦系図」）。祐時の父は祐経（祐親二女の先夫）であり、義村の母は祐親の長女である。遠平の娘たちの婚姻は、祐親の娘たちの婚姻ネットワークを前提として結ばれたと考えられよう。祐親の娘たちによる婚姻ネットワークは、鎌倉幕府成立後にも土肥氏と三浦氏・工藤氏（伊東氏）の間で再生産されたのである。

　また、祐親の子息九郎の旧妻（頼朝の乳母比企尼の三女）は幕府成立後に源氏一門の平賀義信と再婚したが、遠平は義信の子息景平を養子に迎えている。景平は安芸国沼田荘（広島県三原市）を継承して子孫は小早川氏として発展した。

●祐親の三女―源頼朝の妻―

延慶本『平家物語』や真名本『曽我物語』では、伊東祐親の三女は源頼朝の最初の妻となったとされている。延慶本『平家物語』第二中「兵衛佐伊豆山ニ籠ル事」には、次のようにある。

第三ノ女、未ダ男モ無リケレバ、兵衛佐忍ツツ通ケル程ニ、男子一人出来ニケリ。兵衛佐殊ニ悦テ最愛ス。名ヲバ千鶴トゾ申ケル。

(祐親の三女はいまだ夫がなかったので、頼朝は忍んで三女のもとに通ったために、男子が一人生まれた。頼朝はことに喜んで愛した。名を千鶴といった。)

源頼朝は平治の乱後に伊豆国に流されていたが、祐親の三女は流人である頼朝とのあいだに男子(千鶴)を生んだとされる。祐親は京都で大番をつとめていたが、伊豆国に戻って三女と頼朝の関係を知って激怒する。祐親は源氏の流人を婿に取れば平氏から咎めを受けると考えて、家人に千鶴を滝の底に「フシヅケ」にして殺害するよう命じた。子息を失った祐親の三女は、江間小次郎という武士と結婚させられたという。

一方で、源頼朝は身の危険を感じて伊東から脱出して北条に入り、北条時政の娘政子のもとに通うようになった。時政は政子を山木兼隆と結婚させたが、政子は走湯山(現在の伊豆山神社、静岡県熱海市)へと逃げ出して頼朝と合流したとされる。祐親の三女が父によって頼朝と離別させられたのに対して、政子は父の反対を押し切って自らの意志で頼朝と結婚したと語られているのである。

真名本『曽我物語』巻第二でも「北条殿の御末は栄えてめでたけれども、伊藤（伊東）の末の絶えけるこそ悲しけれ」（北条時政の子孫は繁栄してめでたいけれども、伊東祐親の子孫は断絶してしまったのは悲しいことである）と述べられており、北条氏の繁栄と伊東氏の没落の理由を、流人頼朝をめぐる北条氏と伊東氏の対応の差に求めている。福田晃氏は、延慶本『平家物語』や真名本『曽我物語』にみえる流人頼朝をめぐる説話は貴種流離譚であり、その生成には走湯山の僧侶が関与したのではないかと指摘している［福田一九七七］。さらに、先に拒んだ家が没落して後に受け入れた家が繁栄したとするのは蘇民将来の説話型に類するとして、頼朝が伊東を追われて北条で保護されたとするのは虚構であろうとする。

なお、坂井孝一氏は、真名本『曽我物語』に頼朝が伊東から北条に移動したとあることから、頼朝の配流地は伊東であったと指摘している［坂井二〇一二］。しかし、真名本『曽我物語』の別の箇所や延慶本『平家物語』では頼朝の配流地が北条であると明記されている。杉橋隆夫氏は、平治の乱後に頼朝が平頼盛（清盛の異母弟、母は池禅尼）によって捕縛され、伊豆国では頼盛の従兄妹である牧の方（池禅尼の姪）と夫の北条時政の監視下に置かれたことから、その身柄が一貫して平氏の池家によって保持されていたと指摘している［杉橋一九九四］。頼朝配流と池家の関係を踏まえれば、頼朝の配流地は北条であったと考えるべきであろう。

真名本『曽我物語』では、治承四年の頼朝挙兵時に祐親三女の夫江間次郎も討たれたとする。祐親三女の夫は延慶本『平家物語』では小次郎、真名本『曽我物語』では次郎とされており、どのような人物であったかは不明であるが、舅祐親と行動を共にして頼朝軍に敵対したのであろう。次郎の幼い子息は北条義時が預かって赦免され、のちに「江間の小次郎」と称したという。江間は北条から狩野（かの）川を挟んで対岸に位置しており、義時が江間を領有して江間小四郎と称したことはよく知られている。文学研究では、説話の世界において祐親三女と義時が関連付けられていることが注目されている［福田一九九九］。

東国で成立した平家物語の異本である『源平闘諍録（げんぺいとうじょうろく）』では、頼朝は祐親三女を召して御家人のなかから夫にしたい者を指名するように言ったために、祐親三女は相馬師常（そうまもろつね）（千葉常胤（ちばつねたね）の二男）を選んで結婚したとされている。『源平闘諍録』は千葉氏との関係が深いとされており、そこでは祐親三女が千葉氏一族の師常と再婚したと語られているのである。

このように、軍記物語では祐親の三女は源頼朝の最初の妻となったとされているが、真名本『曽我物語』では伊東氏の没落と北条氏の繁栄を対比して描いており、流人時代の頼朝説話には虚構が含まれていると考えられる。祐親の三女と頼朝の関係を史実と考えるのは慎重になる必要があろう。なお、近年、祐親三女が北条義時の妻となって泰時を生んだのではないかとする見解も提示されているが［坂井二〇二一］、史料的裏付けのない推論であり賛同できない。

●北条時政の先妻

軍記物語には伊東祐親の娘たちについての記事がみられるが、そこには史実と伝承が混在している。これらの記事から何を史実と捉えるかは難しい問題であるが、祐親長女が三浦義澄の妻となり、二女が工藤祐経の妻となり離別後に土肥遠平と再婚したことは史実と考えられる。治承四年の頼朝挙兵時に伊東氏と三浦氏・土肥氏は敵対したが、その後も三浦義澄や土肥遠平と伊東氏との関係は維持された。さらに、祐親の婚姻ネットワークは鎌倉幕府成立後も再生産された。武士社会において婚姻ネットワークがはたした政治的役割は大きかったのである。

一方で、祐親三女と源頼朝をめぐる記事は、流人時代の頼朝説話として虚構を含むものであり、祐親三女と頼朝の関係についても慎重に捉える必要があろう。

最後に北条時政の先妻についての私見を述べたい。前述したように、真名本『曽我物語』巻第五には「また北条殿の昔の姫、鎌倉殿の御台盤所（みだいばんどころ）の御母、時政の先の女房と申すも、これらがためには父方の伯母なり」とあり、時政の先妻（政子の母）を曽我兄弟の伯母（祐親の娘）としている。また、前田本「平氏系図」では義時の母を祐親の娘とする。そのために中世史研究においても時政の先妻は祐親の娘であったとされることが多い。

一方で、延慶本『平家物語』や『吾妻鏡』には、伊東氏と北条氏の婚姻関係についての記事はみられない。延慶本『平家物語』では、祐親の娘は長女（三浦義連（よしつら）妻とあるが、正しくは義澄妻）と二女（土肥遠平妻）、未婚であった三女・四女の四人であったとしており、時政の妻となった娘については言及されていない。

また、前述したように、真名本『曽我物語』巻第二においても、祐親の娘は長女（三浦義澄の妻）と二女（土肥遠平の妻）、未婚であった三女・四女の四人としており、時政の先妻となった娘については言及しない。真名本『曽我物語』の巻第二と巻第五では、祐親の娘についての記述に齟齬がみられるが、巻第五の時政先妻を祐親の娘とする記事を含む部分については、のちに増補された箇所であり慎重に扱う必要があることが指摘されている［坂井二〇〇七］。

さらに、『吾妻鏡』や真名本『曽我物語』からは三浦義澄や土肥遠平は伊東祐親との結びつきの強さがうかがわれるのに対して、北条政子・義時と伊東祐親の関係をうかがうことはできない。また、祐親は政子懐妊を契機とする赦免を恥じて自害したが、こうした祐親の行動は政子の外祖父であったとすれば理解しがたいものといえよう。

以上のことを踏まえれば、時政の先妻（政子・義時の母）を祐親の娘と考えるのは難しいのではないだろうか。真名本『曽我物語』において流人頼朝をめぐる北条氏と伊東氏の動きが対比して描かれていることや、祐親三女と義時が関連付けられていることなども踏まえれば、北条氏と伊東氏の婚姻関係についても史実と考えるのは慎重になる必要があろう。

（田辺　旬）

【参考文献】

坂井孝一「婚姻政策から見る伊東祐親」（『曽我物語の史的研究』吉川弘文館、二〇一四年、初出二〇〇七年）
坂井孝一「流人時代の源頼朝」（『曽我物語の史的研究』吉川弘文館、二〇一四年、初出二〇〇七年）
坂井孝一『鎌倉殿と執権北条氏』（ＮＨＫ出版、二〇二一年）
佐々木紀一「北条時家略伝」（『米沢史学』十五号、一九九九年）
田辺旬「『平家物語』と頼朝挙兵」（『古代学研究所紀要』十四号、二〇一〇年）
野口実『北条時政』（ミネルヴァ書房、二〇二二年）

福田晃『軍記物語と民間伝承』（岩崎美術社、一九七七年）
福田豊彦・服部幸造『源平闘諍録』上・下（講談社学術文庫、一九九九年・二〇〇〇年）
細川重男『執権　北条氏と鎌倉幕府』（講談社学術文庫、二〇一九年、初出二〇一一年）
山本みなみ『史伝　北条義時』（小学館、二〇二一年）

第一章　北条政子と妹たち

源頼朝の鎌倉幕府開設により、北条氏も鎌倉に常住するようになった。政子は御台所として頼朝とともに行動しており、義時は頼朝の寝所を警備する側近御家人に登用された。寿永元年（一一八二）八月、政子は頼朝の嫡子となる万寿（のちの頼家）を出産した。鶴岡八幡宮の参道である段葛は、政子の安産祈願のために整備されたと伝えられている。『吾妻鏡』同年三月十五日条には、由比ヶ浜から鶴岡八幡宮にいたる参道の整備が始められたとある。時政以下が土石を運搬したという。また、建久三年（一一九二）八月に政子が千幡（のちの実朝）を出産すると、政子の妹阿波局が乳母となった。

建久十年（一一九九）一月、頼朝が急死すると、頼家が家督を継承して鎌倉殿となった。正治二年（一二〇〇）四月に、時政は遠江守に任官している。国守への任官は源氏一門に許されていたもので あり、時政は鎌倉殿の外戚として政治的地位を向上させていった。一方で、頼家は有力御家人の比企能員の娘若狭局との間に一幡を儲けており、北条氏は比企氏との対立を深めていった。

建仁三年（一二〇三）八月、頼家は重病となったために、家督を一幡に譲って外祖父の能員に後見させようとした。時政はそれを阻止するために能員を謀殺して、比企氏一族を滅ぼした。時政は実朝を元服させて鎌倉殿に擁立した。体調が回復した頼家は伊豆の修禅寺に幽閉され、翌年七月に暗殺された。

実朝の将軍任官によって、外祖父の時政は政所の別当（長官）に就任した。時政が執権（政所別当の実務責任者）になったとされてきたが、大江広元が時政とともに政務を担当しており、時政が単独で執権として権力を掌握したわけではなかった。

元久二年（一二〇五）閏七月、時政の後妻牧の方が実朝を廃して女婿の平賀朝雅を鎌倉殿に擁立する陰謀を企んだとして、政子と義時は父時政を伊豆に隠退させた。義時は家督を継承して、のちに執権に就任している。建暦三年（一二一三）五月に有力御家人の和田義盛を滅ぼすと、義時は侍所の別当も兼任した。将軍のもとで政務を担当する執権の地位が確立したのであり、その地位は北条氏によって継承されていくことになる。

建保七年（一二一九）一月、実朝が暗殺されて源氏将軍が断絶すると、政子と義時は摂関家の九条道家の子息三寅を将軍後継に迎えた。三寅は幼少であったために、政子が政務をとることになった。承久三年（一二二一）五月に、後鳥羽院が義時追討命令を出して挙兵した。政子と義時は軍勢を上洛させて京都を制圧することで承久の乱に勝利した。

北条氏が政治的地位を向上させていったのは、北条政子の存在によるところが大きい。政子は鎌倉殿の妻または生母として政治力をもち、頼朝死後には後家としてそのカリスマ性を継承した。また、時政は多くの娘をもうけており政子には多くの妹がいたが、頼朝は政子の妹を有力御家人と結婚させている。政子の妹は、頼朝と御家人または北条氏と御家人を結ぶ役割をはたしたのである。

本章では、北条政子とその妹たちについてみていく。「尼将軍」と妹たちの実像に迫りたい。

1　北条政子――「尼将軍」の実像――

●「二位家御時」

北条政子は、鎌倉幕府を開設した初代将軍源頼朝の妻であり、二代将軍頼家と三代将軍実朝の生母である。政子の父時政は伊豆国（静岡県南部）の在庁官人（国衙で行政事務を担った役人）であったが、流人の源頼朝を保護しており政子は頼朝の妻となった。治承四年（一一八〇）に頼朝が反平氏の挙兵をおこなって鎌倉に軍事権力を樹立すると、政子も鎌倉に迎えられた。政子は鶴岡八幡宮寺や永福寺の仏事に臨席し、頼朝上洛にも同行するなど御台所として活動した。

建久十年（一一九九）一月に頼朝が死去すると、政子は後家として頼朝のカリスマ性を継承する存在となった。建仁三年（一二〇三）には時政とともに比企氏を滅ぼして頼家を廃立している。時政は実朝を将軍に擁立したが、元久二年（一二〇五）に継母牧の方が実朝の殺害を計画したとして、政子は弟義時とともに時政を隠退させた。政子は京都で藤原兼子と会見して皇子下向について交渉するなど将軍実朝を補完する役割をはたした。

建保七年（一二一九）一月、実朝が暗殺されて九条道家の子三寅を後継に迎えると、政子は幼少の三寅に代わって政務をとることになり、嘉禄元年（一二二五）七月に死去するまでの約六年半にわたって鎌倉殿として幕府政治を主導した。なお、建保六年（一二一八）に従二位に叙されたため、

「二位家」（二位殿）と呼ばれた。

鎌倉末期から南北朝期に成立した『鎌倉年代記』においては、将軍として頼朝・頼家・実朝に続いて「二位家」が挙げられており、中世社会では政子が実質的な四代将軍として認識されていた［野村二〇〇〇］。政子が幕府政治を主導した時代は、のちに「二位家御時」（二位殿御時）と呼ばれた。

北条政子については多くの伝記が刊行されており、その政治的役割や人物像が論じられてきた［渡辺一九六一・野村二〇〇〇・山本二〇二二］。政子についての論点は多岐にわたるが、本章では「二位家御時」（＝政子が鎌倉殿であった時代）に焦点をあてて、北条政子と鎌倉幕府についてみていきたい。

●「理非を簾中に聴断すべし」

建保七年一月、三代将軍源実朝は甥の公暁（頼家遺児）によって暗殺された。建仁三年に北条時政・政子は比企氏を滅ぼして、将軍頼家を廃立して実朝を将軍に擁立した。頼家子息の一幡（比企能員の外孫）も殺害された。頼家は伊豆国の修禅寺に流され、翌年には暗殺されている。政子は頼家の遺児を僧籍に入れる方針をとっており、公暁は鶴岡八幡宮寺の別当に就いていた。公暁は実朝を殺害して自らが将軍になろうとしたが、三浦義村によって討たれている。なお、頼家子息の栄実は建保二年（一二一四）に京都で討たれており、禅暁も承久二年（一二二〇）に京都で殺害された。政子の孫にあたる頼家の子息たちはいずれも非業の死を遂げている。

政子と義時が源氏将軍の継続を望まなかったとする見解もあるが、頼家の遺児は僧籍に入れられており、摂関家に准じる待遇を受けた源氏将軍家は他の源氏一門とは家格に差があったことを踏まえれば、実朝後継として源氏将軍を擁立することは困難であったと考えられる。そのために、子のいない実朝の後継として実朝生前から後鳥羽院の皇子を迎える構想があった。建保六年に政子は京都で藤原兼子と皇子下向について交渉している。

　実朝暗殺後に政子は皇子下向を要請したが、後鳥羽院が拒否したために、九条道家の子三寅を後継として迎えることになった。同年七月十九日、三寅は鎌倉に到着した。鎌倉幕府の歴史書である『吾妻鏡』は「若君幼稚のあいだ、二品禅尼理非を簾中に聴断すべしと云々」（若君が幼少の間は政子が理非を簾中で判断するということになった）と説明している。幼少の三寅（二歳）に代わって政

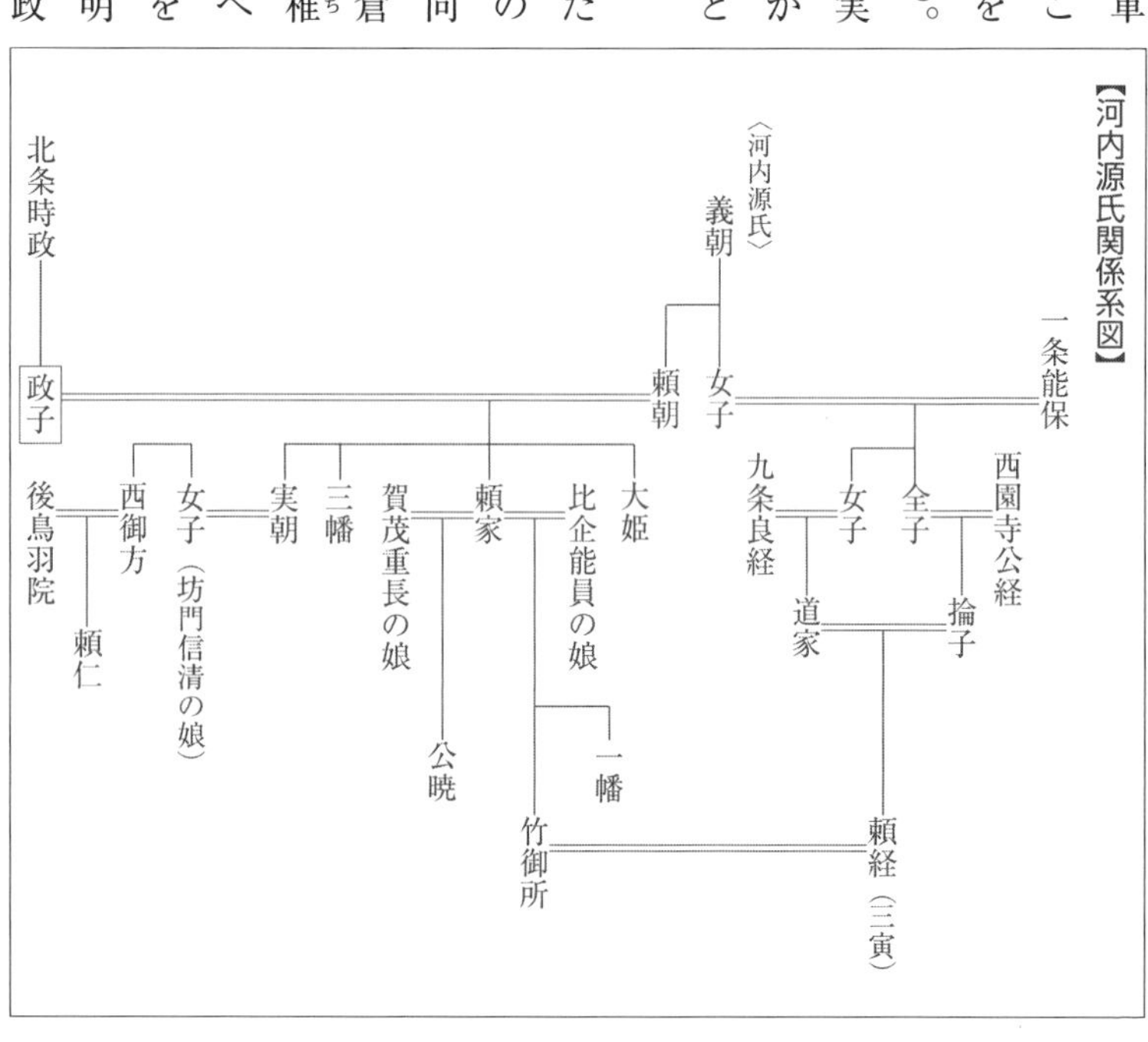

子が政務をとることになったのである。

当該期の幕府政治は、どのように運営されたのだろうか。承久三年（一二二一）五月、後鳥羽院が挙兵して承久の乱が勃発すると、北条義時の邸宅に大江広元や三浦義村が参集して対応を協議するために評議が開かれた。評議では東国で京方の軍勢を迎撃すべきか、軍勢を上洛させるべきか意見が分かれたため、義時が二つの意見を政子に報告したが、政子は軍勢の出撃を命令している。評議の内容を踏まえたうえで、政子が最終的判断を下したのである。実朝期の幕府では実朝が評議をふまえて最終的判断を下しており、幕府政治は実朝暗殺後も同じ方式で運営されていた［仁平一九八九］。義時は評議を開催しているが、幕府政治の意思決定は政子がおこなっていたのである。

当該期の幕府では御家人に対する文書はどのように発給されたのだろうか。初代将軍頼朝と二代将軍頼家の時代には、御家人に対して本領安堵や新恩給与をおこなう際には下文（上位者から下位者に与える文書様式）が発給された。下文には将軍が署判（サイン）したものと政所職員が署判したものがあった。建仁三年（一二〇三）に実朝が将軍になると、幼少の実朝を擁した執権北条時政が

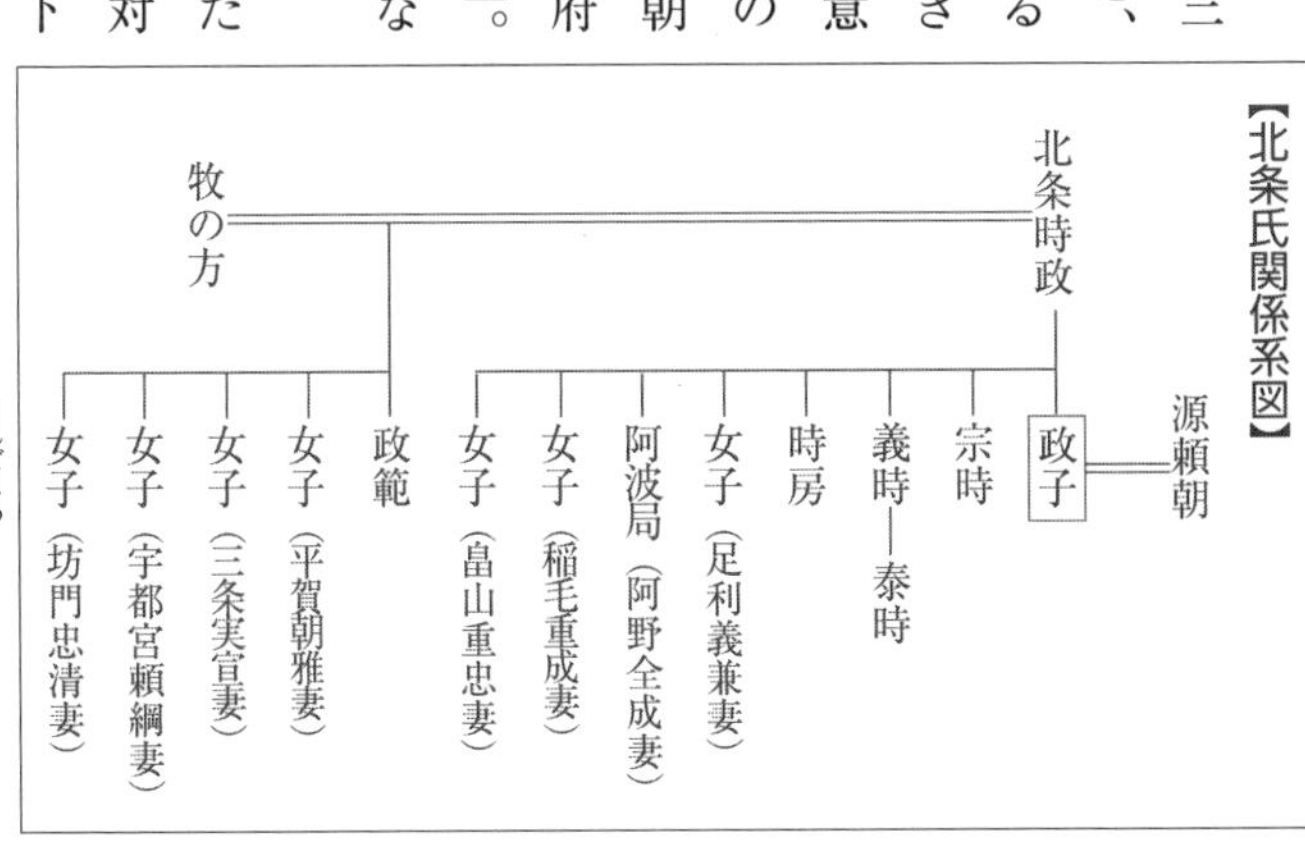

署判した下知状が発給された。下知状は「鎌倉殿の仰せにより、下知件のごとし」という文言で出されており、鎌倉殿の仰せをうけたまわるという形式をとった。実朝の成人後には実朝が署判した下文が発給されるようになり、実朝が公卿になった後には政所の職員が署判した下文が発給されている［近藤一九八一］。

実朝暗殺後には、下文が発給されることはなく執権義時が署判した下知状が発給された［近藤一九八一］。当該期の下知状は「鎌倉殿の仰せにより」ではなく「仰せにより」という文言で出されており、政子の「仰せ」を受けたものと考えられている［上横手一九七〇・野村二〇〇〇］。一方で、義時が署判した下知状を義時の判断によって発給されたものとする見解もだされている［岡田二〇一九］。

南北朝内乱期の足利直義下知状には、伊豆国の武士である田代氏の所領支配についての相伝文書が引用されている。貞応三年（一二二四）に田代信綱は恩賞として和泉国大鳥郷（大阪府堺市）の地頭職を与えられたが、その証拠文書として「下文」と政子の「和字御教書」が挙げられている。「下文」は義時署判の下知状であり、信綱を地頭職に補任するというものである。「和字御教書」は、後述するように、政子が自らの意思を伝達するために発給した文書であり、次のような内容である。

> 和泉国大鳥郷の御下文を与える。人々が御恩を受けているが、入道（信綱）は漏れており不憫であるので、入道にと御下文をなしたのである。

政子は信綱に対して「恩賞を受けることに漏れてしまって不憫であるので、下文を出したのだ」と伝達しており、「下文」（文書形式は下知状）が政子自身の意思によって発給されたことがうかがえる。

当該期の下知状は政子の意思（＝仰せ）を受けて執権義時が署判して発給されたのであり、義時の独断によって発給されたものではなかったのである。

このように、実朝暗殺後の幕府では、幕府政治の運営や御家人への文書発給において、政子が最終的な意思決定をおこなっており、弟の義時は執権としてそれを補佐していた。義時は政子の政務を支えていたのであり幕府政治を専断していたわけではない点は留意されよう。

●「尼御前より仰せ下されて候」

北条政子は「和字御教書」や「和字御文」と呼ばれる文書を発給したが、どのような文書だったのだろうか。野村育世氏は政子の「和字御文」を仮名による書状であると捉えている［野村二〇〇〇］。野村氏の研究は政子の仮名文書に注目した点で重要だが、田代信綱に発給された「和字御教書」の文末は「仰事候」となっており、政子の仰せをうけたまわっている。「和字御教書」や「和字御文」と呼ばれる政子の仮名文書は、政子が直接相手にあてた書状ではなく、政子の仰せをうけたまわって出された奉書と捉えるべきであろう。

政子の仮名奉書の事例をまとめたのが、【表1】である。なお、筆者は以前発表した論考では政子の仮名奉書を五例確認できるとしたが［田辺二〇一九］、山野龍太郎氏によって島津家文書に政子発給文書があることが明らかにされており［山野二〇一九］、当該文書を事例として追加している。政子の仮名奉書はどのような性格をもっていたのだろうか。

①は、美濃国大井荘（岐阜県大垣市）の下司職をめぐる相論の証拠文書として伝来したものであ

る。大井荘では地頭職を停止しているので幕府には裁判権がないことを伝えている。「尼御前より仰せ下されて候」（尼御前より仰せくだされました）という文言があり、大江広元が政子の仰せをうけたまわっている。広元は政所別当をつとめた幕府重臣であるが、政子は広元を奉者として文書を発給していたのである。

③は、相模国の御家人であった土肥遠平（「故土肥」）がおこなった所領譲与を尊重すべきことを伝えたものである。遠平の養子景平を祖とする小早川氏一族内の安芸国沼田荘（広島県三原市）地頭職をめぐる相論の際に証拠文書として提出された。土肥遠平による子や孫への所領譲与を尊重せよという政子の意向が伝達されている。

また、⑤は前述したように、田代信綱を和泉国大鳥郷の地頭職に補任した際に発給したものである。

⑥は北条泰時の書状とされてきた文書であるが、山野龍太郎氏によって「二位殿〈御書〉」に該当するものであり、政子の発給文書であることが明らかにされた［山野二〇一九］。「おほせ事候」の文言があるために書状ではなく奉書である。島津忠義（のち忠時に改名）に対して、勲功によって与えられた所領が没収されたのは不憫であり、今後闕所地（幕

【表１】北条政子の仮名奉書

	発給された年	受給者	文書の呼称
①	建暦元年（1211）	大井尼	二位家御時広元奉書
②	建暦元年（1211）	大中臣奉則	二位殿御教書仮名状
③	建暦３年（1213）以降	小早川氏	二位家和字御文・和字御書
④	承久３年（1221）以降	加藤氏	二位家御時御教書
⑤	貞応３年（1224）	田代信綱	二位家同日和字御教書
⑥	貞応３年（1224）	島津忠義	二位殿〈御書〉

府が没収した所領）が生じた場合には必ず所領を与えるとする意思を伝達したものである。

④から⑥は、政子が鎌倉殿であった時期に、加藤氏・田代氏・島津氏といった御家人に対して発給されたものである。いずれも恩賞給付や所領支配についての政子の意向が伝達されている。政子は権門寺院との交渉の際には書状を発給したが、御家人に対して自らの意思を伝達する際には仮名奉書を用いたのである。仮名奉書では「不憫に思う」とする政子の思いが述べられていたり、所領の譲与や相続について細かく言及されたりしている。

また、①と②は実朝が将軍であった時期に発給されており、①は幕府の重臣である大江広元が政子の仰せをうけたまわっている。実朝期から政子が独自に文書を発給していたことは注目される。政子は鎌倉幕府を開設した源頼朝の後家として独自に文書を発給できる立場にあったのであり、そうした立場は実朝暗殺後に鎌倉殿として幕府政治を主導する前提として捉えられよう。

●「上洛せずんば、更に官軍を敗しがたきか」

鎌倉幕府と朝廷は源実朝と後鳥羽院の信頼関係のもとで協調していたが、実朝暗殺によって公武関係は悪化していった。承久三年五月、後鳥羽院は北条義時追討命令を出して挙兵した。五月十五日に発給された宣旨では、幼齢の三寅を擁した義時が「天下の政務」を乱しているとして、その追討を命じている。後鳥羽院は東国御家人が蜂起して鎌倉の義時を討つことを期待したと考えられている［白井二〇〇四］。後鳥羽院は在京武士を動員して京都守護の伊賀光季を攻め滅ぼした。

前述したように、義時の邸宅で開かれた評議では京方の軍勢を迎撃すべきか、軍勢を出撃させるべきかで意見が分かれたが、政子は「上洛せずんば、更に官軍を敗しがたきか」（軍勢を上洛させなければ官軍を破ることはできない）と述べて、軍勢の出撃を命じた。その際に政子が演説をおこなって御家人を結束させたことはよく知られている。鎌倉軍が京都を制圧したために、承久の乱は鎌倉方の勝利で終結した。幕府は京方武士や張本公卿を斬るとともに、後鳥羽院を隠岐国（島根県隠岐群島）、順徳院を佐渡国（新潟県佐渡島）に配流としており、土御門院も自らの意思で土佐国（高知県）に移された。幕府の戦後処理は治天の君である後鳥羽院を謀反人として処分するものであった。

承久の乱をめぐっては、後鳥羽院が鎌倉幕府の打倒を目指して挙兵したとするのが通説的な理解になっている。一方で、後鳥羽院が義時追討を命じたことから、義時個人の排除を目的としたものであり、幕府そのものを打倒する意図はなかったとする議論も盛んになっている［野口二〇〇九年・長村二〇一五・坂井二〇一八］。こうした議論では、政子の演説は義時個人の追討命令を幕府全体への攻撃にすり替えたものとして評価されている。

後鳥羽院の義時追討命令が何を意図していたかについては、当該期の幕府政治の実態を踏まえて解釈すべきである。前述したように、当該期の幕府では政子が最終的な意思決定をおこなっており、義時は執権としてそれを補佐していた。こうした幕府政治の実態を踏まえれば、義時追討命令は義時が補佐する鎌倉殿政子による幕府政治を否定するものであり、幕府権力の打倒を意図したものと考えるべきであろう。後鳥羽院の挙兵目的は幕府打倒であったと捉えるのが妥当である。

政子の演説についても、義時追討を幕府全体への攻撃へとすり替えたものと捉えるよりも、鎌倉殿として御家人に出撃を命令するとともに、頼朝の後家として幕府を開設した頼朝の御恩を想起させることで御家人を結束させたものとして評価すべきであろう［田辺二〇二〇・山本二〇二二］。

●「承久の大乱に、故二品ならひに義時、君に敵したてまつりて」

貞応三年（一二二四）六月、北条義時が急死すると、政子は義時後家の伊賀氏による政村（まさむら）擁立の動きをおさえて、泰時（義時長子）の執権就任を後押しした。翌年七月十一日に、政子は六十九歳で死去した。

近年紹介された『明月記（めいげつき）』（藤原定家（さだいえ）の日記）の断簡には政子死去直前の記事が含まれており、北条泰時が政子死去の際には出家（しゅっけ）することを申請したが、政子は天下を鎮守（ちんじゅ）して報恩（ほうおん）とすべきであると命じたとする情報が記されている［谷二〇二一］。重病となった政子が泰時に後事を託したとする情報が京都に伝わっていたことは注目されよう。政子が死去すると、泰時は三寅（藤原頼経（よりつね））の元服（げんぷく）と将軍への任官や評定衆（ひょうじょうしゅう）の設置をおこなうことで幕府権力の存続をはかった。政子は四人の子（大姫・頼家・三幡（さんまん）・実朝）に先立たれたが、頼家遺児の竹御所（たけのごしょ）を養育していた。竹御所は源氏将軍家の後継者となり政子の仏事を主催している。政子が重病となった際に、京都では承久の乱で流された三上皇（後鳥羽・土御門（つちみかど）・順徳（じゅんとく））の帰京が噂された［谷二〇二一］。泰時も三上皇の警固を厳重にすることを命じており、政子の死が三上皇の帰京につながることを懸念している［川合一九九五］。三上皇の帰京は承久の乱の戦後処理を見直すことを意味する。政子の死去により三上皇の帰京が実現すると噂されたことは、政子が承久の乱の当事者であると認識されていたことを示していよう。

承久の乱勃発時に摂政であった九条道家は、寛元四年（一二四六）に「承久の大乱に、故二品ならびに義時、君に敵したてまつりて」（承久の大乱では故政子と義時が後鳥羽院に敵対申し上げた）と回顧している。承久の乱は北条義時と後鳥羽院の対決として捉えられがちであるが、道家は政子・義時と後鳥羽院の対決であると認識していたのである。

実朝暗殺後の鎌倉幕府では、北条政子は幕府政治の運営や御家人への文書発給において最終的な意思決定を行っており、鎌倉殿として幕府政治を主導した。政子は女性であるために征夷大将軍には任官しなかったが、幕府権力の頂点に君臨したのである。また、承久の乱では後鳥羽院が幕府打倒を目指して挙兵したが、政子は弟義時とともに反撃して幕府を守った。政子は御家人を結束させたうえで出撃を命じており、鎌倉殿として軍事指揮をとったといえる。

政子は鎌倉幕府を開設した源頼朝の後家として、実朝暗殺から承久の乱という幕府の危機を乗り越えたのであり、鎌倉幕府権力の存続にはたした役割は大きいといえよう。

（田辺　旬）

【参考文献】

上横手雅敬「執権政治の確立」（『日本中世政治史研究』塙書房、一九七〇年）
岡田清一『北条義時』（ミネルヴァ書房、二〇一九年）
川合康「武家の天皇観」（『鎌倉幕府成立史の研究』校倉書房、二〇〇四年、初出一九九五年）
近藤成一「文書様式にみる鎌倉幕府権力の転回」（『鎌倉時代政治構造の研究』校倉書房、二〇一六年、初出

一九八一年）
坂井孝一『承久の乱』（中央公論新社、二〇一八年）
白井克浩「承久の乱再考」（『ヒストリア』一八九号、二〇〇四年）
田辺旬「北条政子発給文書に関する一考察」（『ヒストリア』二七三号、二〇一九年）
田辺旬「承久の乱」（高橋典幸編『中世史講義【戦乱篇】』筑摩書房、二〇二〇年）
谷昇「北条政子危急をめぐる朝幕の対応とその背景」（『立命館文学』六七四号、二〇二一年）
長村祥知『中世公武関係と承久の乱』（吉川弘文館、二〇一五年）
仁平義孝「鎌倉前期幕府政治の特質」（『古文書研究』三一号、一九八九年）
野口実「序論　承久の乱の概要と評価」（同編『承久の乱の構造と展開』戎光祥出版、二〇一九年、初出二〇〇九年）
野村育世『北条政子』（吉川弘文館、二〇〇〇年）
山野龍太郎「島津家文書の北条政子書状案」（北条氏研究会編『北条氏発給文書の研究　附発給文書目録』勉誠出版、二〇一九年）
山本みなみ『史伝　北条政子』（NHK出版、二〇二二年）
渡辺保『北条政子』（吉川弘文館、一九六一年）

2　足利義兼の妻—北条氏と足利氏を結んだ政子の妹—

●謎に包まれた足利義兼の妻

足利義兼妻の名前は、栃木県足利市では「北条時子」と呼ばれており［山越一八九七、足利市ＨＰ］、「北条時子」説を採る書籍もある［今井二〇二二］。しかし確実な史料で確認することは出来ないため、本書では足利義兼の妻と呼ぶ。

足利義兼の妻となった北条時政娘は、『吾妻鏡』ではわずか二ヶ所しか記述がない。その最初が、治承五年（一一八一）二月一日、源頼朝の命令で足利三郎義兼は北条時政の息女に嫁し、加々美次郎長清が上総介広常の婿となったという記事である。

もう一ヶ所は、文治三年（一一八七）十二月十六日、足利義兼妻がにわかに病気が悪化して危険な状態になったため、北条政子が見舞ったという記事である。これにより多くの人々が集まったが、晩になり邪気が少し減って落ち着いたという。

北条時政には、四人の男子と十一人の女子がいたことが知られ、女子の内、四人が先妻の子、五人が牧の方の子、二名が不明である［野口二〇二二］。足利義兼の妻となった女性は、北条政子と同じく先妻の子で、政子の次妹とみられている。急病の際に、直ちに北条政子が駆けつけたことから、政子とは仲の良い姉妹で、同母姉妹の可能性もある。この場合、母は伊東祐親の娘になる。なお時政先妻の男子には北条宗時・義時・時房、女子には阿野全成に嫁いだ三女（いわゆる阿波局）・畠山重忠に嫁いだ六女がいた。

彼女と足利義兼との男子には義氏がいた。義氏は建長六年（一二五四）六十六歳で没したとされ、文治五年（一一八九）生まれと見られる。義兼三男であったが（「足利三郎」「上総三郎」）、母が北条時政の娘であるために正嫡となり家をついだ。なお義兼の庶子には足利太郎義純・二郎義資がおり、義純の母は「遊女」とされる（『尊卑分脈』）。

元久元年（一二〇四）に三代将軍源実朝の御台所候補となった「上総前司（足利義兼）息女」（『吾妻鏡』同年八月四日条）は、彼女の娘の可能性がある。この女性は、義兼没後に北条政子・義時に保護され、政子によって御台所に推されたと見られ［花田二〇二〇］、母親同士が姉妹であったことを示唆する。しかしこれは破談となり、京都から前大納言坊門信清娘が御台所に迎えられ、義兼息女は藤原（水無瀬）親兼の妻となったという［花田二〇二〇］。

●「鎌倉殿の義弟」に選ばれた足利義兼

そもそも足利義兼と北条時政娘の婚姻は、なぜ行われたのか。重要なのは、源頼朝の意志で行われたということである。『吾妻鏡』によれば、足利義兼と加々美（小笠原）長清が「穏便を存し忠貞を挿し」、頼朝の「御気色快然の余り」に、特別な仰せで行われたという。すなわち両名の人柄が穏やかで事を荒立てたりせず、頼朝への忠義と貞節を貫いていることから、頼朝からも気に入られていた。こうした二人を、頼朝の数少ない親族北条氏や、関東最大級の豪族上総氏を結びつけることで、まだまだ不安定な権力基盤を強化する意図が頼朝にはあったと考えられる。

ではそれほど頼朝からも重視された足利義兼とはどんな人物であろうか。義兼の先祖は源義家であり、頼朝と同じ清和源氏である。義家の三男義国が新田・足利両氏の祖となり（義国流清和源氏）、義家の二男義親の子あるいは義国の弟為義が頼朝の祖父であった。義国の子足利義康が義兼の父であり、母は熱田大宮司藤原範忠娘である。頼朝の母は藤原範忠の姉妹であることから、母同士が姪・叔母の関係となり、もともと頼朝と義兼は近しい関係にあった。一方で足利義康は、保元元年（一一五六）の保元の乱では平清盛・源義朝（頼朝父）に次ぐ百余騎を率いて後白河天皇方で活躍するなど、本来は頼朝と対等関係にある軍事貴族であった。ところが翌年に義康は急逝し、義兼・異母兄の義清ともにまだ若年であったことから、義康の異母兄新田義重が義国流清和源氏の後継者となり、平氏政権下では平氏家人ともなっている。

治承四年（一一八〇）八月源頼朝が伊豆国（静岡県）で挙兵し、甲斐源氏や木曽義仲もそれに続くと、新田義重は反乱鎮圧の命を平宗盛から受け上野国（群馬県）に下向した。しかし東国が混乱する中、義重は九月に八幡荘の寺尾城（群馬県高崎市）で「故陸奥守（源義家）の嫡孫」を名のり「自立」し、平氏・頼朝・源義仲のどの勢力にも属さぬ道を選んだ。そして頼朝からの帰順の呼びかけも無視した。一方、足利義兼は、同年十二月十二日源頼朝が新造御亭（大蔵御所）へ転居をした際に、供奉する武士に加わっている（『吾妻鏡』）。これが義兼の史料初見で、義兼が頼朝陣営に加わったのは十一月上旬から中旬と考えられている［田中二〇二一］。伯父新田義重や多くの源氏が頼朝に従わない中、いち早く味方となった義兼の行動は頼朝にとって極めて頼もしく嬉しいもので、これが「穏便を存し忠貞を挿し」という義兼の人物評につながったと考えられる。

以後、足利義兼の忠実な軍事的奉仕と目覚ましい活躍が始まる。ようやく十二月後半に頼朝に帰順し鎌倉に参向した新田義重が冷遇されたのとは対照的で、この時の判断が後に足利氏と新田氏との格差につながっていく。義兼は、養和元年（一一八一）十二月、源義経らと遠江国（静岡県）への出陣を命じられたり、元暦元年（一一八四）源義高（義仲子）の残党討伐のため小笠原長清と甲斐国（山梨県）に派遣されたり、源範頼に属し平家追討のため西国へ出陣している。この結果、翌年八月頼朝が初めて知行国を与

【足利氏関係系図】

- 源義家
  - 為義 — 義朝
    - 義朝 ＝ 女子（熱田大宮司藤原季範の娘） — 源頼朝
  - 義国
    - 足利義康
    - 新田義重
- 熱田大宮司藤原季範
  - 範忠 — 女子
  - 女子
- 足利義康 ＝ 女子（範忠の娘） — 義兼
- 北条時政
  - 女子
  - 政子
  - 女子
  - 義時 — 泰時
- 源頼朝 ＝ 政子
- 義兼 ＝ 女子（北条時政の娘）
  - 義純
  - 義助
  - 義氏
- 義純 ＝ 女子（北条時政の娘） — 泰国（源姓畠山氏祖）
- 三浦義村
  - 女子
  - 泰村
- 泰時 ＝ 女子（三浦義村の娘） — 時氏
- 泰時 — 女子
- 義氏 ＝ 女子（泰時の娘） — 泰氏
- 安達景盛 — 女子
- 時氏 ＝ 女子（安達景盛の娘）
  - 時頼
  - 経時
  - 女子
- 女子（時氏の娘） ＝ 泰氏 — 頼氏

※為義を義家の実子とする説に拠った。

えられたときに上総国（千葉県）の国司（上総介）に任じられるという栄誉を受けている。その後も文治五年（一一八九）の奥州藤原氏追討や大河兼任鎮圧でも追討使として活躍した。以上のように義兼は、頼朝の軍事行動に全て参加し軍事的奉仕を重ねた結果、頼朝を支える源氏一門の一人として認められている［田中二〇二二］。

足利義兼の奉仕は、軍事に留まらなかった。建久五年（一一九四）十一月十三日、鎌倉鶴岡八幡宮で挙行された一切経と両界曼荼羅の供養会は、義兼が「施主」となった。この時、武蔵守大内義信・伊豆守山名義範以下の「門葉数輩」が列座したという。この法会は、頼朝側近の門葉（源氏一門）が中心に準備・挙行したもので、義兼は源氏一門の中心となっていた［田中二〇二二］。御家人の中で「門葉」は、「家子」・「侍」より上位に位置づけられていた。

さらに翌年元日に義兼は、将軍頼朝に年始の祝を表明する椀飯の儀式で沙汰人を務めている。この儀式の沙汰人は、御家人の代表者を意味する名誉ある地位で、依然変わらぬ頼朝の信頼と義兼の御家人社会における地位の高さを示す。

建久六年（一一九五）三月、頼朝は再建された東大寺の供養会に参加するため上洛し、義兼も供奉した。さらに五月二十日、頼朝が摂津国（大阪府）の四天王寺に参詣した際には義兼も供奉し、これが義兼の活動を示す『吾妻鏡』最後の記事となる。また、一説では義兼は四月二十三日東大寺供養の儀が終わるとその場で出家したとされる（『尊卑分脈』）。以後の義兼は、公式記録から一切消え、四年後の建久十年正月頼朝が死去すると、後を追うように三月八日に四十六歳の生涯を閉じたという［田中二〇二一]。

南北朝時代に子孫の今川了俊が書いた『難太平記』によれば、「義兼は頼朝と親しくなさっていたので、世間をはばかって空物狂になり、一代のうちは無事にお過ごしになられた」という。実際に頼朝弟の源範頼・義経や、甲斐源氏ら源氏一門が次々に粛清されており、あり得ない話ではない。最後まで頼朝への忠節を貫き、義弟としての立場をわきまえた生涯であった。

●足利義兼の信仰と北条氏

足利義兼は篤く仏教に帰依し、晩年は自身も仏道修行に励んだとされている[千田二〇一二]。建久五年（一一九四）の鶴岡八幡宮一切経・両界曼荼羅供養会の際、義兼は一切経と両界曼荼羅を用意し、一切経は妻とともに前年三月二十三日から同年十一月二日まで書写したものであった（『鶴岡両界壇供僧次第』）。義兼夫妻の熱心な信仰をうかがうことができる。

『鑁阿寺樺崎縁起并仏事次第』（鑁阿寺文書）によれば、義兼は最晩年の建久七年（一一九六）に足利に入り、伊豆走湯山（静岡県熱海市）の理真上人朗安を開山に迎え、「御堀内」（足利氏居館内）に「氏寺」を建てたという。義兼の法名にちなみ「鑁阿寺」と名付けたという。栃木県足利市で現在も「大日様」と呼び親しまれ、本堂などが国宝に指定されている鑁阿寺の草創である。

樺崎寺（足利市）も、文治五年（一一八九）頼朝の奥州藤原氏征討に従軍した義兼が戦勝祈願のため創建したという。義兼は樺崎で入滅し、義兼が仏道修行した堂は朱丹に塗られ廟堂である「赤御堂」となり、樺崎寺の信仰の中核をなす堂となったという[大澤二〇一〇]。中世を通じ足利氏の氏寺・

廟所として発展するが、明治維新後に廃寺となり、近年の発掘調査で全貌が明らかになった。

足利義兼は、新たな仏教美術のパトロンとしても大きな役割を果たした［山本二〇一一］。『鑁阿寺樺崎縁起并仏事次第』には、二軀の大日如来造像に関する逸話が記されている。まず義兼妻が懐妊した際、嫡子のいない義兼は、理真上人に変成男子の法を行わせ男子（義氏）が誕生したことから、理真上人に帰依するようになったという。そして出家して信仰の余りに、三尺五寸の厨子と「金剛界大日并三十七尊形像」を造らせたという。また、樺崎の下御堂（法界寺）の仏壇下には、同日に没した、義兼と時政娘との子供ともいわれる瑠璃王御前・薬寿御前の二人の兄弟の骨が納められ、両人孝養のために三尺皆金色の金剛界大日如来像を彫刻し、それを納めた厨子に建久四年十一月六日の願文があったという

この二軀の大日如来像と見られる像は現存し、その作者として運慶の名があがっている［山本二〇一一］。一軀は光得寺（足利市）の大日如来坐像で、もとは樺崎八幡宮にあったが、明治初年の廃仏毀釈で光得寺に移されたという。厨子入りで奥壁に三十七尊の小像を取り付ける点で前者と一致する。建久十年（一一九九）頃の制作と考えられ、造像の途中で義兼が没し、完成した像が足利にもたらされ、義兼の歯が納められた可能性も指摘されている。もう一軀は、平成二十年（二〇〇八）突如世に出てオークションで宗教法人真如苑の所蔵となり、現在は東京半蔵門ミュージアムに安置されている大日如来坐像である。建久四年頃の制作と考えられることから、後者の樺崎の下御堂（法界寺）にあった像と推定される。

ではどのように足利義兼と運慶は結びついたのであろうか。一つの可能性として妻の実家北条氏、おそらく義父北条時政が運慶を義兼に紹介したのではなかろうか。運慶の鎌倉幕府関連での最初の仕事が、文治二年（一一八六）北条時政の依頼による伊豆の願成就院（静岡県伊豆の国市）の仏像制作であった。北条時政は、奈良興福寺の実力者の僧信実と親族であったことから、早くから興福寺専属の奈良仏師の一門運慶と結びついていたと考えられている［野口二〇一二］。時政の起用を機に運慶は、鎌倉将軍家・和田氏・三浦氏など幕府中枢の人々の発願による造仏を開始していくので、運慶にとって時政は最大の恩人といえる。鎌倉永福寺の仕事で大忙しだった建久四年に運慶が義兼の依頼を受けたのは、時政の婿で頼朝の義弟という特別な地位にあったからと推測されている［瀬谷二〇一二］。なお建久四年の大日如来像は、瑠璃王御前・薬寿御前の供養のため造られたという点からも、北条氏の関与があっても不思議はない。

さらに足利市助戸の真教寺阿弥陀如来像は、建仁三年（一二〇三）以前の仏師快慶の作である［山本二〇一一］。寺伝によれば足利義兼の護持仏とされる。快慶は、義兼が帰依した理真の走湯山で建仁元年に造仏し、走湯山を介し足利と関わった可能性が指摘されている。

●義兼妻の逝去と「蛭子」伝説

足利義兼妻が逝去した際の公式な記録は残されていない。建久五年（一一九四）の鶴岡八幡宮両界曼荼羅供養会に際し、前年より義兼夫妻は一切経を書写し始めたとされることから、建久四・五年の頃には健在であった。そして仁治二年（一二四一）二月息子足利義氏が、祖父母の義康夫妻・父母の義兼夫妻の忌日には「堀内御堂」（鑁阿寺）において滞りなく仏事を執行するよう足利庄公文所に命じており（鑁阿寺文書）、この時には逝去していた。建久四・五年～仁治四年のいずれかの六月十二日（義兼妻の忌日）に逝去している。鑁阿寺では、建久七年（一一九六）六月に妻が病で卒去し別離の情に堪えられず足利義兼は出家したと伝えられており［山越一九二六］、この頃逝去した可能性がある。

一方で足利市や鑁阿寺には、義兼妻の死を巡って悲しい伝説が残されている［山越一八九七］。鑁阿寺境内、本堂の北側にある智願寺殿御霊屋は別名「蛭子堂」と呼ばれている。足利義兼の妻、時子をお祀りし、その法名から智願寺殿または蛭子堂とよばれている。伝説によれば、義兼が鎌倉に滞在し留守中に、生水を飲んだ時子の腹が大きくなり妊婦のようになってしまったのを、不義密通をしたと義兼が疑ったため、時子は無実を訴え自害したという。時子の死体を検めると、無数の蛭が出てきたため、蛭子堂に祀ったという。

また、足利市法玄寺には「伝北条時子姫五輪塔」が残され、足利義純が継母の菩提を弔うために建立したとされる。五輪塔・台石とも凝灰岩製で、鎌倉時代の様式が確認できるが、誰の墓であるか確認できない。

もし北条時政娘を自害に追い込んだとすれば、足利氏もただでは済まないはずで、事実とは思えない。さらに足利氏のような有力御家人では、当主は鎌倉にあって幕府に奉仕し、一族や郎等が本拠地や地方の所領を支配するのが一般的で、当主の正妻も鎌倉で生活していたと見られる。義兼妻が足利にいた事自体、史料上確認できない。

●その後の足利氏と北条氏

足利義兼と北条時政娘の子足利義氏は、父義兼を十一歳で亡くし孤児となったが、母の縁から伯母北条政子・伯父義時の後見・保護を受け「准北条一門」という待遇を得ることができた［花田二〇二〇］。義氏は、元久二年（一二〇五）畠山重忠の乱では北条義時軍で活動、建保元年（一二一三）の和田合戦では北条義時・朝時とともに将軍御所の防衛で活躍、承久三年（一二二一）の承久の乱では幕府軍主力の東海道軍大将軍の六名の一人として京に攻め上っている。伯父の執権北条義時の信頼に応え武将として貢献した。

人事面でも義氏は、執権義時に重用された。建保五年北条時房に代わり武蔵守に、貞応元年（一二二二）義時に代わり陸奥守になるが、北条一門以外では極めて稀な人事である。また、承久の乱後に三河国（愛知県）の守護職・同国額田郡（岡崎市ほか）の地頭職を獲得し、義時死後には美作国（岡山県）守護や同国内の遺領も継承したと見られている［花田二〇二〇］。

この後も足利義氏は、寛喜三年（一二三一）に左馬頭に、嘉禎四年（一二三八）に従四位下になり、仁治二年（一二四一）には安達義景らとともに幕府の政所別当になり、執権泰時の補佐役となった。建長六年（一二五四）に没するまで、常に北条氏と協調し行動し、北条氏の権力確立に貢献した。晩年には「関東宿老」（『吾妻鏡』建長三年一二月七日条）と称されるなど幕府内で重要な地位を占め、鎌倉期足利氏の黄金時代を築き、足利氏の有力御家人としての地位を確かなものとした。

最後に足利義兼と北条時政娘の婚姻の意義を考えたい。この婚姻以降、足利氏当主は代々北条一門から正室を迎えており、足利氏と北条氏を結びつける起点となった。嫡子義氏は、従兄弟の北条泰時娘を妻に迎えた。義氏の子泰氏は、泰時の子北条時氏娘を正室に、泰時の弟北条朝時（泰時弟）娘を側室に迎えている。以後の足利当主の頼氏・家時・貞氏・高氏（後の尊氏）も、北条氏庶流から正室を迎えている。なお義兼の庶子義純は、畠山重忠後家の北条時政娘と再婚し、その間に生まれた泰国は源姓足利畠山氏の祖となっている。

　このように足利義兼が北条時政娘と結婚したことが、源氏の名門であるとともに北条氏の縁者という特別な地位を足利氏に与え、鎌倉時代の足利氏が有力御家人として存続する上で重要な支えとなった。後に足利尊氏が室町幕府を開くことにも影響を与えていく。

（須藤　聡）

【参考文献】

今井雅晴『鎌倉北条氏の女性たち』（教育評論社、二〇二二年）
大澤伸啓『日本の遺跡41　樺崎寺跡』（同成社、二〇一〇年）
瀬谷貴之「東国の運慶を推理する」（『芸術新潮』八七一号、新潮社、二〇二二年）
千田孝明『足利尊氏と足利氏の世界』（随想舎、二〇一二年）
田中大喜『対決の東国史3　足利氏と新田氏』（吉川弘文館、二〇二一年）
野口実『北条時政』（ミネルヴァ書房、二〇二二年）
花田卓司「鎌倉初期の足利氏と北条氏」（元木泰雄編『日本中世の政治と制度』吉川弘文館、二〇二〇年）
山越忍空『鑁阿寺小史』（鑁阿寺、一八九七年）

山越忍空『足利庄鑁阿寺』（鑁阿寺、一九二六年）
山本勉「足利氏と仏像・仏師」（江田郁夫・峰岸純夫編『足利尊氏再発見』吉川弘文館、二〇一一年）

3 阿波局——将軍実朝の乳母——

●実朝の誕生と阿波局

建久三年（一一九二）八月九日、源頼朝と北条政子の間に一人の男子が誕生した。二人の間には、すでに長男の万寿（後の二代将軍頼家）が生まれていたため嫡子ではなかったが、出生には多くの御家人が集まった。源頼朝が征夷大将軍に任じられたのは、これよりわずか一ヶ月前のことで、まさに源氏将軍家絶頂の最中に生まれた男子であった。千幡と名付けられたこの男子は、後に三代将軍となり実朝を名乗ることになる。鳴弦（邪気を祓うため弓の弦を引き鳴らすこと）は平山季重と上野光範が、引目（邪気を祓うため鏑矢を射て高い音を出すこと）を和田義盛が務め、北条義時・三浦義澄・佐原義連・小野成綱・安達盛長・下妻弘幹等が守刀を、大江広元・小山朝政・千葉常胤等が御馬や御剣を献上した。続いて新生児に初めて乳を含ませる儀式「乳付」が行われた。この時「御乳付」役として選ばれたのが阿波局である。乳付役に選ばれるということは、出生時からの乳母となることを意味する。

実朝の乳母となった阿波局は北条時政の娘で、政子や義時の兄妹にあたる。時政には十一人の娘がおり、野津本「北条系図・大友系図」には、長女が政子、二女が足利義兼室、三女が「阿野法橋妻」と記される阿波局、四女が稲毛重成室とある。

阿波局が初めて史料上に現れるのは、乳付役に選ばれた先の『吾妻鏡』の記述で、それ以前の事績はよくわからない。死没記事は確認できるものの、年齢が記されていないため生年も不明である。一つ手がかりとなるのが、仮名本『曽我物語』で、「時政が女の事」に先妻腹の二十一歳の娘が一人、当腹の十九歳と十七歳の娘がいると記されている。山本みなみ氏は推測の域を出ないとしながらも、この当腹の娘二人が、二女の足利義兼室と三女の阿波局である可能性を指摘する［山本二〇二三］。二十一歳の娘が政子であるとすれば、阿波局は四歳年下ということになり、生まれは応保元年（一一六一）ということになろうか。いずれにしても、建久三年の時点で乳付役に選ばれていることから、生まれは頼朝挙兵以前、北条氏が伊豆国北条を本拠地としていた時期とみて間違いないだろう。

また先の乳付の際の記述に「阿野上総妻室〈阿波局〉」とあるため、建久三年（一一九二）以前には、頼朝の弟にあたる阿野全成の室となっていたらしい。全成は平治元年（一一五九）の平治の乱の

【阿波局関係系図】

源義朝
義経
範頼
頼朝
阿野全成
北条時政
政子
義時
阿波局
時房
頼家
実朝
時元
女子
阿野公佐

後、醍醐寺に入り僧となっていたが、頼朝が挙兵するとまもなく頼朝のもとに駆けつけた。頼朝と政子、全成と阿波局、源氏と北条氏の間には二重の婚姻関係が結ばれていたのである。この婚姻関係を背景に、全成と阿波局夫妻は、乳母・養父として実朝に仕えた。

伊豆国在庁官人の娘として伊豆北条に生まれた阿波局は、姉の政子と頼朝の婚姻、そして頼朝の挙兵を契機に、その立場を大きく変えていくことになったのである。

●乳母の役割

そもそも中世の乳母とはどのような存在であったのだろうか。先行研究によれば、乳母と養君は強い主従関係と「擬制的親子」の関係で結ばれており、乳母は一族をあげて養君に仕えたと考えられている［田端二〇〇五］。

例えば、頼朝には摩々尼・寒河尼・山内尼・三善康信の叔母、そして比企尼といった乳母がいたが、彼女たちとその一族の多くは、早くから頼朝を支え活躍した。摩々尼は頼朝の乳付に選ばれた女性で、最も古参の乳母である。田端泰子氏は摩々尼が土肥氏の所領早川荘の田畠屋敷を安堵されていることから、土肥氏の女性であった可能性を指摘している。土肥氏は挙兵当初から頼朝に従っており、乳母を出した一族であったとすれば、その行動も合点がいく。

次いで、寒川尼は小山政光の室で八田宗綱を父に持つ女性である。宗綱は院の武者所に出仕しており、寒川尼も近衛天皇に使える女房であったという。兄の宇都宮朝綱は後白河上皇の北面に祗候しており［野口二〇一三］、寒川尼とその一族は京都でも活動していたのである。また乳母の甥であった三善康信は、伊豆国に流された頼朝に対し、十日に一度、毎月三回使者を送り、京都の情勢を伝えていた。以仁王の敗走と源氏追討の命令が出ていることを伊豆の頼朝に伝え、奥州に逃げるよう促したのも康信である。

さらに頼朝の乳母のうち、幕府成立後に大きな勢力となったのが、比企尼とその一族である。平治の乱で源氏が敗れ、頼朝が伊豆に流されると、比企尼は夫とともに京都から武蔵国比企郡に下り、以後二十年に渡って頼朝の流人生活を支えた。

頼朝は父義朝が京都に活動を移した後に生まれており、朝廷社会でも活躍できる教養を身につけ、それを支える人脈を持つ必要があったであろう。乳母の選択の中では、代々の主従関係を継承しつつも、成人後の活動を見越して、それに相応しい素養と、後見となりうる力の有無の見極めが重要であった。

実朝の乳母には、北条氏出身でかつ源氏一門の室である阿波局が選ばれたのに対し、二代将軍頼家の乳母には、比企能員の妻をはじめ、比企尼の娘の河越重頼室や平賀義信室が選ばれていた。また『愚管抄』によれば、梶原景時の妻も頼家の乳母であったという。頼朝は自身の乳母一族である比企氏と、妻の実家である北条氏の協調関係のもとで幕府が運営されることを望んでいたであろう。しかし現実はそうはいかなかった。頼朝の死後、二人の兄弟をめぐる乳母一族の勢力争いが、鎌倉を大きく揺るがすことになる。

さて、実朝を養育した人物は阿波局だけではなかった。乳付の際に「御介錯」として見える大弐局と呼ばれた幕府の女房もその一人であった。大弐局は甲斐源氏の加賀美遠光の娘で、文治四年（一一八八）七月四日、頼朝の計らいによって七歳となった頼家の世話係に任じられた。同年の九月一日には頼朝に初めて拝謁し、この時に大弐局の名を賜った。頼朝が信頼を寄せる遠光の愛娘として、頼朝も目をかけていたらしい。また兄妹の加賀美長清は、かつて京都で平知盛に仕えており、大弐局も京都での経歴を持っていた可能性が指摘されている［野口二〇一一］。

神奈川県の称名寺塔頭光明院の運慶作とされる大威徳明王像の像内納入品「大威徳種子等及梵字千手陀羅尼」の奥書に、本像が建保四年（一二一六）に「源氏大弐殿」の発願で造像されたことが記されている。また高野山の金剛三昧院の経蔵棟札の写には「奉為　鎌倉右大臣家（源実朝）、小笠原大弐禅尼建立之」とあり、この「小笠原大弐禅尼」が大弐局と考えられている。このような活動から、当時の将軍乳母や幕府女房たちの活動の広さ、そして事業を実現するだけの経済力などが想像できよう。

●梶原景時の乱から全成事件へ

乳母となり、夫全成と共に千幡を養育していた阿波局であったが、建久十年（一一九九）正月十三日に源頼朝が没すると、その後の勢力争いに巻き込まれていくことになる。頼朝の長男頼家が鎌倉殿を継承したが、頼家・千幡兄弟を後見する御家人たちの間で、対立が顕在化していく。

その中で、まず粛清されたのが梶原景時であった。そして『吾妻鏡』によれば、その端緒となったのが阿波局であるという。頼朝の死から九ヶ月後の十月二十七日、阿波局が結城朝光に対し、梶原景時の讒訴によって誅殺されようとしていることを告げた。朝光が「忠臣二君に仕えずとして、頼朝の死去に際し出家しなかったことを嘆き、今の世を蔑ろにしている」と梶原景時が頼家に讒言したのだった。驚いた朝光が朋友の三浦義村に相談したところ、義村は景時に反意を示し、これに和田義盛や安達盛長も同心したため、連署の状で訴えようということになった。結果、六十六人の御家人の連名による訴状が作成された。訴状を受けた梶原景時は弁明できず、相模国一宮へと下向し、上洛の途中で討伐され自害するという結末であった。

梶原景時没落の背景には様々な要因がある。まずは侍所別当をめぐる梶原景時と和田義盛の対立である。頼朝挙兵以来、侍所の別当となったのは和田義盛であったが、建久三年（一一九二）に梶原景時が別当となったのである。また頼家の乳母夫となり、娘の若狭局を頼家に嫁がせていた比企能員と、頼家の養育者となり側近として仕えた梶原景時との間には、頼家の後見をめぐる対立もあったと考えられている［伊藤一九九三］。さらに上横手雅敬氏は、頼家派と実朝派の対立を指摘する［上横手一九六二］。『玉葉』正治二年（一二〇〇）正月一日条によれば、千幡を擁立し頼家を討とうとしている武士等がいたため、景時は頼家に讒言したのだという。

この情報源は京都の公家である藤原宗頼と範光の二人であったが、宗頼は範光兄妹の藤原兼子を妻に迎えており、二人は義理の兄弟の関係にあった。さらに範光と兼子には、源通親の室で後鳥羽天皇の乳母となった妹の範子もおり、鎌倉との関係も深かった。特に源通親と大江広元とは親密で［上杉二〇〇五］、広元の息子親広が源通親の養子となっていたほか、広元の娘は兼子に仕えていた。よって宗頼と範光の具体的な情報源は明記されていないものの、彼らが鎌倉と直結する情報網を持っていたことは想像に難くない。千幡派と頼家派の対立が、頼朝の死の直後から芽生えていた可能性がある。そして千幡派の象徴的な存在が、乳母阿波局と養育者である夫全成（ぜんじょう）であった。

●阿野全成の死

上洛を図った梶原景時が討たれた後、御家人等の中で頭角を表したのが阿波局の父北条時政（ときまさ）である。正治二年（一二〇〇）四月一日、時政は従五位下遠江守（とおとうみのかみ）に任じられた。頼朝期の鎌倉で五位となり国守に任じられていたのは源氏一門や京都下りの文士に限られていたため、時政の昇進は破格の扱いであった。頼家派の比企氏にとっては、いよいよ脅威となったに違いない。時政を筆頭とする千幡派を牽制するため、真っ先に標的となったのが阿野全成であった。建仁（けんにん）三年（一二〇三）五月十九日、全成に謀反（むほん）の噂が立ち、全成は武田信光（たけだのぶみつ）に生け捕られた。さらに翌日、頼家が比企時員（ときかず）を政子のもとに送り、阿波局の身柄の引き渡しを迫った。これに対し政子は、謀反を女性に知らせるはずもなく、二月以降は全成と阿波局は連絡をとっていないとして、阿波局を差し出さなかった。後に全成は常陸（ひたち）国に配流となり、同年六月二十三日に頼家の命を受けた八田知家（はったともいえ）によって、下野（しもつけ）国で誅殺された。そしてこの粛清は全成だけに留まらなかった。翌月十六日には、全成の息頼全（らいぜん）が京都東山の延年寺で誅殺されている。

全成・頼全父子の死から三ヶ月後の八月、頼家は病に倒れた。これを受けて関西三十八国の地頭職を千幡が、関東二十八国の地頭と惣守護職を頼家嫡男の一幡が分割することとなった。この措置に対して比企能員が不満を抱き、千幡とその外戚等と滅ぼそうと画策したと『吾妻鏡』は記している。かくして比企氏と北条氏の対立が表面化した結果、九月二日に時政の名越亭で能員が討たれると、比企一族は小御所と呼ばれた一幡の邸宅に立て篭もり、北条義時をはじめとする幕府軍に追い込まれて滅亡した。

この混乱の最中、千幡はどこに身を寄せていたのであろうか。千幡は比企氏の乱の段階で元服前の十二歳であった。養君は成人を迎えるまでは、基本的には乳母父・乳母の家に預けられ、元服した後に実家に戻るのが通例であった［秋山一九九三］。よって幼少期の千幡は全成と阿波局の下で養育されたとみられるが、全成が討たれた後は北条政子の元に移っていた可能性が高い。そしてその側には夫を亡くした阿波局が近仕していたと考えられる。それを示すのが、比企氏滅亡前後の千幡の動きである。比企氏滅亡後、九月七日に頼家が出家すると、翌日には千幡を将軍に推挙することが決定し、千幡は政子の元から時政の邸宅に移った。この時千幡に付き添ったのが阿波局で、同じ輿に乗って時政の邸宅に向かったという。千幡後見の立場は、この時に時政に移ったと考えられよう。そして乳母の筆頭にあった阿波局に替わって、守役となったのが時政の妻牧（まき）の方（かた）であった。

政子から時政への千幡の引き渡しは滞りなく行われ、千幡派は一枚岩であるかのように見えたが、その直後から綻びを見せ始める。そのきっかけとなったのが、またしても阿波局であった。九月十五日、阿波局は政子の元に参じ、「千幡が時政の邸宅にいることはもっともだが、牧の方を見ると笑みのなかに害心が見え、傅母（ふぼ）として信頼できない」と伝えた。対して政子は、直ぐに千幡を連れ戻すことを了承し、北条義時・三浦義村・結城朝光を派遣した。これにより千幡は政子の下で養育されることになり、引き続き政子と阿波局の側に戻ったものとみられる。それから一ヶ月後、千幡は征夷大将軍に任じられ、元服し実朝を名乗ることとなった。

●養君実朝と実子時元の死

その後、阿波局（あわのつぼね）の動向を示す史料は暫く途絶えるが、実朝の成人後も御所の女房として近仕していたであろうと推測される。そして建保六年（一二一八）十二月二日、実朝は右大臣に任じられ、翌年正月に鶴岡八幡宮で大臣の拝賀が行われることとなった。明けて正月二十七日の右大臣拝賀の当日、実朝が鶴岡八幡宮の石段を降り、公卿（くぎょう）たちの間を通り過ぎようとしたその時、甥の公暁（こうぎょう）が切り掛かり、実朝は絶命したのである。将軍の突然の死によって、鎌倉は混乱と悲しみに包まれた。翌二十八日には実朝室の坊門信清（ぼうもんのぶきよ）の娘が出家した。『吾妻鏡』によれば大江親広（ちかひろ）、長井時広（ながいときひろ）以下御家人百余名が出家を遂げたという。この時の女房たちの状況は史料から伺うことはできないが、誕生時から養育していた阿波局の心情は想像に余りあるものであろう。

突然の将軍職の空位は、更なる事態を招いた。半月後の二月十五日、駿河国から飛脚が到着した。飛脚が言うには、全成と阿波局の子である阿野時元（ときもと）が東国を支配しようと企て、軍勢を率いて城郭を構えたのだという。阿野は現在の沼津市西部から富士市東部のあたりの地名で、阿野全成の名乗りもこの地名によるものである。全成没後も阿野氏の拠点として継承され、時元が城郭を構えるに至ったのであろう。

時元を誅殺するため、北条政子の命によって、北条義時が御家人等を駿河国阿野に向かわせた。劣勢となった時元らは敗北し、時元の自害によって幕を閉じた。さらに三月二十七日には、時元の弟で実相寺の僧となっていた道暁も討たれた。九条道家の息三寅を鎌倉に迎えたのは七月のことであり、その空白期に起こった出来事であった。後に頼家の遺児禅暁も京都で討たれており、実朝没後の源氏の遺児の排除は徹底していた。全成と阿波局の息子たちも貴種の血を引く者として認識されていたため、その粛清の対象となったのである。

全成には頼保・頼高・頼全・時元・道暁・頼成等の息子がいたが、そのうちの頼全・時元・道暁が勢力争いの中で命を落とした。阿波局の子であることを確認できるのは時元のみであるが、養君である実朝を失い、勢力争いの中で息子をも失った彼女の心中は計り知れない。一方、阿波局自身は政子の助けなどによって引き続き御所の女房を務め、嘉禄三年（一二二七）十一月四日に死去したと『吾妻鏡』は記している。この時すでに兄妹の北条政子・義時はこの世になく、甥の北条泰時が喪に服したという。

●阿波局の娘たち

全成の男子たちが不幸に見舞われた一方、その流れを継いだのは女子たちであった。全成には阿野公佐と四条隆仲に嫁いだ娘がいた。このうち公佐室については、『吾妻鏡』の文治元年（一一八五）十二月七日条に「彼の公佐朝臣は、頼朝の御外舅である北条時政の外孫（全成息女）の夫である。」と記されており、阿波局の実子と確認できる。なお、和田英松氏は文治元年の記述をもってこの頃までに公佐と阿波局娘の婚姻が成立していたと考えるが、必ずしもこの段階で婚姻したと考える必要はなく、『吾妻鏡』の編纂段階の注記と考えても差し支えないであろう。また公佐は「あちこちらに親しまれる上に、心ばえも大変穏やかである」と評され、元暦二年（一一八五）の勝長寿院供養の布施取役や、建久五年（一一九四）の永福寺薬師堂供養の布施取役を勤めるなど、頼朝の同母妹を妻とした一条能保とともに、早くから鎌倉との関係を築いた貴族の一人であった。公佐の養父である滋野井実国には大江広元の娘が嫁しているほか、公佐の娘は先述した源通親の孫にあたる堀川具実の室となり、親王将軍宗尊親王妃となる女性を産んだ。さらに公佐の子で阿波局の孫にあたる実直は阿野を号し、公佐を祖とする阿野家へと繋がっていくのである。

（大澤　泉）

【参考文献】

青木祐子「阿波局」（樋口州男・田辺旬・錦昭江・野口華世編『『吾妻鏡』でたどる北条義時の生涯』小径社、二〇二二年）

秋池洋美「武家の「めのと」に関する覚書」（『総合女性史研究』一八、二〇〇一年）

秋山喜代子「乳父について」（『史学雑誌』九九―七、一九九〇年）

秋山喜代子「養君にみる子どもの養育と後見」（『史学雑誌』一〇二―一、一九九三年）

伊藤邦彦「比企能員と初期鎌倉幕府」（『鎌倉幕府守護の基礎的研究〔論考編〕』岩田書院、二〇一〇年、初出一九九三年）

上杉和彦『大江広元』（吉川弘文館、二〇〇五年）

上横手雅敬「鎌倉初期の公武関係」（『日本中世政治史研究』塙書房、一九七〇年、初出一九六二年）
小野翠「鎌倉将軍家の女房について―源家将軍期を中心に―」（『紫苑』六号、二〇〇八年）
杉橋隆夫「牧の方の出身と政治的位置―池禅尼と頼朝と―」（上横手雅敬監修、井上満郎・杉橋隆夫編『古代・中世の政治と文化』思文閣出版、一九九四年）
田端泰子『乳母の力―歴史を支えた女たち―』（吉川弘文館、二〇〇五年）
野口実「下野宇都宮氏の成立と、その平家政権下における存在形態」（『東国武士と京都』同成社二〇一五年、初出二〇〇三年）
野口実「源平内乱期における「甲斐源氏」の再評価」（『東国武士と京都』同成社、二〇一五年、初出二〇一三年）
山本みなみ「北条時政とその娘たち」（『鎌倉』一一五号、二〇一三年）
和田英松「阿波局」（『国史国文之研究』雄山閣、一九二六年、初出一九一九年）
図録「特別展　運慶　鎌倉幕府と霊験伝説」（神奈川県立金沢文庫、二〇一八年）

4　畠山重忠の妻―畠山氏をつないだ後家―

●一人目の夫―畠山重忠―

元久二年（一二〇五）六月二十二日、北条義時によって率いられた軍勢に敗れ、畠山重忠が戦死した。重忠は武蔵国（埼玉県・東京都・神奈川県の一部）の有力御家人であったが、北条氏が武蔵国への関与を強めていく中で、重忠との対立は避けられないものとなっていた。前日の二十一日、父の北条時政から重忠を誅殺する計画を打ち明けられた義時は、「治承以来、重忠は幕府への忠勤に励んできました。比企氏の乱の時も、父子の礼を重んじて我が方に味方したのに、どうして反逆を企てることがあるでしょうか」と、計画に反対したとされる（『吾妻鏡』）。

実は、重忠は時政の娘を妻に迎えており、建仁三年（一二〇三）の比企氏の乱でも時政に協力していたのである。『吾妻鏡』によれば、重忠の討伐を主導したのは時政とその妻・牧の方だったとされている。彼らはなぜ娘婿の重忠を殺害しようとしたのだろうか。『鎌倉年代記裏書』には、「重忠は時政の前妻の婿」との記述がある。これによれば、重忠に嫁いだのは牧の方の子ではなく、時政と先妻の間に生まれた子であった。なお、重忠の縁戚では、従兄弟に当たる稲毛重成も北条時政の娘を妻に迎えていた。重忠の死の当日、鎌倉では畠山重保が謀殺されたが、彼を鎌倉に呼び出す役割を担ったのが重成であった。時政と牧の方が主導する重忠討伐に協力した彼の行動から、彼に嫁いだのは時政と牧の方の間に生まれた娘であったと考えられる［杉橋一九九四］。

畠山重忠は、時政の娘のほかにも妻を迎えていた。足立遠元の娘である。重忠の子息のうち、遠元の娘が産んだと確認できるのは小次郎重秀である（『吾妻鏡』）。重秀は寿永二年（一一八三）の生まれであることから、遠元の娘が重忠に嫁いだのはそれ以前と推定される。足立氏は武蔵国足立郡（東京都足立区・埼玉県の一部）を本拠とする武士であり、両氏の交流は、頼朝の挙兵以前に遡ると考えて不自然はないだろう。そのほか、六郎重保を時政の娘が産んだ子とする系図もある。一方で、重忠の子のうち、十郎時重のみが時政の「時」の字を名乗っていることから、時政の娘が産んだのは時重のみであり、それ以外の重忠子息は、すべて遠元の娘の子だと考える説もある［菊池二〇一二］。時政の娘が重忠に嫁いだ時期ははっきりしないが、畠山氏と北条氏の本拠地の距離を考えれば、両氏が接点を持つようになったのは、治承四年（一一八〇）の頼朝挙兵以後と考えるのが自然であろう。

重忠が敗死した翌月の七月八日、勲功のあった者に畠山氏関係者の旧領が与えられた。将軍・源実朝が幼かったことから、この決定は母の政子によって沙汰された。また、同月二十日には、政子に仕える女房五、六人にも、戦いに敗れた者の旧領が与えられた。これ

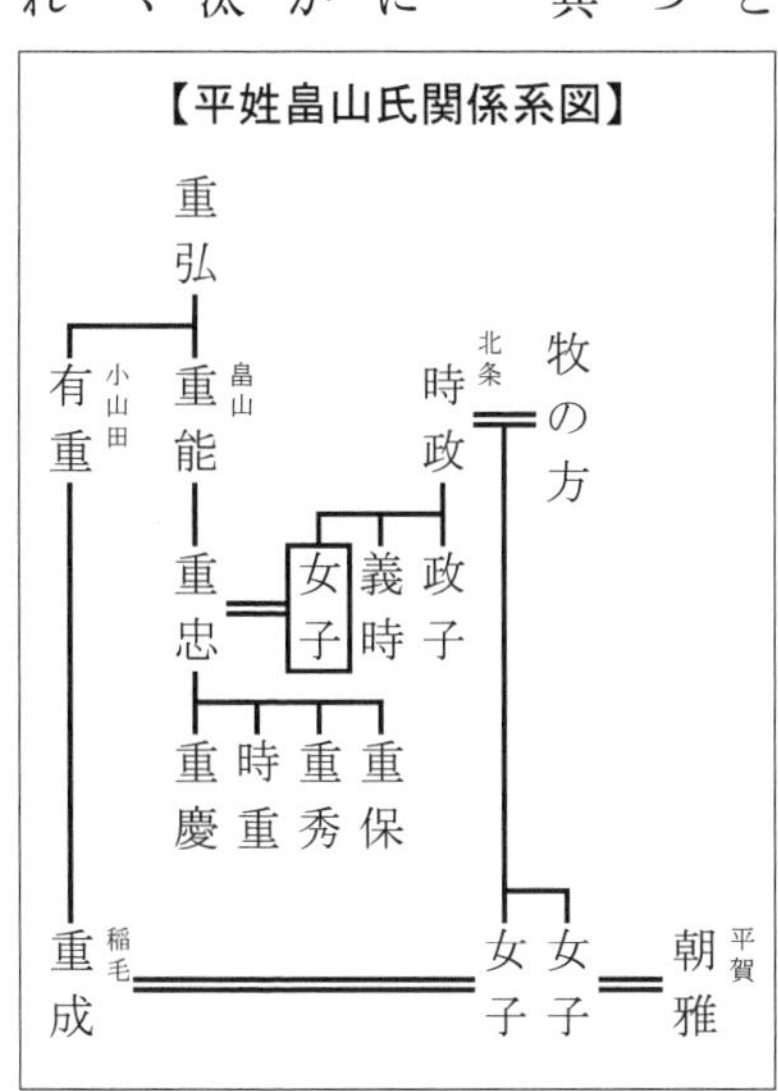

【平姓畠山氏関係系図】

に先立ち、稲毛重成らが鎌倉で討たれた。時政の指示を受け、親類の重忠を滅ぼす謀略を巡らしたのが明らかになったためである。無実の罪で重忠を死に追いやった時政自身もまた、御家人からの信頼を失ったものと考えられる。政子は時政の娘であるが、彼女も弟の義時とともに時政の排除に乗り出す。

同年閏七月十九日、牧の方による謀略の風聞が立った。実朝を殺害して、源氏一門の平賀朝雅を新たな将軍に擁立しようとしているというのである。政子と義時は、時政亭にいた実朝の身柄を確保し、義時亭に移した。時政は出家して伊豆国北条（静岡県伊豆の国市）に下向し、幕府政治の表舞台から姿を消した。京都にあった朝雅も、在京御家人の襲撃を受けて誅殺された。朝雅は時政と牧の方の間に生まれた娘を妻に迎えており、実は、畠山氏討伐の原因を作ったのも彼だったとされる。前年の十一月、京都守護として在京していた朝雅は、酒宴の場で畠山重保と口論になった。朝雅がこのことを牧の方に訴えたことが、畠山氏討伐の原因になったとされる。武蔵守を務めたこともある朝雅は、武蔵国支配を巡って畠山氏と対立関係にあった可能性もある。

●二人目の夫―足利義純―

重忠の死から五年が経過しようとしていた承元四年（一二一〇）五月十四日、重忠の妻が『吾妻鏡』に登場する。

故畠山重忠後家の所領などは、とある理由があって改易となっていたが、相違のないよう、本日仰せがあった。

ここで重忠の妻が安堵された所領とは、重忠が妻（時政の娘）に譲った所領のことだと考えられている。重忠やその子息の死によって、畠山氏は歴史の表舞台から姿を消すが、遺領の一部は彼女に受け継がれたのである。中世の武士の家では、当主の死後に後家が家長の代理を務めることが珍しくなく、重忠の後家にも、畠山の家名を継承させる役割が求められたものと考えられる。その後、畠山の家名を継承したのは、彼女が足利義純と再婚して産んだ畠山泰国である。泰国の子孫は広義の足利一門として扱われ、室町幕府では管領を輩出する家柄となる。重忠らの平姓畠山氏と区別する必要があるため、泰国の子孫は源姓畠山氏と呼ばれる。

再婚相手となった義純は、源氏一門の足利義兼を父に持つ。義兼の母が頼朝の母方の縁戚であったことなどから、足利氏は有力御家人の待遇を得ていた。そして、義兼もまた、北条時政の娘を正妻に迎えていた者の一人であったが、義純は正妻の子ではなかったことから家督を継ぐことができず、新田義兼の婿となったとされる。新田義兼は、彼の父である足利義兼の従兄弟に当たる。

享年から逆算した義純の生年は安元二年（一一七六）であり、長寛二年（一一六四）生まれとされる畠山重忠より十二歳若い。義純が生前の重忠と接点があったかは不明であるが、「両畠山

【源姓畠山氏関係系図】

義国 ― 足利 義康 ― 義兼 ＝ 女子（北条時政の娘）
義国 ― 新田 義重 ― 義兼 ＝ 新田尼
足利義兼 ＝ 女子 ― 義氏
足利義兼 ― 義純
新田義兼 ― 女子
女子 ＝ 義純 ― 岩松 時兼
義純 ＝ 女子 ― 畠山 泰国
北条 時政 ― 政子・義時・女子・女子
女子 ＝ 畠山 重忠

系図」（『続群書類従』五上）によれば、義純は重忠の後家と再婚し、畠山氏の所領を与えられたのだという。この時、義純は新田義兼の娘と離縁したか、あるいは既に彼女と死別していたのであろう。

先述のとおり、重忠の後家は承元四年五月十四日に所領を安堵されたが、義純はその五か月ほど後の十月七日に三十五歳で死去した。安堵の時期が義純死去の直前であることを踏まえると、二人の間に生まれたとされる泰国は、安堵の時点で生まれていた可能性が高い。そうだとすれば、重忠後家への畠山氏遺領の安堵は、いずれも有力御家人である北条氏と足利氏の血を受け継ぎ、畠山重忠とも縁のある泰国に、畠山の家名と本領を継承させることを前提としていたと考えられる［渡一九九〇・一九九一］。

泰国が畠山氏の家名を継承する上で、北条氏と足利氏の血を受け継いでいたことは大きな意味を持っていた。武蔵国は鎌倉将軍家が国司を推挙する権限を持つ国（関東御分国）の一つであり、平賀朝雅の後任の武蔵守には、義純の弟で足利氏の家督を継いだ足利義氏が就任したとされる。義氏は足利義兼と正妻の間に生まれており、十七歳の若さで武蔵守に就任した時には、既に父が死去していたことから、母方の叔父に当たる北条義時の後見を受けて国務を遂行したものと思われる［彦由二〇〇五］。このように、重忠の後家と足利義純の婚姻は、北条氏と足利氏が連携して武蔵国の支配を進める一環としてなされたものだったのである。

一方で、足利義純の再婚には、彼が先に婿入りしていた新田氏の影響があった可能性もある。貞応三年（一二二四）一月二十九日、新田尼（新田義兼の妻）は、孫の岩松時兼（義純と先妻の子）に所領を譲った。その所領の中には、武蔵国春原荘万吉郷（埼玉県熊谷市）が含まれているが、これは新田尼が夫から譲られた所領というよりは、彼女が実家から譲られた所領の可能性が高い。万吉郷のある北武蔵地域は、畠山氏などの秩父平氏の勢力圏である。さらに、久寿二年（一一五五）の大蔵合戦で畠山氏と新田氏がともに源義平（頼朝の兄）陣営に与したことも併せて考えると、新田尼は畠山氏出身の女性であり、両氏の連携の証として、彼女と新田義兼の婚姻が成立した可能性が高まる。新田尼が平姓畠山氏出身の女性だとすれば、畠山氏遺領の処分に関与できたはずである。新田氏にとっても、婿である義純が重忠の後家と再婚できれば、勢力拡大につながる機会となる。重忠の後家と義純の婚姻は、平姓畠山氏出身の新田尼が支援したことで実現したとも考えられるのである［久保田二〇〇三］。

●その後の畠山氏

　泰国を祖とする源姓畠山氏は、足利氏当主が主宰する幕府の行事に出席するなど、鎌倉期を通じて広義の足利一門として認識されていたとされる。一方で、御家人として幕府に奉仕する（御家人役）際には、足利氏とは別ユニットで扱われることもあった。このような独自性は、源姓畠山氏が畠山重忠の家を継承した事実を反映したものと考えられている［清水二〇一八］。畠山氏の家名が継承されたのは、重忠の後家の功績と言えよう。なお、足利義純に嫁いだのは重忠の後家ではなく、重忠の娘だったとする系図もある（「佐野本系図」）。家名を継承させるためには、後家よりも娘を嫁がせる方が自然とも思われるが、この系図の記述だけで断言することは難しい。

最後に、平姓畠山氏のその後についても触れておきたい。重忠の末子・重慶(ちょうけい)は出家して日光山（栃木県日光市）にいたが、謀叛の疑いをかけられて建暦(けんりゃく)三年（一二一三）九月に殺害された。同月二十六日に報告を受けた将軍・実朝は「重忠は無実の罪で誅殺された。その息子が謀叛を企てたという情報があるとしても、まずは捕らえてその実否を究明するべきだった」と述べたという（『吾妻鏡』）。

重忠の子孫と思われる人物は、九州でも確認されている。弘安(こうあん)八年（一二八五）時点の田地の面積や領有関係を記した「豊後国図田帳(ぶんごのくにずでんちょう)」には、阿南荘吉藤名(あなんのしょうよしふじみょう)（大分県由布市）の領主として「畠山十郎重末」が記載されている。重忠の娘婿とされる島津忠久(しまづただひさ)が豊後守(ぶんごのかみ)を務めていたこととの関連が想定できる。重忠子息の時重は「十郎」を名乗っており、彼の子孫が同地に土着した可能性もある［山野二〇一七］。

（長谷川明則）

【参考文献】

菊池紳一「平姓秩父氏の性格―系図の検討を通して―」（『埼玉地方史』六六号、二〇一二年）
久保田順一『新田一族の盛衰』（あかぎ出版、二〇〇三年）
清水亮『中世武士 畠山重忠―秩父平氏の嫡流―』（吉川弘文館、二〇一八年）
杉橋隆夫「牧の方の出身と政治的位置―池禅尼と頼朝と―」（上横手雅敬監修、井上満郎・杉橋隆夫編『古代・中世の政治と文化』思文閣出版、一九九四年）
彦由三枝子「足利氏と畠山氏―岩松畠山氏の成立―」（清水亮編『畠山重忠』戎光祥出版、二〇一二年、初出二〇〇五年）

山野龍太郎「畠山重忠の政治的遺産」（北条氏研究会編『武蔵武士の諸相』勉誠出版、二〇一七年）
渡政和「鎌倉時代の畠山氏について」（清水亮編『畠山重忠』戎光祥出版、二〇一二年、初出一九九〇・一九九一年）

5　宇都宮頼綱の妻――京都で活動した政子の妹――

●北条時政と牧の方の子たち

宇都宮頼綱の妻となった女性は、北条時政と牧の方の娘である。最近の研究では、時政の後妻である牧の方所生の子どもは、男子一人（政範）・女子四人と考えられている。時政は子だくさんで、四人の男子（宗時・義時・時房・政範）と十一人の女子がいたことがわかっている。十一人の女子のうち、長女が北条政子、三女が阿波局で、いずれも先妻の子である。牧の方の娘であることが確実なのは、五女・七女・八女・九女で、宇都宮頼綱の妻は八女で、牧の方所生では三女となる［佐藤二〇〇八・彦由二〇〇八・山本二〇一三］。この章段では牧の方の所生の娘たちを、順に嫡女（五女）・二女（七女）・三女（八女）・四女（九女）と称することにする。まずは牧の方の子どもたちを、ひとりずつ確認しておこう。

牧の方の嫡女（五女）は生没年は不明であるものの、後述するように、ここでのメイン人物三女（八女）の生年が文治三年（一一八七）とわかることから、寿永二年（一一八三）頃の生まれかとも推定されている。嫡女は初め平賀朝雅と結婚した。平賀氏は信濃国佐久郡（長野県佐久市）を本拠地とした信濃源氏で、朝雅の父義信は源義朝に従って平治の乱に参戦した。義信は義朝の息子頼朝にも従い、頼朝の乳母比企尼の三女と結婚し、源氏一門の筆頭に位置づけられる。義信と比企尼三女との間に生まれたのが朝雅である。朝雅は頼朝の猶子ともなり、時政と牧の方の嫡女と結婚し、幕府を支える存在として期待されていたと考えられる【系図1】。建仁三年（一二〇三）の比企事件では、朝雅は北条時政に味方し比企氏一族を攻撃している。その後、将軍実朝が擁立されると、舅の時政によって京都守護に任じられ上洛する。京都では後鳥羽院にも重用されたが、元久二年（一二〇五）閏七月、時政と牧の方が実朝を殺して朝雅を鎌倉殿に擁立しようとする計画が発覚し、在京御家人によって朝雅は京都にて殺害された。朝雅は二十四歳であったという。

嫡女はこの事件後、藤原国通と再婚した。まだ二十代前半であったろう。この藤原国通は頼宗流泰通の子で、歌人で有名な藤原定家の妻（藤原実宗娘）と異父同母（中務少輔教良娘）の姉弟という関係であった［佐藤二〇〇八］【系図1】。また国通の有栖川邸内では牧の方が亡き夫時政のために堂舎を建てて十三回忌供養を行ったり、嫡女が異母姉北条政子の二十周忌法要の法華八講を主催したりなど、北条氏の追善仏事の場となっていったことがうかがわれる［山本二〇一三］。

二女（七女）は、嫡女が寿永二年（一一八三）生まれだとすれば、元暦二年（一一八五）頃の生まれであろうか。二女は公季流の藤原実宣の妻となった。この実宣の母が吉田経房の娘であり、実宣は経房の外孫にあたる【系図1】。時政が京都で守護・地頭の設置に関して経房と対峙したまさにその年に、この二女は生まれたのかもしれない。二女と実宣の結婚の時期は、「壮年〈正四位下、中将〉ニシテ、関東〈時政朝臣〉ノ婿トナル〈国通卿妻ノ弟ナリ〉」（『明月記』嘉禄二年六月三日条）。とあることから、実宣が正四位下権中将となった建仁三年（一二〇三）正月十三日以降、また「実宣中将妻」

との記載がある元久元年（一二〇四）四月十三日（『明月記』同日条）のあいだであることがわかっている。この頃実宣は二十七～八歳で、二女は二十歳前後と考えられ、年齢的にも適合している［山本二〇一三］。二女は建保元年（一二一三）十月に男子を出産しているが、その名はわからず、しかも建保四年（一二一六）三月には死去してしまった。

　三女（八女）が宇都宮頼綱妻である。あとでも詳述するので、ここでは簡単に述べておこう。三女は牧の方所生の娘たちのなかで唯一生年がわかる女性である。なぜなら、『新古今和歌集』を編み、歌人として有名な藤原定家の日記である『明月記』の天福元年（一二三三）五月十八日条に、四十七歳と見えるからである（この記事についても後述）。したがって文治三年（一一八七）生まれということになる。頼綱妻として嫡男泰綱や、藤

【宇都宮氏関係系図1】

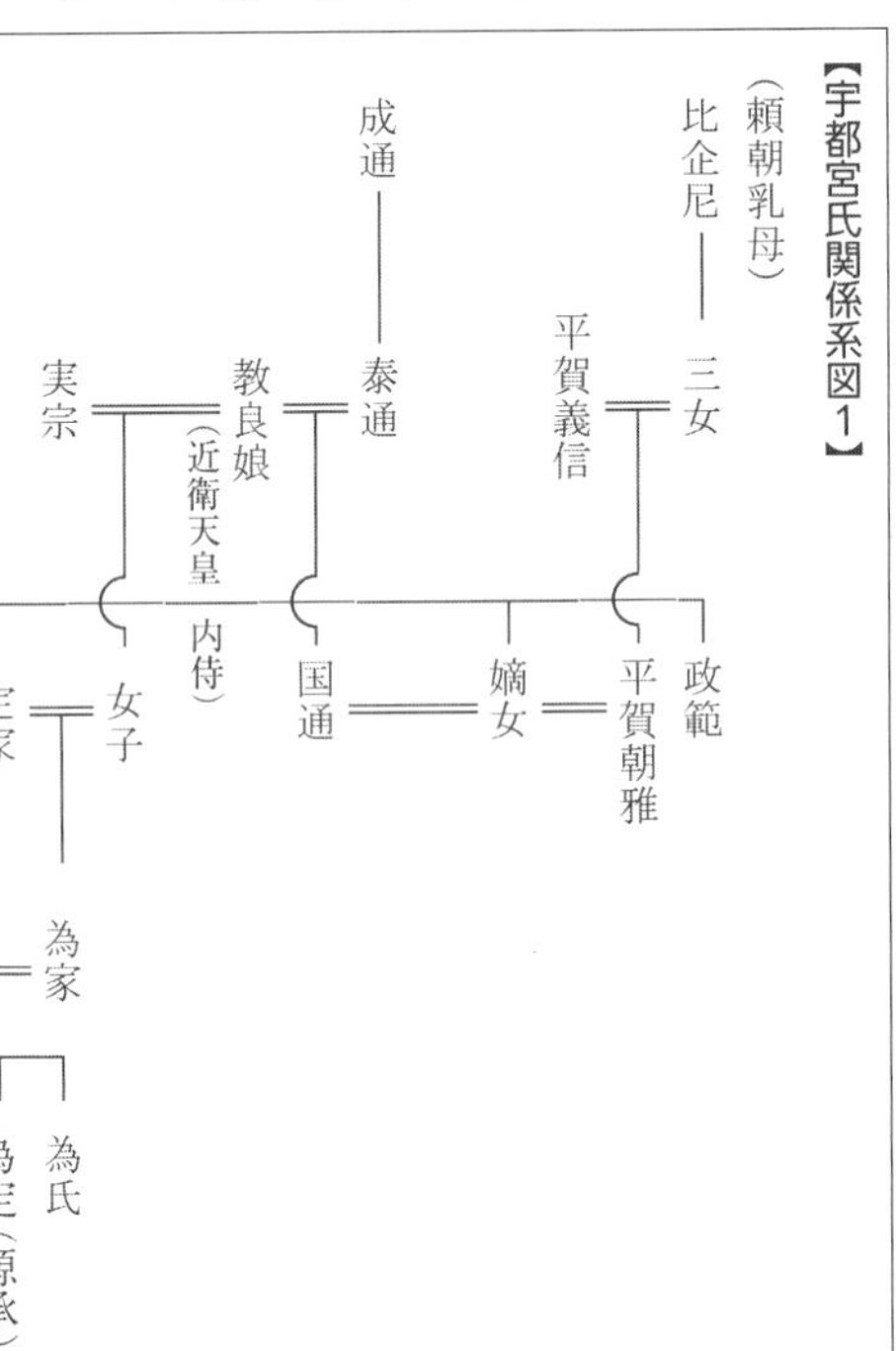

原定家の子為家の妻となる娘を生んでいる【系図1】。

その二年後に生まれたのが嫡男政範であった。牧の方にとっては待望の男子であり、まさに「愛子」であった。彼は北条氏の嫡子として育てられ、少年期から在京活動もしていたらしく、その結果、元久元年（一二〇四）に十六歳で従五位下となっていた。二十六歳年上の異母兄義時が同年に同じ従五位下であったことと比べると破格の待遇であり、これは牧の方の院近臣ネットワークが功を奏した結果だとも考えられる。そして同年十一月、将軍実朝の御台所（坊門信清娘）が関東に下向する折には、そのお迎えの代表として数百騎を率いて上洛した。政範にとって晴れ舞台のはずだった。しかし、彼は途中で病気となり京に着いて程なく十六歳の若さで亡くなってしまう。時政と牧の方はこの知らせをうけ悲嘆に暮れた。彼の死については不審な点が多く、研究者からも殺害説が

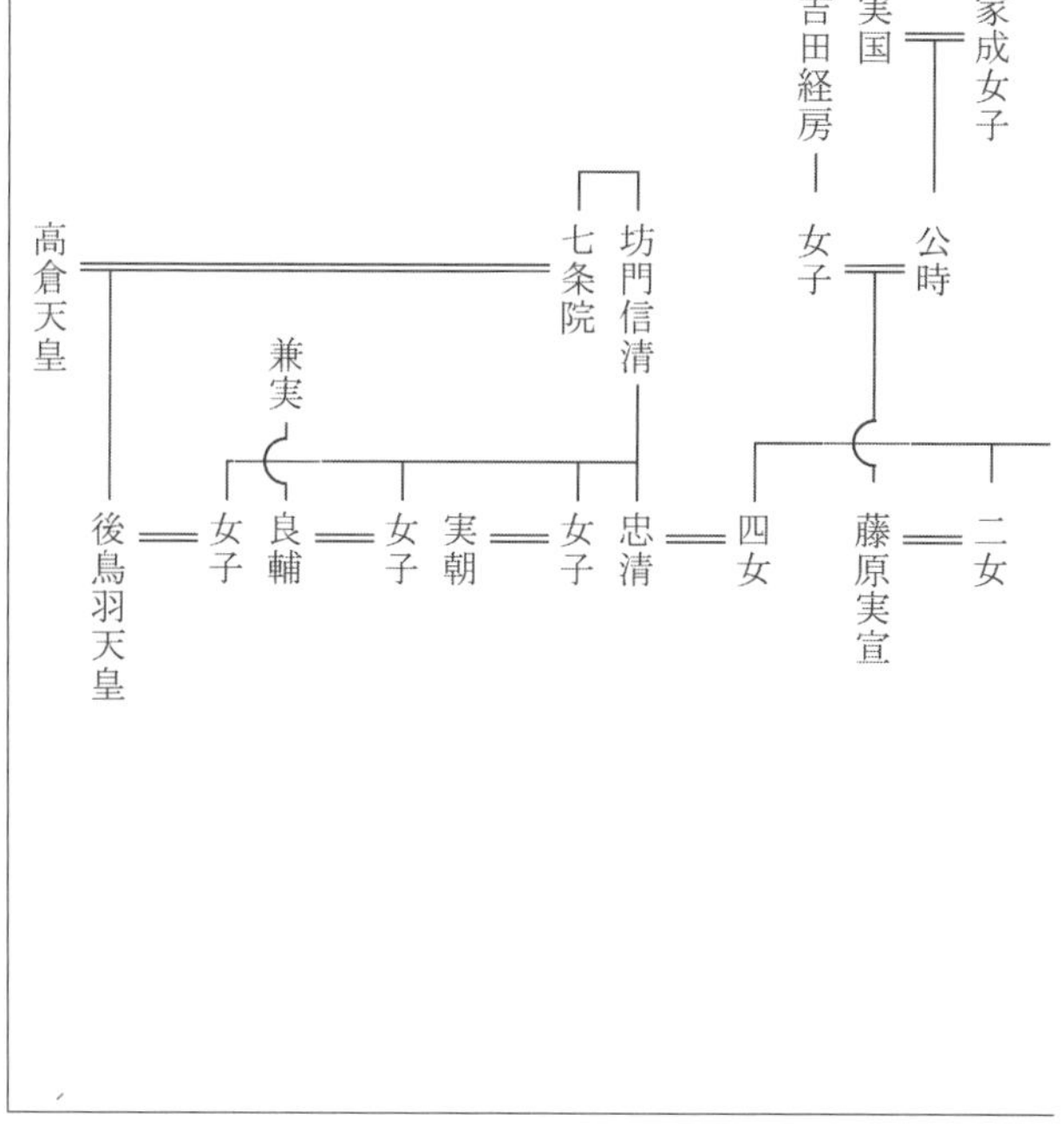

出されている［彦由二〇〇八・野口二〇二二］。

四女（九女）は、政範の妹と考えられるので、建久二年（一一九一）頃の誕生と推定されている。政範が迎えにいった実朝の御台所（坊門信清娘）の兄で、坊門信清の二男忠清と結婚した【系図1】。忠清の兄忠信は、牧の方所生三女頼綱妻と同じ文治三年（一一八七）生まれであり、忠清は文治五年（一一八九）生まれか、とも推定されている。彼は実朝御台所の関東下向の行列にも加わっている。そもそも実朝と信清娘の結婚は、この四女と忠清の結婚が前提となっているとも考えられており［上横手一九九四］、となると、四女と忠清の結婚は建仁三年（一二〇三）か同四年早くには成立していた可能性があるだろう［佐藤二〇〇八］。だとすれば、四女は十三・四歳、忠清は十五・六歳であった。忠清は建暦二年（一二一二）以降、史料にその名が見られず、四女は先述した牧の方が主催した時政十三回忌供養（嘉禄三年〈一二二七〉）に参集した形跡がないため、二人とも若くして亡くなったと考えられている。

●宇都宮頼綱とは

牧の方所生の三女（八女）について詳しく見ていく前に、その夫となった宇都宮頼綱とその周辺のことも確認しておこう。宇都宮氏は頼綱の祖父朝綱（一一二二―一二〇四）のころに宇都宮（栃木県）への進出を果たした。朝綱は治承・寿永の内乱における功績によって源頼朝から宇都宮社検校職に任じられ、「宇都宮一族」を神官身分として従える体制を確立したという。朝綱の妹寒河尼は頼朝の乳母であり、京育ちで貴族社会の教養を備えた女性であった（系図2）。

祖父朝綱自身も鳥羽院の武者所（むしゃどころ）や、後白河院（ごしらかわいん）の北面（ほくめん）に祗候するなど、京に基盤を置いた活動も散見でき、地方に拠点をもちつつも、在京活動によって家を保つ、いわゆる「京武者（きょうむしゃ）」であった。朝綱は治承・寿永の内乱当初は平家に従っていたが、平家の都落ちには従わずに鎌倉の頼朝のもとに参向した。頼朝も、彼を乳母の家として、また院権力周辺のネットワークを有する者として重視したのであった。

朝綱の嫡子で、頼綱の父業（なり）（成）綱（つな）は、建久三年（一一九二）に早くも死んでしまった。このとき祖父朝綱は七十一歳の老齢だったが、孫の頼綱はまだ若かったので、朝綱が宇都宮一族を主導した。その二年後、朝綱が国内の公田百余町（こうでんひゃくよちょう）を掠め取ったと下野守（しもつけのかみ）に訴えられて有罪となり、朝綱は土佐（とさ）（高知県）、孫の頼綱は豊後（ぶんご）（大分県）に配流（はいる）となった。いわゆる公田掠領（こうでんりゃくりょう）事件である。短期間ではあったが朝綱は実際に配所に下り、頼綱の配流は実行されなかったと考えられている［野口二〇一四］。

建久十年（一一九九）になると、頼綱が頼朝二女の葬儀に参列するなど、いよいよこのころから頼綱は宇都宮氏の惣領としての活動を開始したとみなせる。

【系図2】

宗綱 ― 朝綱、寒河尼（＝小山政光）
朝綱 ― 業綱
小山政光 ― 朝政
稲毛重成＝女子
稲毛重成 ― 女子
北条時政＝牧の方
北条時政 ― 義時、三女
義時 ― 泰時 ― 時氏 ― 経時
業綱 ― 頼綱
頼綱＝三女
頼綱＝女子（稲毛重成女）
頼綱・三女 ― 女子（為家妻）、泰綱、女子（千葉胤時妻）
頼綱・女子（稲毛重成女） ― 時綱、頼業
泰綱 ― 女子
女子＝経時

しかし、同じ年に頼朝が亡くなり、十三人合議制が成立すると、若い将軍頼家は執政を停められた。頼朝というカリスマを失った鎌倉幕府は、ここから約六年激しい内部抗争の時代にはいる。その終盤、元久二年（一二〇五）の牧の方事件で、時政・牧の方夫妻の策謀が発覚して二人が失脚すると、その余波が夫妻の娘婿たちにも及んでいく。娘婿の中で、平賀朝雅・稲毛重成（いなげしげなり）（重成妻も牧の方所生との説がある）・宇都宮頼綱は、時政にかわって執権となった義時に嫌疑をかけられ、頼綱以外はみな誅殺されてしまった。頼綱は重成の娘と結婚していたこともあり（時綱（ときつな）・頼業（よりなり）の母で先妻、時政と牧の方の三女が後妻【系図1・2】）、ここで絶体絶命のピンチを迎えるのである。

北条義時は宇都宮頼綱が幕府に謀反を企てているという噂を聞き、下野守護である小山朝政（おやまともまさ）に頼綱追討を命じる。ところが朝政は、「頼綱はよしみの深い親戚である」ということを理由にこれを拒否する。一方で、朝政はこの情報を頼綱に知らせて、義時への恭順をすすめた。そこで頼綱は義時に宛て、謀反の意思がないことを書状に認め、朝政の副状を加えて大江広元（おおえのひろもと）に提出する。しかし広元はこれを義時に取り次ごうとしなかった。それならばと、頼綱は出家して逆心のないことを示した。出家には頼綱の郎従（ろうじゅう）六十人余りも従ったのだった。さらに頼綱は鎌倉にも赴いて義時に弁明しようとした。だが、義時は頼綱に会おうとしなかったので、頼綱は自分の髻（もとどり）を提出して恭順を示した。これらの結果、ようやく義時の宇都宮頼綱追討命令は撤回されることになったのである。

義時のねらいは、小山朝政に頼綱追討を命じることにって、小山氏にも大きな犠牲を払わせ弱体化させることであったとも推測されている。しかし、朝政は親戚関係を理由にそれを回避した。その親戚関係とは、小山朝政の継母である寒河尼が、頼綱の祖父朝綱の妹であり、頼綱にとっては大叔母であったことである。宇都宮氏と小山氏の結節点となっていたのは、当時六十八歳の寒河尼で、彼女は両家を束ねるゴッドマザーのような存在であったとも推定されている。ちなみに彼女は先述したように頼朝の乳母でもあった。したがって京にもつながりのある女性であったろう。このようなつなぎめの女性をもった宇都宮氏と小山氏は、武士団同士の結束により、義時の命令を反故にできたのであった【系図2】［細川二〇一九・野口二〇一四］。

出家した頼綱は実信坊蓮生と称して、承元三年（一二〇九）に摂津国勝尾寺（大阪府箕面市）に浄土宗開祖である法然を訪ね、京周辺で浄土系寺院の建立に関わるなど、出家後は基本的な拠点を京に移したと考えられている。ただし、建保四年（一二一六）には幕府から園城寺山王社（滋賀県大津市）の拝殿・山門の修造を命じられたり、また同じ頃、伊予守護としての活動が見られるので、頼綱は相変わらず宇都宮氏の惣領として活躍している。それは嫡子となった泰綱が若すぎたこともあるが、幕府としても頼綱を完全に除外することができなかったのだろう。さらには、頼綱の京での活動を確認していくと、彼は京に邸宅や宿所をいくつももっていたり、法然のための寺院・堂舎を建立するなど、非常に豊かな経済力をもっていたことがうかがえる［野口二〇一四］。

そのうえ、承久の乱後の嘉禄二年（一二二六）には六波羅探題北方として在京していた北条泰時が、その嫡孫（経時）を宇都宮泰綱の娘と結婚させることを約束したという【系図2】。この結婚の決定には頼綱も関わっていたと考えられ、京都を舞台にして北条氏と宇都宮氏との婚姻関係が結ばれた。北条氏の側でも京を中心に圧倒的な財力をもつ頼綱との関係を、むしろ深めようとしたのである［山本二〇〇六］。

一度は義時に殺されかけた頼綱ではあったが、出家後は主に活躍の場を京周辺に求めることにより、かえって幕府や北条氏に彼の存在感を認めさせることになった。義時が貞応三年（一二二四）に没すると、京で泰時と頼綱は和歌のやりとりをしている。義時の死に対して、頼綱も追悼の歌を寄せたのであった［山本二〇〇六］。

この和歌については、頼綱の在京活動として欠かせないものである。そもそも、宇都宮氏は和歌に秀でて「宇都宮歌壇」を形成したことでも有名であり、宇都宮頼綱はその礎を築いた人物である。前出の藤原定家とも和歌を通じて親交を結び、しばしば交流があったことは定家の日記『明月記』にも記される。頼綱は勅撰和歌集のうちの十三代集のほとんどに選ばれていて、このことからも彼が和歌に秀でていたことがうかがえよう。ちなみに、頼綱と定家の和歌の交流から、「百人一首」の原形「百人秀歌」ができたといわれている［田渕二〇二〇］。

定家との交流については、頼綱の娘が定家の嫡男為家の妻になっていることも大きな要因である。この娘を生んだのが、牧の方所生の三女なのである【系図1】。

●宇都宮頼綱妻、牧の方所生三女（八女）

先述のとおり、宇都宮頼綱の妻で泰綱や為家妻となった女子を生んだのは、牧の方所生三女（八女）である。彼女の動向がある程度わかるのは、その娘の舅が藤原定家であり、そのつながりから、定家の日記『明月記』に記されるからである。

まず、三女と宇都宮頼綱が結婚した時期について。為家妻となった娘の生まれ年が、のちの史料から正治二年（一二〇〇）と判断できるため、その前年の建久一〇年（一一九九）あたりではないかと考えられる。となると、前段で述べたように頼綱が宇都宮氏の惣領として活躍しはじめた時期と、この結婚の時期が重なるということを指摘できる。三女は先述のとおり文治三年（一一八七）生まれで、頼綱が承安二年（一一七二）生まれなので、年齢差は十五歳、さらにこの通りであるとすれば、彼女は十四歳で子を生んだことにはなる［佐藤二〇〇八］。ここではほかの判断材料もないので、これに従っておく。そして、為家妻となった娘誕生の三年後、建仁三年（一二〇三）には泰綱を生んでいる。またその下に妹がいたらしく、その妹は小笠原某と結婚したが離別し、その後父頼綱の強引な勧めにより、千葉八郎胤時と結婚したことがわかる【系図1・2】［佐藤二〇〇八］。

泰綱が生まれた翌年、三女の同母弟政範が没し、さらにその次の年に牧の方事件が起こった。夫頼綱は事件との関与を疑われ、出家して義時による追討を回避したことは、前段で述べた通りである。頼綱はその後、主な住まいを京に移し、妻の三女もこれに随行して京に住んだと思われる。おそらくは、小さい子らを抱えて居を移したということになるだろう。ちなみに下の妹は京で生まれたと考えられる。三女所生の長女、為家妻が嘉禄三年（一二二七）に三男為教を出産したときの祈祷の験者の中に、かつて三女のお産も祈った律師がいたことがわかるためである［佐藤二〇〇八］。三女は幼い子らを連れて京に移り、さらにもう一人を京で生んだのであった。

その後の三女の動きは、承久の乱後の嘉禄元年（一二二五）七月に見ることができる。この時、異母姉北条政子が危篤となり、政子を見舞うために関東に下向した。そのまま政子は没し、政子の死去は三女が定家に知らせている。この知らせが届くと、三女の娘である為家の妻も、政子の仏事のために関東に下向した。この政子の危篤に際しては、嫡女も関東に下向したことがわかる［佐藤二〇〇八］。

その後、嘉禄二年（一二二六）の十一月から牧の方が上洛した。これは翌年正月に亡夫時政十三年忌とそれを期して建立した堂舎の供養のためであった。牧の方の在京中には三女である頼綱妻、その娘である為家妻と「吉田ノ家」で対面したり、また為家妻の家にも行ったりと、お互いに行き来していた。祖母・母・娘の三代で楽しく再会を楽しんでいたのであろうか。「吉田ノ家」とは吉田神社（京都市左京区）のほど近くにあった家と考えられる。時政の十三回忌と堂舎供養に際しても、三女とその娘は前日からその会場である嫡女の家（有栖川邸）に行っており、牧の方・姉（嫡女）・妹（三女）とその娘との親しい交流が想像される。この時政十三回忌は盛大に催され、牧の方の京のネットワークにかかる公卿・諸大夫三十四名が参加した［佐藤二〇〇八］。

その四日後に、牧の方は「子孫ノ女房ヲ引率シテ」天王寺（大阪市天王寺区）・南都七大寺（奈良県奈良市・生駒郡）・長谷（奈良県桜井市）に参詣に出かけ、東大寺では万灯会を修したという。もちろん三女、そして三女の娘もこの旅に同行した。このとき、三女の娘、つまり為家妻は妊娠していたため、舅定家は彼女の身体を思ってこの真冬の旅を止めようとしたが、聞く耳をもってもらえなかった。ちなみに為家妻はその後無事に、先の験者の祈祷を受けて為教を出産している。

先ほど述べた「吉田ノ家」は、三女が本拠として住んでいた家であった。一方、夫の頼綱も前述したように京に複数の邸宅をもっていたが、その中でも錦小路富小路の四条邸（京都市中京区）に主に住んでいたと考えられている。すなわち、三女は夫の家に住んだわけではなく、独自に家を所持していたのであった［山本二〇〇六・佐藤二〇〇八］。このように牧の方をはじめ、娘の嫡女・三女らは、京・鎌倉を行き来し、堂舎を建て、仏事を催し、寺社参詣の旅にゆき、自邸を所持するなど、非常に豊かな経済力を持っていたことがうかがわれる。その経済力の源の一つとして、三女は時政から京都近郊の荘園の権益を譲り受けていた可能性も指摘されている［山本二〇〇六］。

さて三女と頼綱は、天福元年（一二三三）以前には離婚していたことがわかる。というのも『明月記』天福元年五月十八日条に、三女自ら入道前摂政藤原師家と結婚したことを、わざわざ娘の為家妻と元夫の頼綱に伝えてきたと記されているからである【系図1】。自分の再婚を娘はともかく元夫にも伝えることに定家は驚き呆れるが、三女がしっかり自己主張する女性であったことがうかがわれよう。この時、三女は四十七歳、再婚相手の師家は六十二歳だったとも記され、この記事によって三女の生年がわかるのである［佐藤二〇〇八］。師家は摂関家松殿基房の子で、寿永二年（一一八三）に平氏に代わり入京してきた木曾義仲と父基房が提携したため、たった十二歳で摂政となった人である。しかし翌年十二月に義仲が敗走したため、摂政を辞する。その後官職に就くことはなく、貞永元年（一二三二）に天王寺で出家した。三女がなぜ師家と再婚したのか不明だが、師家の母は藤原忠雅の娘であった。忠雅は院近臣藤原家成の甥で、かつ娘婿であり、さらには幼少より家成に育てられていて、院近臣のネットワークのなかにいた人物である。家成と牧の方の父牧宗親はイトコ同士であった。したがってこのような牧の方周辺のネットワークのなかで成立した結婚とも想定できよう【系図3】。ただし、師家は嘉禎（かてい）四年（一二三八）に没しているため、結婚生活は五年ほどと短いものであった。

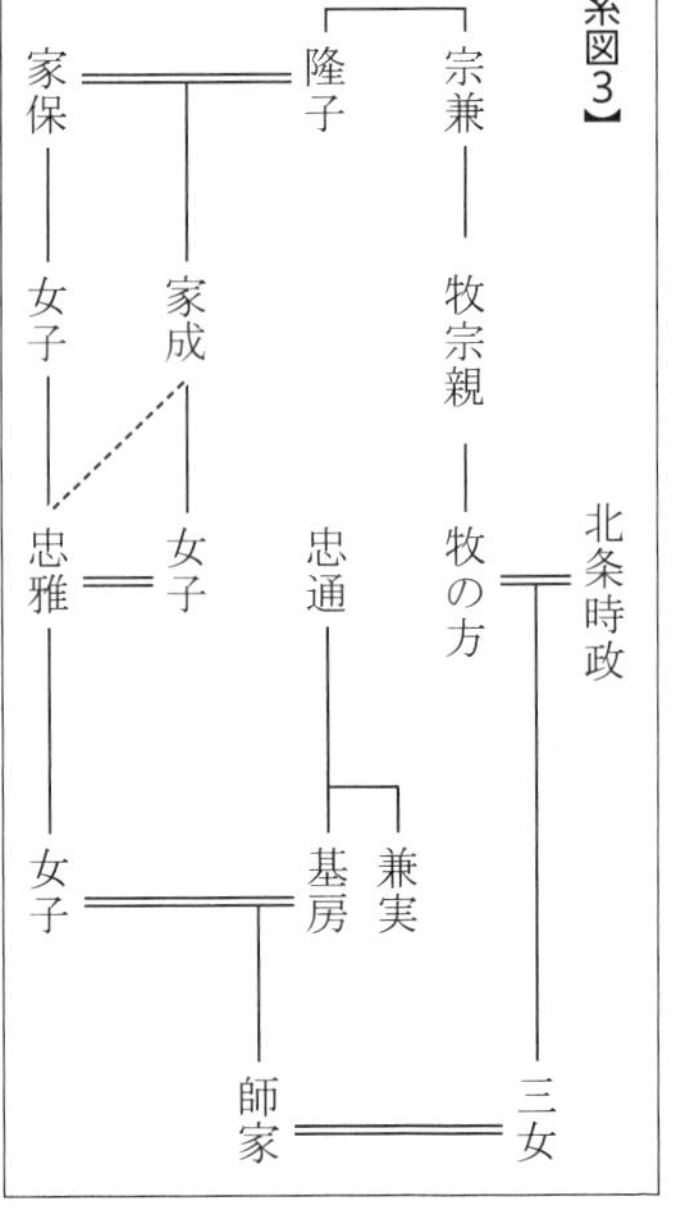

ところで、三女の自己主張する女性のイメージは次のエピソードからもうかがえる。それは嘉禎元年（一二三五）三月に息子の宇都宮泰綱が下野国から栗毛馬を率いて上洛し、三女がその馬を「乞い取」ったというものである［山本二〇〇六・佐藤二〇〇八］。すでに四十九歳になっていた三女が、その目的はわからないにせよ、当時の機動力である馬を欲しいと言って取ったことは、自ら再婚を宣言するイメージとも多少重なる。結局この馬は元夫頼綱に取り上げられてしまうが、三女は息子にも元夫にも物怖じすることなく馬が欲しいと自己主張する女性だったのである。ここで重要なことは、三女のように自己主張する女性を珍しいと言っているのではないことだ。たとえば、三女の母牧の方も、自分で堂舎を建立して夫の追善仏事を成し遂げ、またその孫娘の為家妻も、舅定家の思いもよそに、妊婦の身でありながら真冬の参詣に同行した。このような女性たちの姿は、三女

の親族の女性だけがそうなのではなく、むしろ女性が自己主張することが当たり前の時代だったということを物語っているのではないだろうか。

（野口華世）

【参考文献】

上横手雅敬『鎌倉時代―その光と影』（吉川弘文館、一九九四年）
佐藤恒雄『藤原為家研究』（笠間書院、二〇〇八年）
田渕句美子「『百人一首』の成立をめぐって―宇都宮氏への贈与という観点から―」（江田郁夫編『中世宇都宮氏　一族の展開と信仰・文芸』戎光祥出版、二〇二〇年）
野口実「宇都宮頼綱―京都で活動した東国武士―」（平雅行編『中世の人物・京・鎌倉の時代編第三巻　公武権力の変容と仏教界』清文堂、二〇一四年）
野口実『北条時政』（ミネルヴァ書房、二〇二二年）
樋口州男・田辺旬・錦昭江・野口華世『『吾妻鏡』でたどる北条義時の生涯』（小径社、二〇二一年）
彦由三枝子「北条時政十三年忌小考（Ⅰ）」（『政治経済史学』五〇〇、二〇〇八年）
細川重男『執権　北条氏と鎌倉幕府』（講談社学術文庫、二〇一九年、初出二〇一一年）
山本隆志「関東武士の在京活動―宇都宮頼綱を中心に―」（『東国における武士勢力の成立と展開』思文閣出版、二〇一一年、初出二〇〇六年）
山本みなみ「北条時政とその娘たち―牧の方の再評価―」（『鎌倉』一一五、二〇一三年）

第二章　北条「九代」の妻たち

貞応三年（一二二四）六月、北条義時が急死すると、正室伊賀の方が生んだ政村を後継に擁立する動きもあったが、鎌倉殿である政子の後押しにより義時長子の泰時が執権に就任した。翌年七月に政子が死去すると、泰時は三寅（藤原頼経）を元服させて将軍に擁立した。泰時は評定衆の設置など幕府政治の改革を進めており、叔父時房が連署として補佐した。貞永元年（一二三二）八月には、頼朝以来の先例をまとめた法典である御成敗式目を制定している。泰時の長子時氏は早世したために、仁治三年（一二四二）六月に泰時が死去すると、孫の経時が執権を継承した。

泰時の家系が北条氏の嫡流となっていったが、泰時の弟たちや時房の子息たちによって庶流が形成された。泰時の弟を祖とするのが名越流（朝時の家系）・極楽寺流（重時の家系）・政村流（政村の家系）・金沢流（実泰の家系）であり、時房子息を祖とするのが佐介流（時盛の家系）・大仏流（朝直の家系）である。北条氏一門は、執権・連署・六波羅探題といった鎌倉幕府の要職を担っていった。

経時は訴訟制度の改革をおこなったが、寛元四年（一二四六）三月に重病となったために弟時頼に執権を譲った。翌年六月に、時頼は宝治合戦で三浦氏を滅ぼして、大叔父の重時を連署とした。建長四年（一二五二）四月に、時頼は将軍藤原頼嗣を京都に送還して、宗尊親王を将軍に迎えている。康元元年（一二五六）十一月、時頼は病気のために執権を辞任して出家したが、嫡子時宗が幼少だったために妻の弟である長時（重時子息）が執権に就任した。

これ以降、北条氏の庶流が執権に就任することもあったが、得宗（北条氏嫡流の家督）が中心となって幕府政治は運営された。北条氏の嫡流は、時頼─時宗─貞時─高時と継承されていく。

文永元年（一二六四）八月に、長時は執権を政村に譲って死去した。文永五年（一二六八）三月には対モンゴルの緊張が高まるなかで、時宗が政村に代わって執権に就任した。時宗は二度にわたるモンゴル襲来に対応したが、弘安七年（一二八四）四月に病死する。

年少の貞時が家督を継承したが、外戚の安達泰盛と御内人（得宗被官）の平頼綱の対立が深まっていき、弘安八年（一二八五）十一月の霜月騒動で安達氏は滅ぼされた。成長した貞時は、正応六年（一二九三）四月の平禅門の乱で頼綱を滅ぼしている。

応長元年（一三一一）十月に貞時が死去すると、子息高時が家督を継承した。正和五年（一三一六）七月に、十四歳になった高時は先例にならって執権に就任している。高時は元弘三年（一三三三）五月の幕府滅亡時に自害したために、最後の得宗となった。

鎌倉期の北条氏は、時政と義時を家の先祖として意識していた。四代執権経時の子息頼助の諷誦文では、頼助を「文治の軍吏には玄孫、元久副将には彦子なり」としている。「文治の軍吏」とは文治元年（一一八五）に軍勢を率いて上洛した時政を指しており、「元久副将」は元久二年（一二〇五）に父時政を隠退させて家督を継承した義時を指している。また、貞時の時代には、時政・義時・泰時・経時・時頼・時宗を歴代得宗に数えていた。

一方で、南北朝内乱を描いた軍記物語である『太平記』では、歴代得宗に早世した時氏を加えており、時政から高時を「九代」として数えている。江戸時代には『鎌倉年代記』（鎌倉末期に成立した年表）は『北条九代記』と呼ばれており、鎌倉北条氏を「九代」とする歴史意識は定着していった。

本章では、時政から高時までの北条「九代」の妻たちについてみていく。幕府政治を主導した北条氏嫡流の妻となった女性たちの生涯をたどっていきたい。

1　牧の方—院近臣層のネットワーク—

●牧の方の実態とは—「悪女」なのか?—

牧の方(まきのかた)をすでに知っていた方にとって、そのイメージは「悪女」であった人が多いのではないだろうか。近代の劇作家坪内逍遙(つぼうちしょうよう)は、シェークスピアの四大悲劇の一つ『マクベス』の、男勝りとされるその夫人に、牧の方をなぞらえ、新史劇『牧の方』の脚本を書いている。ちなみにモデルとなった夫人は夫マクベスをそそのかし、王を殺させ夫を王位につけた女として描かれる。このような影響からか、牧の方は「悪女」とされ、現代にもそのイメージが踏襲されているといえるだろう。

「悪女」とは、そもそもの語義では「容貌の醜い女」であったが、時代を経るにつれて、次第に「男をたぶらかし、権力や財力を手に入れた女性」を意味するようになったという。と、するならば、牧の方は、やはり「悪女」だったのであろうか。

この章段では、牧の方がどのような人であったのか、そして、この時代において、どのような役割を担っていたのか、ということを中心に考えてゆく。牧の方については、近年の研究によって明らかになったことも多い。それらに学びながら、牧の方やその周辺について新たな牧の方像を掘り起こしてみたい。そして最後に「悪女」であったのかについての答えを出すことにしよう。

●牧の方と時政

牧の方は北条時政の後妻で、正妻である。時政の妻でほかに具体的に知りうるのは伊東祐親の娘である。この人が牧の方以前の時政正妻と考えられ、早くに亡くなったらしい。時政には他にも妻がいたと考えられるが、政子・義時の母は前正妻伊東祐親の娘である可能性が高いという［野口二〇二二］。

牧の方の生没年は史料的には不明であり、その年齢はこれまでにいろいろと検討されている。最初に牧の方の生没年を想定したのは、牧の方を初めて研究対象とした杉橋隆夫氏である。杉橋氏は、後にも述べるように牧の方が、平忠盛の正妻池禅尼の一族であることを明らかにした研究者である。その研究の中で氏は牧の方の年譜を作成し、仮名本『曽我物語』巻二の時政の娘の記述から、牧の方と時政が結婚した時期を平治の乱より前の保元三年（一一五八）と想定し、牧の方は四十六歳で嫡男北条政範を生んだとした。この年齢の推定については、政範には年の近い姉と妹がおり、さすがに四十代半ば以降に何人も出産することは難しかろうということからも、年齢推定における杉橋説はほぼ否定されている［杉橋一九九四・山本二〇一三・野口二〇二二］。

ここで同時代を生きた九条兼実の弟、慈円の著した『愚管抄』巻六を見てみよう。

> 時正ワカキ妻ヲ設ケテ、ソレガ腹ニ子共設ケ、ムスメ多クモチタリケリ。コノ妻ハ大舎人允宗親ト云ケル者ノムスメ也、

「時政は若い妻と結婚して、その妻との間に子どもを持った。その子どもたちの多くは娘であった。この妻は大舎人允宗親という者の娘である」と記される。「若い妻」を素直に読めば、時政は後妻とし

て、かなり年下の妻を迎えたと解釈できる。杉橋説では時政と牧の方の年齢差は八歳でしかないが、現在出されている説では、牧の方は北条政子と同い年もしくは少し年下で、義時より少し年上の、時政との年齢差が約二十歳～二十五歳以上であるという説。または政子より少し年上の、年齢差約十五歳程度、という説などが見られる（大河ドラマ『鎌倉殿の13人』の設定は後者であろう）［山本二〇二一、坂井二〇二二］。

婚姻の時期については、おおよそ治承四年（一一八〇）の源頼朝の挙兵の少し前くらいと推定されている［山本二〇一三・落合二〇一四］。

●牧の方の出自—池禅尼との関係

それでは、若い妻牧の方と北条時政はなぜ結婚したのであろうか。このことを解くために、牧の方の出自について確認しておこう。

牧の方はいま見たように牧宗親の娘である。そして、先にも紹介した杉橋氏によって、牧の方が平忠盛の正室池禅尼（藤原宗子）の一族であるということが明示された。池禅尼とは、ご存知の読者も多いと思うが、平清盛の継母であり、平治の

【牧の方関係系図1】

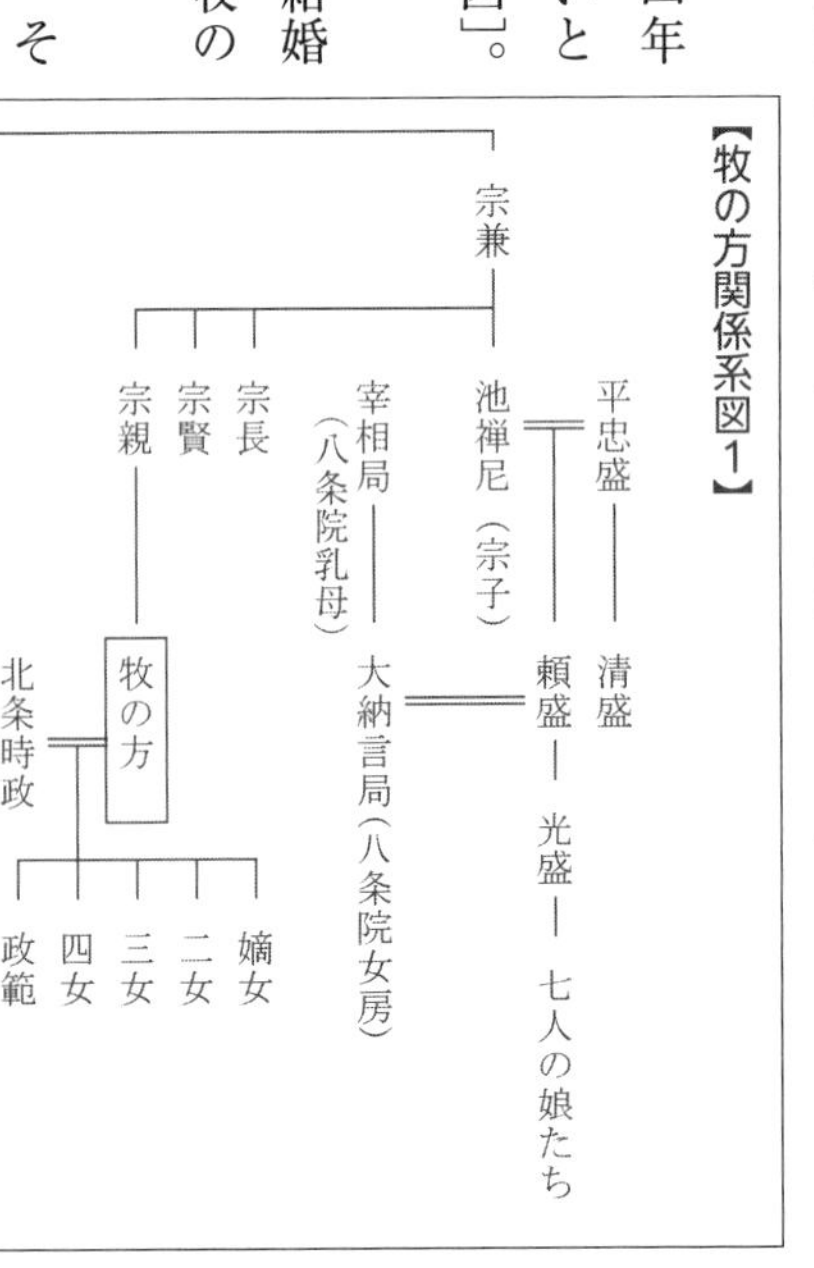

乱で捕らえられた源頼朝の助命を継子清盛に願い出たことで有名な人物である。牧の方の父枚宗親は池禅尼の兄弟で、牧の方にとって池禅尼はオバということになる。そして今やこのことは比較的よく知られていることかもしれない【系図1】。

それでは、牧の方や牧氏が池禅尼の一族であるということが判明したことによって、牧の方について何がわかったのであろうか。

宗子（崇徳乳母）
隆子（崇徳乳母）＝家成――家明
家保
長実――美福門院＝鳥羽院――近衛天皇、八条院
待賢門院＝鳥羽院――崇徳院――重仁親王

まずは、牧の方や牧氏の従来のイメージが一掃されたといえよう。すなわち、長らく牧氏は駿河国（するがのくに）（静岡県）の武士あるいは国人・住人・在地領主などと説明され、その娘である牧の方は草深い田舎の武士の女と解釈されていたが、そうではないことが明らかになったのである。そもそも後に引用する『愚管抄』巻六の中でも、牧氏は「武者ニモアララズ」と記されており、杉橋氏以前の研究でも必ずしも単純に在地領主たる地方の武士と認識されていたわけでもなかったが［野口二〇二二］、一般的には田舎の武士が京都の貴族を打ち破って武家政権を構築するという説がやはり根強いため、どちらかというと武士的なイメージを持っていた人が多かったのではないだろうか。

ご承知の読者も多いだろうが、最近では平安末期に登場してくる武士は、田舎で成長した武士ではなく、「京武者（きょうむしゃ）」とも称され、もともとは京に活動地盤をもって活躍していた貴族であったことが明ら

かにされている。武士は本拠となる地方に所領を持ちつつも、在京活動することによって、家を保っていたのであり、逆に言えば、武士の家を継続させるためには、京都に拠点をもち、院近臣などとして活躍することが必要不可欠なことだった。貴族の中で軍事的職能を持つものが武士と言われるようになったにすぎないのである。池禅尼の夫で、平清盛の父忠盛も例外ではなく、彼は白河院近臣として身を立てていった典型的な院近臣層の貴族であった［元木一九九四］。

そして、妻の池禅尼も、父宗兼は白河院・待賢門院（白河院の孫鳥羽院妻）に近侍し、宗兼の二人の姉妹（池禅尼のオバ）はともに待賢門院女房で、崇徳天皇の乳母をつとめた。伯父宗長も待賢門院院司であり、典型的な院近臣層の家だったことがわかる。忠盛は白河院に近侍する中で、同輩やその娘を妻にしたと言われており、池禅尼との婚姻はまさにこのつながりのなかで成立したのだろう。池禅尼自身も、白河院や待賢門院周辺に近侍したと考えられ、この家系ゆえに待賢門院の孫で崇徳天皇の子、重仁親王の乳母となった［栗山二〇一四・佐伯二〇一三・杉橋一九九四］。したがって、このような池禅尼の姪にあたる牧の方は、院政の時代にあって政治や経済、そして文化においても大きな影響力をもった院近臣層の人物だったのであり、もしかしたら、牧の方自身も院や女院に奉仕した経歴をもっていたかもしれない。少なくとも、大河ドラマでもたびたび強調されていたように、彼女は京育ちで京文化を背景にもつ女性だったことは間違く、そして単なる京育ち以上に京の中心ともいえる貴族の出自をもっていたのである【系図1】。

ところで、北条時政は、頼朝の配流期（一一六〇～八〇）において、実は伊豆（静岡県）においても特に目立った活躍がなかった。かつ彼の本拠地北条（静岡県伊豆の国市）も交通の要衝とはいえ狭小で、当時の北条氏が伊豆国では突出した存在ではなかったことが指摘されている［落合二〇一四］。

　このように見てくると、最初の問い、北条時政と牧の方がなぜ結婚したのかということに対する時政側の答えはおのずとわかってくるだろう。おそらく時政には、婚姻当時、京に確かな基盤がなかったのではないだろうか（北条時政も京武者の系譜であるとは言われてはいる［野口二〇二二］）。前にも述べたように、当時の武士は地方にある本拠の運営を円滑に進めるために、在京活動が必須であった。そのため、時政が伊豆の本拠地を拡充し、在地での存在感を増していくためには、牧の方と結婚して確固とした在京基盤を手に入れることが必要だったのである。

　時政側の理由はわかったが、それでは、牧の方や牧氏側のメリットは何だったのだろうか。この点について検討しているものを見かけないので、次の段で改めて考えてみたい。

●荘園形成のコネクション

　牧氏側の理由を見ていくために、当時の院近臣の実態と荘園（しょうえん）形成との関係について述べておきたい。当時の院近臣は、各地の国司も歴任し、京はもちろん地方も含めあらゆるところにネットワークを形成していた。牧氏も例外ではなく、宗親の兄弟宗長・宗賢（むねたか）はともに下野守（しもつけのかみ）になっていたことがわかる。

　ところで、鳥羽院政期、つまり牧宗親の生きた時代は荘園形成のピークであった。荘園とは中世的な土地の領有形態であり、天皇家や摂関家の人々が浄土信仰の高まりの中で、次々と寺院（御願寺（ごがんじ））

を建立し、その寺院の経済的な運営・維持のために、全国にたくさんの荘園が立てられた。

荘園がどのように成立していったかというと、実は院近臣のネットワークや、そのあらゆるコネクションを駆使し、荘園になりそうなところを全国的に探し、適したところがあれば、奉仕している院や摂関と地方の所領の「地主」をつないで、荘園の立荘に持ち込むのである。荘園立荘には院や摂関の認可が必要であった。とはいえ、「地主」も院近臣層であることがほとんどで、国司を歴任している間に地方の所領とのつながりを持ち、相互のネットワークにより荘園化していった。

牧宗親の時代に実に幅広いネットワークを持ち、次々と荘園を成立させたオーガナイザー的な院近臣がいた。それは藤原家成という人物で、鳥羽院近臣の代表格でもあった。彼は鳥羽院が建立した多くの寺院の造営をも担い、同時にその寺院の経済基盤としての荘園を立てていった。彼が造営した寺院は複数に及ぶので、成立させた荘園も相当数にのぼるものと考えられる。そして、彼は荘園を立てる際に、自らのあらゆるコネクションを利用していたことも判明している［野口二〇一八］。

家成の母は、宗親や池禅尼の父宗兼の姉妹で、彼らのオバである。つまり家成は、宗親の従兄弟にあたり、宗親はこの家成の幅広いネットワークの中に、まさしく包摂されていたといえるのである【系図1】。ここで、また先に引用した『愚管抄』巻六のつづきの部分を見てゆこう。

> 其宗親、頼盛入道ガモトニ多年ツカイテ、駿河国ノ大岡ノ牧ト云処ヲシラセケリ。武者ニモアラズ、カヽル物ノ中ニカヽル果報ノ出クル（フ）シギノ事也。

「その宗親は、頼盛入道のもとに長年仕えて、駿河国の大岡牧（静岡県沼津市・長泉町・裾野市）

というところを知行していた。武者でもない者の中にこのように果報があるのは、不思議なことである」と記す。「頼盛入道」とは、平頼盛のことである。この人についてはご存知であろうか。平清盛の異母弟で、その母こそが池禅尼なのである。頼盛は宗親の甥で、牧の方にとっては従兄弟にあたる【系図1】。宗親は先述したように院近臣家成のネットワークの中にあって、平頼盛の所領である駿河国大岡荘（牧）の知行者（預所・下司などの荘園経営に携わる人）となっていた。牧氏は地方に拠点をもつ「地主」的な存在であったと考えられ、それを上級領主につないだのが、同じく家成のネットワークにいた平頼盛だったのだろう。さらに頼盛は平家西走に従わず、そのため平家没官領として没収されていた全所領を源頼朝から返却されており（『吾妻鏡』元暦元年四月六日条）、その中に大岡荘を見ることができる。ちなみに、大岡荘の上級領主（本家）については、『吾妻鏡』文治四年（一一八八）六月四日条を根拠に鳥羽院の娘である八条院とされる場合があるが、本史料からは八条院領とは断言しがたい。かつ、八条院領目録などの別史料には一切載らないため、八条院領ではなかった可能性のほうが高いと考えられる。おそらく上級領主については、内乱直後でもあり、混乱していたのであろう。

　話を戻して、大岡荘の預所であった牧氏が北条氏との婚姻関係によって、どのようなメリットがあったのだろうか。牧氏が「武者ニモアラズ」とされていることからも、牧氏は武力をもつものではなかった。前段でも触れた「京武者」は、荘園領主に軍事的奉仕する存在でもあり、荘園経営に必要な存在であった。となると、牧宗親は大岡荘の健全な経営のために、そのほど近くに本拠をもっていた北条時政とのつながりを持つことによって、その武力をあてにしたといえるのではないだろうか。時政もさらにこの関係構築によって、北条の地の荘園化ももくろんでいたのかもしれない。

●牧の方のネットワーク

それでは、牧宗親の娘牧の方を中心に、そのネットワークをもう少し詳しく見てゆこう。まず従前の平頼盛は、院近臣忠盛の息子であり、家成の従姉妹池禅尼を母にもつ典型的な院近臣層であった。頼盛も後白河院（ごしらかわいん）院司をつとめ、八条院の乳母宰相局（さいしょうのつぼね）を母にもつ大納言局（だいなごんのつぼね）を妻としており、自身も八条院院司となっていた。このような関係は頼盛母池禅尼が、八条院の母である美福門院（びふくもんいん）（鳥羽院妻后）の養子となった重仁親王（崇徳天皇の実子）の乳母になったことから、美福門院―八条院母子との関係が生じたといえよう【系図1】。頼盛はまた先の『吾妻鏡』の記事からも、複数の八条院領を知行していたとわかる（この関係もあって大岡荘も八条院領と判断されているが、上記のようにそれは判定しがたい）。そもそも美福門院は家成の従姉妹でもあり、家成自身も美福門院院司にも列していて、子の家明も八条院院司となっていた【系図1】。家成に連なる院近臣集団は鳥羽院没後、美福門院に継承されたともいわれ、つまり美福門院―八条院とのつながりは家成のネットワークにつながる者ともみなすことができる。

この点に留意してさらに牧の方の娘たちを見てみよう。牧の方所生の娘たちの多くが京都の有力貴族と結婚している。このことはすでに多くの研究者が指摘しているが、ここではさらに詳細に婚姻関係をひもといてみたい【系図2】。

まず牧の方の嫡女は平賀朝雅と結婚していたが、牧の方事件後、朝雅が殺されると、藤原国通と再婚した。この藤原国通は頼宗流泰通の子で、歌人で有名な藤原定家の妻（藤原実宗娘）と異父同母（中務少輔教良娘）の姉弟という関係であった［佐藤二〇〇八］。この二人の母である教良娘は、美福門院所生の近衛天皇の内侍であり、藤原定家もはやり美福門院所生の八条院の院司でもあった。さらにいえば国通の養祖父成通（父泰通が養子となっていた）は、美福門院が皇后時代の皇后宮大夫で、美福門院院司でもあった。

牧の方の二女は公季流の藤原実宣の妻となった。この実宣の母が吉田経房の娘であることは、時政がまだ若く伊豆国の在庁官人だった頃、伊豆守だった経房との接触があり、そののち京都で守護・地頭の設置に関して経房と対峙したという事実を勘案すると、感慨深い［野口二〇一二］。娘の夫の祖父が経房なのである。さらに付け加えれば、実宣の祖母（父公時の母）は家成の娘でもあった。

三女は宇都宮頼綱の妻となり、のちに別れて前摂政松殿師家の妻となった。三女と頼綱の間に生まれた娘は、先の藤原定家の子為家の妻となり、為氏・為定・為教を生んでいる［佐藤二〇〇八］。

四女は坊門忠清の妻となったが、忠清は信清の息子で、信清の姉妹は後鳥羽院の生母七条院殖子であり、信清には後鳥羽院に仕えて子をなした娘や、源実朝の妻となった娘もいた。また八条院女房を妻にもち自身も八条院と深い関わりのあった九条兼実の、その子良輔の妻も信清の娘であった。

このようにさらに詳しく見ていくと、牧の方の周辺には家成の系統で、美福門院・八条院に受け継がれた院近臣層が多く見られる。牧の方は、このようなネットワークの中で、これらのコネクションを最大限利用しながら婚姻関係を結んで、このネットワークを維持し、さらには広げていったと考えられよう。

●牧の方のネットワークの意味

　いま見てきたような牧の方のネットワークは、なぜ必要だったのだろうか。鳥羽院世代の院近臣藤原家成のネットワークの目的の一つは、先にも見たように荘園形成だった。牧の方はこれよりもう少しあとの十二世紀の最末期以降に活躍しているが、この時期においても荘園形成は見られるので、やはり荘園形成のためともいえ、さらにはその荘園の運営・維持のためにも、やはり血縁的なつながりをベースにネットワークを広げておくことは必要だっただろう。

　荘園経営については、その知行者（ちぎょうしゃ）として、領家（りょうけ）・預所・下司などさまざまな役

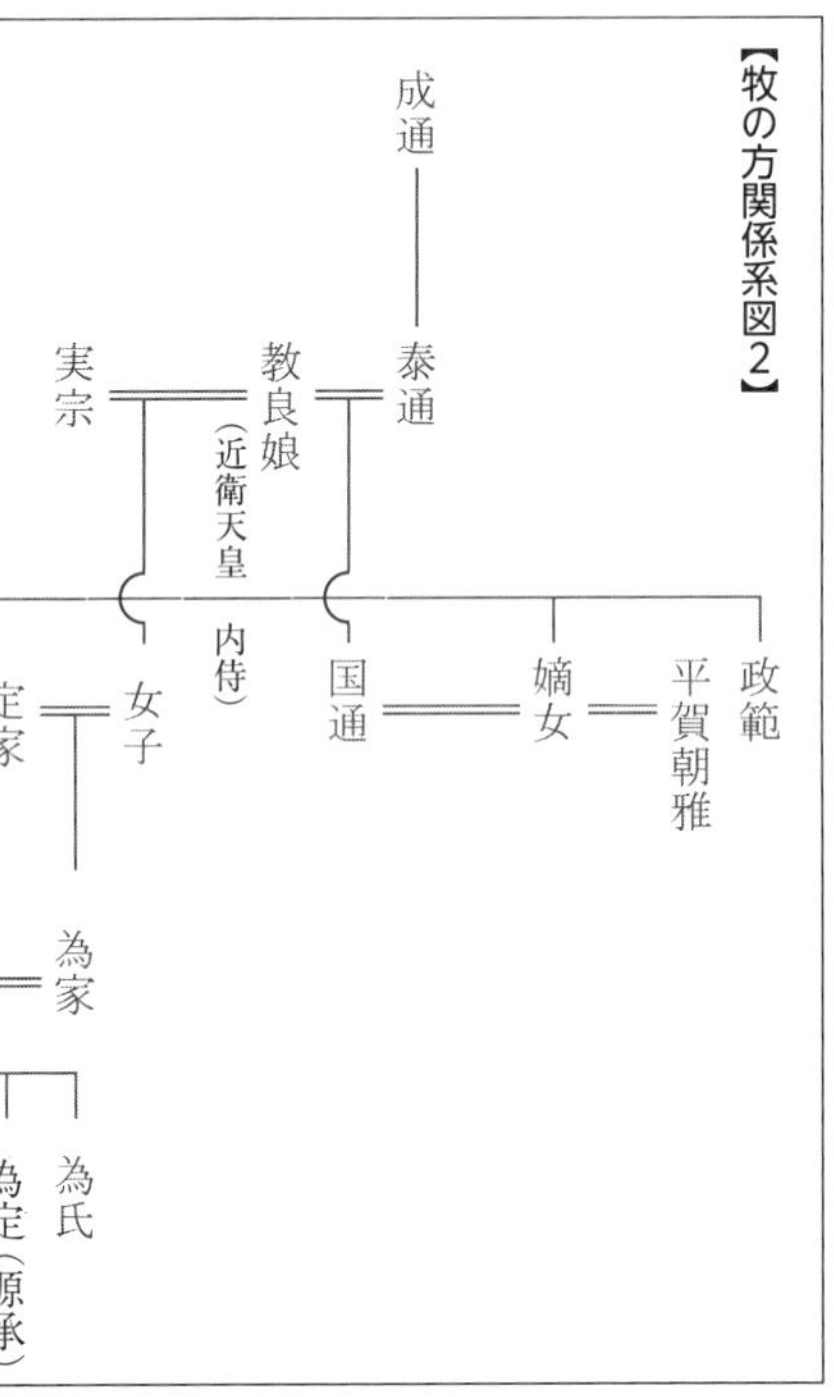

【牧の方関係系図2】

割があるが、少し想像をたくましくするならば、牧の方は父宗親のあとを受けて、大岡荘の知行者ともなっていたのではないだろうか。

　実は平安後期から鎌倉期にかけて、荘園の知行者となっている女性は非常に多い。たとえば平頼盛の七人の孫娘たちは全て頼盛領を譲り受けて知行者となっていたし、鳥羽院が建立した安楽寿院（あんらくじゅいん）（京都市伏見区）という寺院の荘園群における知行者の三人に一人が女性の知行者であったことも判明する。このように女性知行者は全く珍しくはなく、男性貴族同様に知行者としての役割を果たしていた。京都の貴族たちは、息子たちだけではなく、娘たちにもあらゆるコネクションづくりの役割を担わせていたのである。

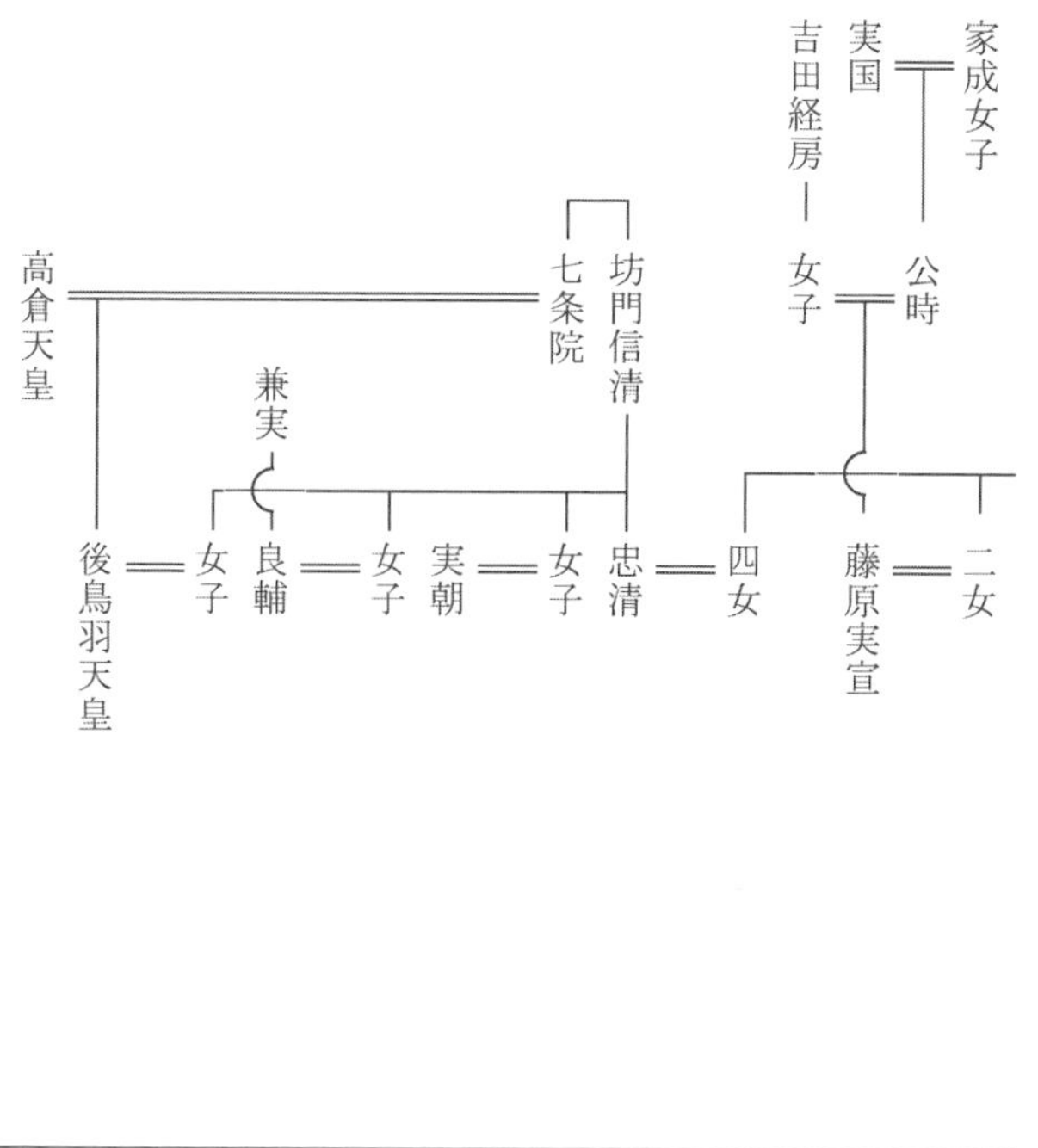

　牧の方は晩年に至っても、亡き夫時政を供養するために京に堂舎を建立したり、また娘たちや孫を

ともなって天王寺・奈良七大寺参詣の旅に出かけるなど、裕福なことがうかがわれる。この時代、裕福であることの背景には、主な経済活動であった荘園経営に携わっていることが考えられる。だとすれば、牧の方の構築したネットワークは、荘園の経営・維持に大いに役立っていたとも考えられよう。さらにいうならば、武家とのコネクションをもつ牧の方のネットワークは貴族側にとっても重宝されたのである［佐藤二〇〇八］。

ところで、牧の方は時政没後も、政子・義時をはじめとする鎌倉政権の中枢部の情報を知る立場にあったらしい。というのも、そのような最重要情報（政子の危篤や泰時の出家の意思など）は、牧の方の三女所生の孫娘が藤原定家の息子為家と結婚していたことから、牧の方経由で京都にもたらされていたとみなせる。このことは定家の日記『明月記（めいげつき）』によって明らかになるのである［佐藤二〇〇八・谷二〇一二］。とすると、少し矛盾を感じる読者の方もいるのではないだろうか。すなわち、牧の方は牧の方事件を起こし、政子・義時によって、夫時政とともに追放されているのだから、その後、鎌倉政権の中枢部の情報を知る立場にあったということは、すんなりと受け入れられる話ではないからである。

またこのことにとどまらず、牧の方の娘たちは、異母姉北条政子が危篤の際には、見舞いのために下向し、政子が死去すると、その仏事に参加すべく嫡女、三女為家妻の母、そして孫娘の為家妻までもが、関東に下向したという。嫡女は政子の菩提を弔うための法要を自邸（国通邸）で行ってもいる［佐藤二〇〇八］。すなわち、時政の子らは腹違いであっても、関係は非常に良好だったのである。この事実も、牧の方事件後の牧の方・時政の追放という処遇を考えると、矛盾する点である。それではこの矛盾はどのように理解すべきなのであろうか。

●牧の方・時政VS政子・義時の矛盾とは

この矛盾に一定の見解を示しているのが、野口実氏である。が、ここではひとまず、比企(ひき)の乱後の動きを確認しておこう。空白地帯になった武蔵国(むさし)（埼玉県・東京都・神奈川県）の掌握をねらった北条氏にとって、武蔵国留守所惣検校(るすどころそうけんぎょう)であった畠山重忠(はたけやましげただ)や畠山氏の存在は障害であった。しかし重忠には支持勢力も多く、その排除を強引に進めることは困難であった。そこに、牧の方の娘婿である平賀朝雅と重忠の息子重保(しげやす)との諍いと、愛息政範を突然失った牧の方の悲しみが重なって、これらが引き金となり、時政を暴走させて、畠山氏追討が実施された、と『吾妻鏡』（元久(げんきゅう)二年六月二十一日条）は語る。この畠山氏追討には、その不当性から御家人たちは反感をもった。それに対して、牧の方と時政は、この状況を挽回するために、実朝を殺し、娘婿であった平賀朝雅を将軍にしようとした。これを知った政子は、実朝を義時邸に移し、多くの御家人たちが義時に従った。これを見て時政はにわかに出家し、翌日には（おそらくは牧の方とともに）、北条に下向したのである。

これが畠山重忠追討事件から牧の方事件までの流れであるが、野口実氏はこの一連の流れが北条氏による「見事な政治劇」だとする。つまり畠山重忠追討は、北条氏が武蔵国を掌握するためには、御家人らの反発を招くとわかっていても果たさねばならないことであった。それが果たされたのち御家人たちの不満を収めるために時政と牧の方をスケープゴートとしたのが、牧の方事件であり、時政は政子・義時に政権を委ねて自ら身を引いたのだと解釈する［野口二〇二二］。牧の方事件は北条氏による自作自演だったというわけである。このように考えることができるならば、政変によって時政と牧の方が追放された後にも、牧の方が鎌倉の義時や政子の情報を知る立場にあったことや、牧の方の娘たちがその後も異母姉兄の政子や義時と良好な関係を保っていることも、説明はつくのである。

●牧の方、悪女論の出現

さあ、それではそろそろ牧の方＝悪女論にも決着をつけてゆこう。『吾妻鏡』において、畠山重忠追討を積極的に進めているのは牧の方である。追討を決めた時政は、義時・時房に説得されて一旦は引き下がったが、この時政を尻目に、さらなる説得を試みたのは牧の方である。また、牧の方事件に関しても、『吾妻鏡』は「牧御方、奸謀を廻らし、朝雅を以て関東の将軍となし、当将軍家（実朝）〈時に遠州（時政）の亭に御座す〉を謀り奉るべきの由その聞こえあり」と記し、平賀朝雅を将軍として、実朝を殺そうとしたのは、牧の方の「奸謀」だと断言するのである。つまり、『吾妻鏡』はどちらもその首謀者を牧の方としている。野口実氏も、『吾妻鏡』の記述は牧の方にすべての責任を押しつけ、老耄の時政がそれに乗せられたように理解させようとする後世の曲筆だと述べている。『吾妻鏡』において、このように牧の方に全責任が押しつけられるのは、『吾妻鏡』が鎌倉中期の北条政権によって作られた歴史書であるからだろう。北条政権の初代である時政、そして二代義時を悪者として描くことはできない。そこで悪役を任されたのが、牧の方なのである。

冒頭でも述べたように、「悪女」とは「男をたぶらかし、権力や財力を手に入れた女性」を意味するようになった、とされる。このような概念は中世あたりから見られるという。ただし、「悪女」は男性側から見ての「悪女」なのであって、男性側の価値基準による女の尺度でしかない［田中一九九二］。いま見てきたように、『吾妻鏡』に描かれる牧の方はまさにこの定義に合致する。それは『吾妻鏡』が北条政権の男性によって作成された歴史書であるからだともいえるだろう。牧の方は悪役として「悪女」に仕立て上げられたのである。このことは、逆に『吾妻鏡』が編纂された鎌倉中期には、「悪女」の概念がすでに成立していたことの反証になるかもしれない。有名な亀の前事件についても、頼朝と亀の前の浮気について政子に伝えたのは牧の方であり、意地悪な継母が継娘に告げ口したと解釈されることがあるが、このような解釈も「悪女」や「継母」のイメージからのものと考えられる。最近では亀の前事件での継母娘の関係は、むしろ女性同士が連帯するネットワークの構築と考えられている［野口二〇二二、山本二〇二二、野村二〇〇〇］。

牧の方については、この章段で述べてきたように、院近臣層としての出自をもち、自らもそのネットワークを広げていったことを述べてきた。その中で、牧の方自身も荘園の知行者であった可能性があることを指摘した。牧の方は、現代でもなお、「悪女」とも解される女性であるが、それは『吾妻鏡』の編纂者によって「悪女」に仕立て上げられたからともいえる。当時の院近臣層の女性たちにとって、荘園の知行者となり、それを経営・維持するためにあらゆるコネクションを駆使して、ネットワークを広げることは、ごく当たり前のことであった。牧の方は頻繁に京と鎌倉・伊豆を行き来していたが、これも別段「男を翻弄する野心家」だったからではなく、当時の院近臣層の女性として必要なことだったのだろうと思われる。院近臣層の女性たちの実態はなかなか史料に残らないが、牧の方は、北条時政の妻になったがゆえに残存史料はかえって豊富であるともいえる。これらの女性たちの実像は、牧の方に関する史料の精査によって掘り起こせるのかもしれない。

（野口華世）

【参考文献】

落合義明「北条時政と牧の方」（野口実編『治承～文治の内乱と鎌倉幕府の成立』清文堂、二〇一四年）
栗山圭子「池禅尼と二位尼」（元木泰雄編『中世の人物　京・鎌倉の時代編　第一編　保元・平治の乱と平氏の栄華』清文堂、二〇一四年）
佐伯智宏「池禅尼—頼朝の命を救った清盛の義母—」（服藤早苗編『「平家物語」の時代を生きた女性たち』小径社、二〇一三年）
坂井孝一『考証　鎌倉殿をめぐる人びと』（NHK出版新書、二〇二二年）
佐藤恒雄『藤原為家研究』（笠間書院、二〇〇八年）
杉橋隆夫「牧の方の出身と政治的位置—池禅尼と頼朝と—」（『古代・中世の政治と文化』思文閣出版、一九九四年）
田中貴子『〈悪女〉論』（紀伊國屋出版、一九九二年）
谷昇「北条政子危急をめぐる朝幕の対応とその背景」（『立命館文学』六七四号、二〇二一年）
永井晋『鎌倉幕府の転換点』（NHKブックス、二〇〇〇年）
野口華世「安嘉門院と女院領荘園—平安末鎌倉期の女院領の特質—」（『日本史研究』四五六、二〇〇〇年）
野口華世「中世天皇家からみる新田荘の成立」（『群馬文化』三三四、二〇一八年）

野口華世「女院女房の荘園知行」（『歴史評論』八五〇、二〇二一年）
野口実『北条時政』（ミネルヴァ書房、二〇二二年）
野村育世『北条政子　尼将軍の時代』（吉川弘文館、二〇〇〇年）
元木泰雄『武士の成立』（吉川弘文館、一九九四年）
山本みなみ「北条時政とその娘たち―牧の方の再評価―」（『鎌倉』一一五、二〇一三年）
山本みなみ『史伝　北条政子』（ＮＨＫ出版新書、二〇二二年）

2　姫の前―公家と再婚した義時正妻―

●北条義時の正妻

建久三年（一一九二）九月、北条義時の正室となったのが、比企朝宗の娘で将軍御所の女房だった姫の前である。よく知られているように、源頼朝の二十年に及ぶ流人時代を支えたのは、乳母である比企尼の一族だったが、姫の前の父朝宗は比企尼の親族であった。姫の前の母はわかっていないが、『吾妻鏡』文治四年（一一八八）正月二十二日条によれば、朝宗の妻に越後局という女性がいて、頼朝の妻である北条政子の下で女房をつとめながら男子を出産している。御家人である朝宗だけでなく、その妻と娘も頼朝に仕えていたのである。比企氏一族と頼朝との結びつきが見て取れよう。

姫の前と義時の結婚については、『吾妻鏡』建久三年九月二十五日条に詳しい。姫の前は、頼朝がひときわ気に入っていた女房で、容姿がとても美しいばかりでなく、並ぶものがないと言われるほど大きな影響力を持っていた。このような姫の前に夢中になった義時は、一両年に渡ってしきりに恋文を送っていたが、姫の前が受け入れることはなかった。この事を知った頼朝が、「離別しない」との起請文を義時に書かせた上で説得したところ、姫の前は起請文を受け取ったので、二人は結婚するに至ったのである。結婚後の姫の前と義時の間には、少なくとも三人の子どもが誕生した。建久五年（一一九四）生まれの朝時と建久九年（一一九八）生まれの重時のほか、生没年はわかっていないが娘の竹殿である。

●北条氏と比企氏

『吾妻鏡』が伝える姫の前と義時の結婚の経緯は、頼朝の義時に対する温情をうかがわせる話として知られ、あるいは、有力御家人に対しても強い姿勢を取り続けた義時の異なる一面を示しているともいわれる［岡田二〇一九］。その一方で、婚姻関係を結ぶことによって北条氏と比企氏を提携させようとする頼朝の狙いがうかがえる。

頼朝の仲立ちで姫の前と義時が結婚した一ヶ月半ほど前の建久三年八月九日、頼朝の二男千幡（のちの実朝）が誕生した。乳母となったのは義時の姉妹である阿波局で、これは千幡の後見が北条氏であることを示している。姫の前と義時の結婚は、千幡の後見となった北条氏と頼朝の嫡子頼家の後見である比企氏を結びつけるものであった。頼朝は、義時に対して頼朝の子孫＝鎌倉殿を支える役割を期待したのである［田辺二〇一四］。

建久十年（一一九九）正月に頼朝が亡くなると、頼家が後を継いで鎌倉殿となったが、北条氏は比企氏と対立することはあったものの、頼朝が期待したように新鎌倉殿・頼家を支える立場をとった。しかし建仁三年（一二〇三）八月、頼家の重病と出家により頼家の嫡子一幡が鎌倉殿を継承し、外祖父である比企能員が一幡を後見することになったため、北条氏はこれを阻止しようと行動を起こしたのである。比企氏滅亡につながる一連の出来事は、比企氏の乱と呼ばれることが多いが、一幡の鎌倉殿継承を阻止し、北条氏が後見する千幡を擁立するため、義時の父時政が起こしたクーデターを発端とする。最近では、これらを踏まえて、能員殺害後に比企氏が一幡を抱えて小御所に集結したことを重視し、小御所合戦と呼ぶことが提唱されている［山本二〇二二］。

●源具親との再婚

「離別しない」との起請文を書いて姫の前と結婚した義時だったが、後妻として知られる伊賀の方（伊賀朝光の娘）との間に元久二年（一二〇五）六月に政村が誕生しており、建仁三年九月の比企氏滅亡に伴い、二人は離別したと考えられる。姫の前のその後については、歌人として知られる藤原定家の日記『明月記』によって、上洛して源具親と再婚していたことがわかる。『明月記』嘉禄二年（一二二六）十一月五日条には除目の記事があるが、侍従に任じられた源輔通（資道）について、源具親の子で北条朝時の同母弟にあたり、この時の侍従任官に関しては、関東申次（朝廷と幕府の連絡役）の西園寺公経を通して幕府から推挙があった、と記されている。朝時の母は姫の前

【姫の前関係系図】

……は養子関係

- 高倉
  - 安徳
  - 守貞親王（後高倉院）
    - 尊性法親王
    - 道深法親王
    - 後堀河
  - 惟明親王
    - 交野宮
  - 後鳥羽（＝在子（承明門院））
    - 順徳
      - 忠成王
    - 土御門（＝通子）
      - 邦仁王（後嵯峨）
      - 静仁法親王
      - 仁助法親王
- ……在子（承明門院）
- 通宗
  - 通子

であるから、輔通は朝時の異父弟ということになる。このため、幕府の推挙を受けて侍従に任官したのである。『公卿補任』によれば、輔通は建長元年（一二四九）六月七日に四十六歳で亡くなっており、比企氏滅亡の翌年元久元年（一二〇四）の生まれである。義時と離別した姫の前は、程なくして上洛し、建仁三年末ころには源具親の妻となったと考えられよう。

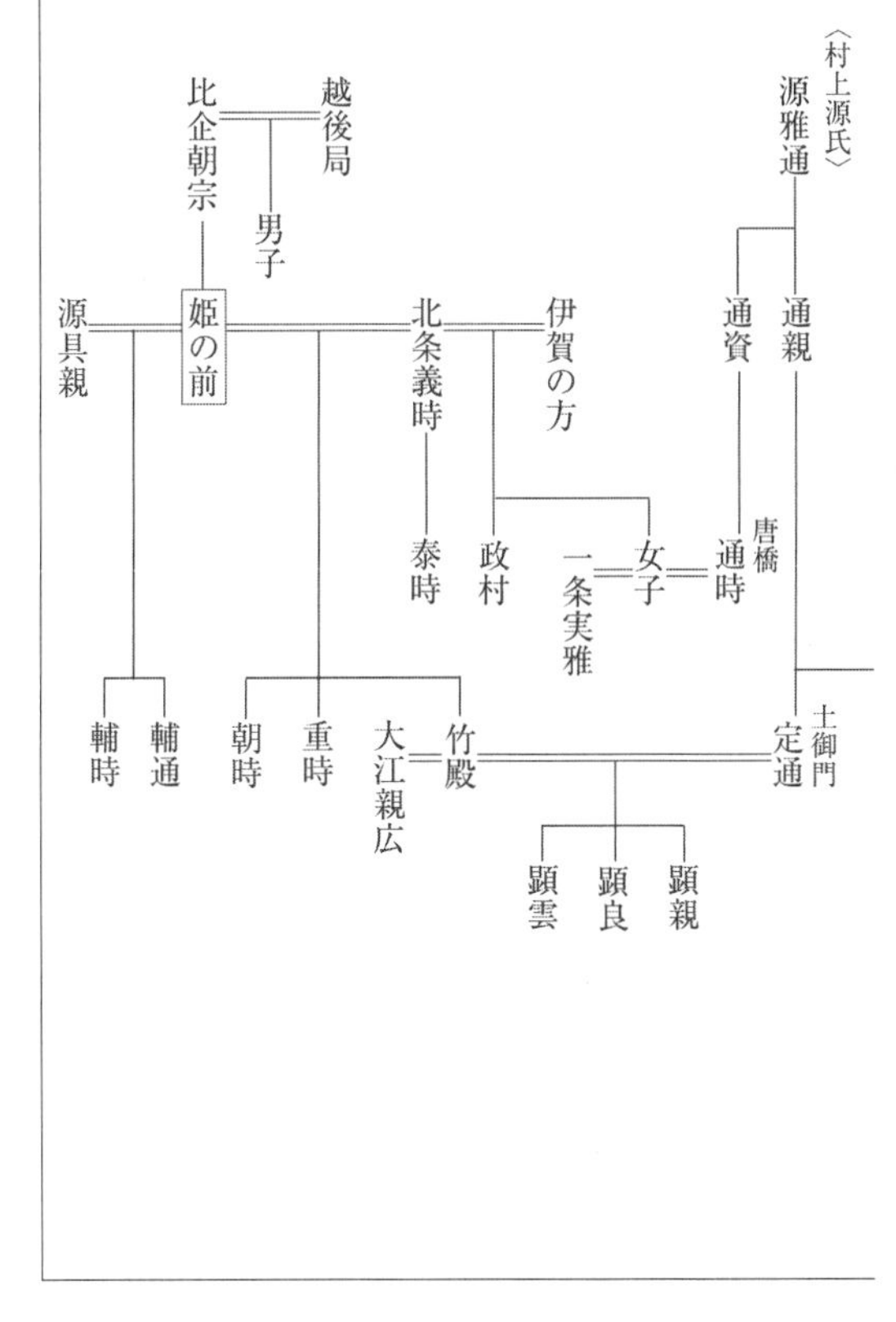

姫の前の再婚相手である源具親は、村上源氏俊房流で、祖父は大納言師頼、父は左京権大夫師光である。官位は四位・右少将止まりで公卿に昇進することはなかったが、後鳥羽上皇に見出されて側近歌人として活躍した人物で、『新古今和歌集』にも入集している。『明月記』の記事から、同じく後鳥羽上皇の歌壇で活躍した藤原定家との交流が見受けられる。具親の妹である宮内卿も後鳥羽上皇の

もとで活躍した歌人で、鴨長明の歌論書『無名抄』によれば、宮内卿は和歌に熱心なあまり病を得て早世してしまったという。具親は、このような妹ほど和歌に身を入れておらず、弓や蟇目を弄んだと非難されるなど、歌人でありながらどちらかといえば武を好む人物だったようである。また具親は、『明月記』承元元年（一二〇七）三月二十八日条に「小野宮少将」と記されている。かつて藤原道長に迎合しなかったことで知られる藤原実資は、小野宮の地に住んでいたが、この小野宮の地を受け継いだのが具親であった。

姫の前が源具親と再婚した経緯は明らかではないが、能登国（石川県）が両者の接点である可能性を紹介しておきたい。具親は、建久八年（一一九七）から正治二年（一二〇〇）まで能登守であった。一方、能登守護は、建仁三年九月の滅亡時まで比企氏が在任していた可能性が高いため、能登国を接点に、具親と比企氏の間に何らかの関係が生じたものと考えられる。その後、比企氏出身の姫の前の在京を知った具親との結婚に至った、というのである［森二〇一七］。

●姫の前の息子たち

姫の前には四人の息子がいた。北条義時との間に生まれた二人の息子のうち、兄の朝時は、名越流北条氏の祖となった人物である。将軍実朝の御台所に仕える女房に艶書を送って深夜に誘い出したことが発覚し、父義時から義絶されて駿河国（静岡県）に籠居した経歴がある。建保元年（一二一三）五月に起きた和田合戦の直前に鎌倉に呼び戻され、異母兄である泰時とともに合戦に参加したが、父義時との関係は良好なものではなく、同母の弟である重時の方が重用された。執権政治が確立すると、朝時は次第に幕府政治の中心から外れ、将軍九条頼経と関係を深めていった。やがて頼経を擁する反執権勢力が形成され、朝時はその中心にいたとみられるが、朝時の生前に表立った衝突は起きていない。しかし朝時の死後、その子ども達は将軍との結びつきを強めて執権勢力と大きく対立した。泰時の孫時頼の執権就任後に宮騒動（寛元の政変）が起こり、時頼の子時宗の執権期には二月騒動が起きている。名越流北条氏の名越は、朝時が祖父時政の屋敷である名越邸を継承したことに由来する。朝時以来、名越流が執権と対立し続けたのは、このような由来を背景に、名越流こそが北条氏の本流である、という意識があったためと考えられている。

弟の重時は、将軍頼経の警固や将軍御所の宿直を担う小侍所の別当を務めた後、寛喜二年（一二三〇）より十七年にわたって六波羅探題の重職にあった。在京中は歌人としての活動もみられ、仁治三年（一二四二）五月に兄泰時が病気により出家したとの知らせを受けて鎌倉に下向した際には、後嵯峨天皇が重時の下向を制止しようとするなど朝廷からも信頼されていた人物である。時頼の執権就任後に鎌倉に戻り、連署として幕府政治を支えた。幕府内での重時に対する評価は高く、極楽寺流北条氏と呼ばれた自身とその子孫を、北条氏嫡流に次ぐ位置に押し上げた。また重時は、『六波羅殿御家訓』および『極楽寺殿御消息』と呼ばれる現存最古の武家家訓を残したことでも知られる。前者は、重時の六波羅探題在任中に嫡子長時に対して書かれたものである。後者は、抽象的な内容が多いため作者を重時に特定することは難しいが、仏教的色彩が強いことから、出家後に書かれたと考えられている。

再婚した源具親との間にも、二人の息子が誕生している。『明月記』天福元年（一二三三）八月二十四日条によれば、定家のもとを訪れた具親は、輔通と輔時という二人の息子それぞれが「光華」である、すなわち栄えていると語ったという。前述したように、輔通の母は姫の前である。輔時については、この年の十二月に侍従に任じられたことが『明月記』同年十二月十六日条よりわかるが、北条朝時の猶子であると注記されているので、輔通と同じく輔時の母も姫の前であったと考えられる。承久三年（一二二一）五月に起きた承久の乱以降、北条氏は勢力を拡大したが、具親が定家に語った「光華」は、このような北条氏との姫の前を介した血縁関係によってもたらされたと言えよう。なお、『明月記』は具親の二人の息子と朝時との関係を記しているが、『明月記』文暦二年（一二三五）二月十四日条によれば、具親自身は、六波羅探題在任中の重時とも親交があったことを確認できる。

以上のように、姫の前の息子達はそれぞれ活躍したが、母である姫の前が彼らの活躍を目にすることはなかった。具親と再婚した後、わずか三年ほどで姫の前は亡くなっている。『明月記』建永二年（一二〇七）三月二十八日条によると、具親の妻は、産後の肥立ちが悪かったようである。同三月三十日条には、前日の二十九日に具親の妻がついに亡くなったと記されている。義時との結婚からおよそ十五年後の事であった。姫の前の生年はわかっていないが、三十代で亡くなったのであろうか。婚家である北条氏と実家の比企氏との権力争いに大きな影響を受けた生涯だったと言えるだろう。なお、この時に生まれたのが輔時だと考えられる。

姫の前自身は早くに亡くなったが、その息子達は、母が結んだ所縁の中で、承久の乱の後の鎌倉と京（幕府と朝廷）を繋ぎ、確かな足跡を残していったのである。

●姫の前の娘

姫の前には五人の子どもがいたが、娘は北条義時との間に生まれた竹殿ただ一人である。息子達ほど竹殿の足跡を明らかにすることはできないが、幕府と朝廷を繋いだという点で、彼女の存在は大きい。竹殿の最初の夫は、鎌倉幕府の重臣大江広元の嫡子親広である。建保七年（一二一九）正月に将軍実朝が兄頼家の遺児公暁に殺害された後、親広は京都守護として京に派遣された。これに伴って竹殿も上洛したと考えられる。二年後の承久三年（一二二一）五月、後鳥羽上皇が挙兵して承久の乱が起きると、在京中だった親広は上皇方に付いたものの行方知れずとなり、その後は出羽国寒河江（山形県寒河江市）に隠れ住んだ。一方、親広と離別した竹殿は、土御門定通と再婚している。『吾妻鏡』等の諸史料に源姓で登場する親広は、定通の父源通親の猶子だったようで、竹殿が定通と再婚した背景には、前夫親広と土御門家との関係があったと考えられている［上杉二〇〇五］。二人の間には、顕親、顕良、後に山門の僧侶となる顕雲の三人の息子が誕生した。

竹殿の夫となった定通は、承久の乱後に土佐国（高知県）へ赴き、のちに阿波国（徳島県）に遷った土御門上皇に近い人物である。土御門上皇の生母承明門院は、定通の父通親の養女で、定通自身の異父姉にあたる。また、定通の兄通宗の娘通子と土御門上皇との間には、三男二女が誕生している。皇子三人のうち二人は承久の乱後に出家したが、末弟の邦仁王は、祖母承明門院と定通を中心とする土御門家の庇護のもと、出家も元服もせずに皇位継承の可能性を残したまま成長した。

以上のように、皇位継承の可能性を持つ皇子の養育にあたる土御門家と、義時の娘が婚姻関係を結んだことは興味深い。竹殿と定通の子である顕親は承久四年（一二二二）に誕生しているので、竹殿が定通と再婚したのは、承久の乱後間もなくとみられる。よく知られているように、承久の乱後、幕府は後鳥羽上皇の同母兄で乱とは無関係だった守貞親王（行助入道親王）の男子のうち、唯一まだ出家していなかった茂仁王を即位させて後堀河天皇とし、その父守貞が院政をおこなった（後高倉院）。即位当時十歳の後堀河天皇が無事に成長し、後継となる皇子が誕生するかがわからない中、後堀河天皇に万が一のことがあった場合を想定し、北条氏は、後継候補になり得る皇子を養育する土御門家と婚姻関係を結んだのではないかと考えられる。

同様のことは、伊賀の方を母とする義時娘の再婚についても指摘されている。この女性は伊賀氏事件で一条実雅と離縁したが、その後上洛して源通時（父は通親の弟通資）と再婚した。通時の姉妹は高倉天皇の皇子惟明親王の後妻で、養母として惟明の王子である交野宮（国尊王）を養育していたとみられる。このような背景を持つ通時と義時娘の結婚は、後堀河天皇の後継者が定まらない中、後堀河天皇にもしものことがあった場合に備えて、三浦義村が策謀をめぐらせたものとされる[高橋二〇一五]。

後継候補の確保は、後堀河天皇の場合に限ったことではない。かつて平氏は、安徳天皇を伴って都落ちする際、万が一の場合の後継者として安徳天皇の異母弟である守貞親王をともなっていた。そもそも守貞は誕生直後から平知盛夫妻に養育されており、都落ち以前から安徳天皇にもしものことがあった場合の後継候補であった。

また、平氏が安徳天皇を擁して西走した後、京では安徳天皇の弟である四歳の後鳥羽天皇が即位した。しかし後鳥羽天皇の兄にあたる守貞親王（平氏滅亡後に帰京）と惟明親王は、後鳥羽天皇の皇子達による皇位継承が確定するまでの間、万一の場合には皇位を継承できるように出家はせずに元服している。彼らが出家したのは、承元四年（一二一〇）に順徳天皇が即位した後のことであった。このように、不測の事態に備え、次の皇位継承者を想定しておくことは、特別なことではなかったと考えられる。義時の娘達の再婚は、後堀河天皇に万一のことがあった場合の後継候補と関係を結ぶものであったと言えよう。

仁治三年（一二四二）正月、四条天皇（父は後堀河天皇）が十二歳で急死した。まだ子どもはおらず、兄弟もいなかったため、二十三歳になっていた邦仁王は、順徳上皇の皇子忠成王とともに皇位継承の候補に挙げられた。当時、朝廷を主導していたのは、四条天皇の外祖父で将軍頼経の父でもある九条道家で、姉の東一条院立子が順徳上皇の中宮であった関係から、道家とその岳父である西園寺公経は忠成王を推していた。しかし、最終的に幕府の指名によって即位したのは邦仁王で、後嵯峨天皇となった。平経高の日記『平戸記』によれば、土御門定通は邦仁王の即位を幕府に働きかけたとされ、その背景として北条重時と同母の義時娘を妻としていたことが挙げられている。幕府にとって承久の乱に積極的だった順徳上皇の皇子の即位は容認できるものではなく、また土御門上皇はすでに亡くなっていたが、順徳上皇が佐渡に健在だったことも影響して幕府は邦仁王の即位を後押しした。忠成王が即位した場合、当時は院政が常であったため、順徳上皇の帰京および院政につながる恐れがあったためである。よって幕府に対する定通の働きかけが邦仁王の即位に大きく影響したとは考えにくいが、新天皇後嵯峨は、姫の前の娘である竹殿を介して北条氏と繋がる人物に支えられていたのである。

　後嵯峨天皇の即位により、定通は九条道家や西園寺公経とともに朝廷政治を主導するようになった。定通と竹殿の間に誕生した顕親は、このような父のもとで昇進を重ねていたが、宝治（ほうじ）元年（一二四七）六月、二十六歳の若さで出家した。葉室定嗣（はむろさだつぐ）の日記『葉黄記（ようこうき）』の宝治元年六月三日条によれば、顕親はもともと仏門に深く帰依していたようだが、時流に乗って栄えている人物の突然の出家は人々を驚かせている。当時内大臣（ないだいじん）を退いていた父定通の衝撃は相当なものだったようで、『葉黄記』同年六月四日条には、定通が泣きながら自らの復帰を後嵯峨上皇に懇望したと記されている。しかし、顕親の出家から四ヶ月足らず後の九月二十八日に定通は六十歳で亡くなった。この時、竹殿が健在であったかはわかっていないが、相次いで繋がりの深い公家を失ったことは、北条氏にとって痛手であったと考えられる。

（長田郁子）

【参考文献】

上杉和彦『大江広元』（吉川弘文館、二〇〇五年）
岡田清一『北条義時―これ運命の縮まるべき端か―』（ミネルヴァ書房、二〇一九年）

近藤成一『鎌倉幕府と朝廷』（岩波書店、二〇一六年）
田辺旬「北条義時——義時朝臣天下を并呑す」（平雅行編『中世の人物　京・鎌倉の時代編 第三巻　公武権力の変容と仏教界』　清文堂出版、二〇一四年）
高橋秀樹『三浦一族の中世』（吉川弘文館、二〇一五年）
森幸夫「歌人源具親とその周辺」（鎌倉遺文研究会編集『鎌倉遺文研究』四〇号　二〇一七年）
森幸夫『北条重時』（吉川弘文館、二〇〇九年）
山本みなみ『史伝　北条義時』（小学館、二〇二一年）

3　伊賀の方―義時の後妻とその一族―

●「伊賀の方」とは

北条義時には数名の妻がいたが、最後の正妻として知られているのが「伊賀の方」である。義時死後におこった、「伊賀氏事件」と呼ばれる政変の首謀者として有名だが、それ以外の史料は極めて少なく、彼女の生涯については不明なことが多い。今回は、彼女の出自である伊賀一族に注目することで、彼女の存在が鎌倉幕府の歴史上においてどのような意義をもったのか、という問題に迫ってみたい。

●伊賀一族のルーツを探る

伊賀の方は、藤原朝光という人物の娘である。朝光が「伊賀守」に任官したために、朝光とその子孫のことを一般に「伊賀氏」と呼びならわしている。『尊卑分脈』という系図史料によれば、彼らは平将門の乱を鎮圧した藤原秀郷の子孫とされている。秀郷の子孫は関東にも勢力を広げていくが、伊賀氏の祖先は、主に京都で活躍した藤原文行の系統にあたる。文行の子孫としては、有名な歌人・西行を輩出した「都の武士」紀伊佐藤氏が知られているが、伊賀朝光も『吾妻鏡』の中で「佐藤伊賀前司」と呼ばれている。「佐藤」呼称は紀伊佐藤氏につながる公清系統以外でも広く名乗られており、野口実氏は佐渡守となった藤原公行に由来する可能性を指摘している［野口実二〇〇二］。

伊賀朝光については、もともと京都で下級の官人（役人）として活動した人物として理解することが一般的である。『尊卑分脈』によれば、朝光の父・光郷は「刑部丞」（刑部省の三等官）や「所雑色」（天皇近辺の事務を担当する蔵人所の下級職員）をつとめたと記されており、朝光の子孫も幕府で官僚的な職務を担っていくことから、京都における官人としての活動がそのルーツと考えられているのである。なお、朝光も当初は「所六郎」や「所右衛門尉」という呼称で『吾妻鏡』に登場しているが、これも父・光郷が「所雑色」をつとめたことに由来している。

しかし、朝光がはじめて『吾妻鏡』に登場する文治元年（一一八五）の勝長寿院の落慶供養の記事では、盛大な行列中で朝光が「随兵」（将軍の前後を警護する兵士の役）を務めており、しかもその一群には「弓馬に秀でた者を選出した」と記されている。源頼朝時代の朝光の活動のほとんどは行列の随兵としての記事であり、奥州合戦においては三迫（宮城県栗原市）で武功をあげている。少なくとも鎌倉における朝光の活動を見る限り、文筆官僚的な技能というよりはむしろ「武芸」が際立つのである。

『系図纂要』という系図史料の中で、朝光について「田原武者所」と記されている点も興味深い。朝光の父・光郷の官職を振り返ってみると、武士が帯びた官職・役職としても不自然ではない。例えば、都で滝口の武士などもつとめていた相模国・山内首藤氏の義通・俊通は、刑部丞に任官している［野口実一九八三］。平基繁という武士（越後平氏）は、蔵人所雑色をつとめながら、幕府の御家人として鎌倉での活動も行っていた［井原二〇〇二］。光郷や朝光は、蔵人所の下級職員として活動しつつ、武芸を磨いて時に院（上皇）や摂関家などにも出仕するような下級の武士だったのかもしれない。

●伊賀朝光の鎌倉下向—官人たちのネットワーク—

もともとは京都で活動していたと思われる朝光は、なぜ鎌倉に下向して御家人として活動することになったのだろうか。この点を考える上で手がかりとなるのが、朝光周辺の人脈である。まず朝光の母親は源邦業という人物の娘であった。邦業は、頼朝から「一族功士」とたたえられ下総守に任官した人物で、幕府の政所（庶務や財政などの実務を担う機関）の別当（長官、複数名存在する）も務めた「京下り」（京都から鎌倉にやってきた）官人である。

さらに、朝光は同じく京下り官人である二階堂行政の娘を妻としていた。朝光と行政の娘との間に生まれた子どもたちのうち、光宗の出生年は治承二年（一一七八）であり、頼朝挙兵以前に結婚していたことがわかる。そのため五味文彦氏は、比較的早い段階で幕府の実務官人として活動を開始した行政を通じて、朝光も鎌倉にやってくるようになったと推測している［五味二〇〇〇］。

二階堂行政と源頼朝は、熱田大宮司家を介して親戚関係にあった。行政の母は熱田大宮司季範の妹であり、頼朝の母は季範の

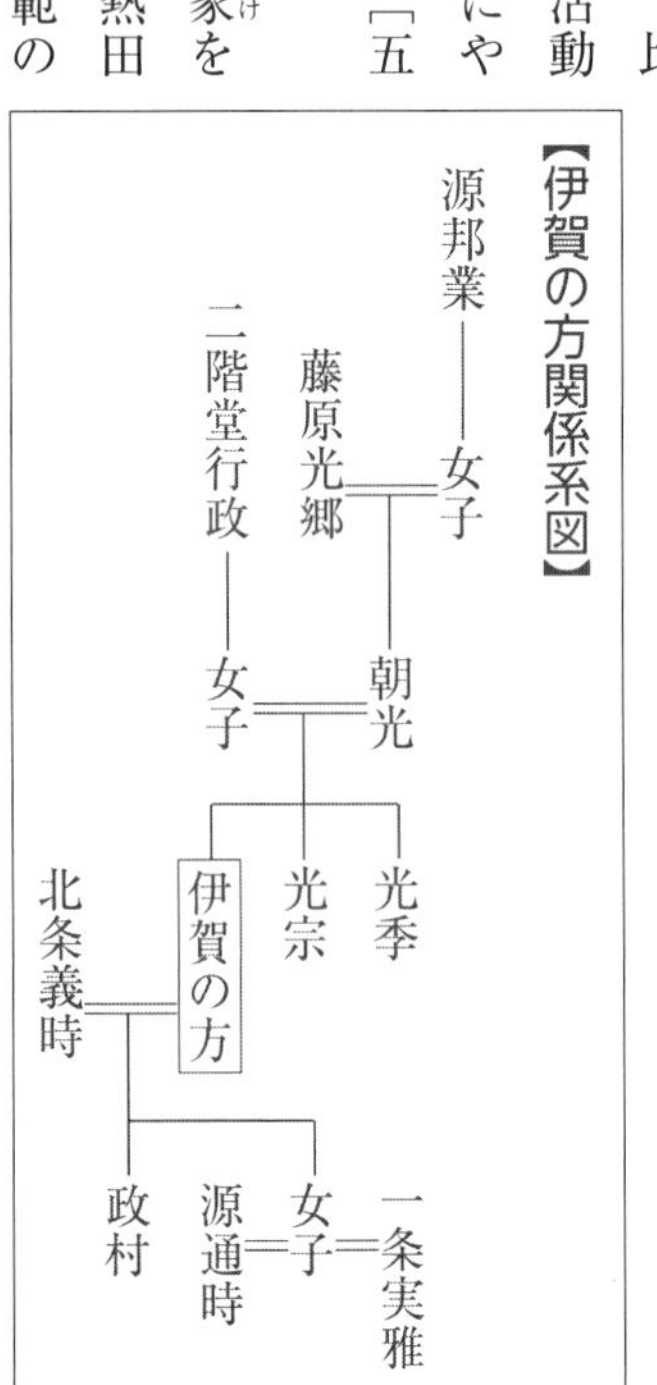

娘である。流刑前の頼朝の京都での活動や周辺の人脈を考える上で熱田大宮司家の存在は大きく注目されている「川合二〇二一」。熱田大宮司家は京都で官人としても活動しており、季範やその子孫たちは蔵人所雑色も経験したようだ。直接的には行政が媒介となって朝光の鎌倉下向が実現した可能性が高いが、京都から鎌倉への人の流れを考える上で、熱田大宮司家を介した官人たちのネットワークは重要な意味を持ったであろう。

●「伊賀の方」の登場と伊賀一族の躍進

頼朝の死後、朝光は正治元年（一一九九）の梶原景時弾劾や、建仁三年（一二〇三）の比企氏の乱といった鎌倉の政変の中で名前が見えるようになるが、いずれも関係する多くの御家人の一人に過ぎず、必ずしも目立った存在ではない。しかし、おそらくはこうした鎌倉の抗争の中で、朝光は徐々に北条氏との関係を深めたのであろう。比企氏の乱によって、北条義時は姫の前（比企朝宗の娘）と離縁することになるが、姫の前と入れ替わるように登場してくるのが朝光の娘・伊賀の方である。

元久二年（一二〇五）六月二十二日、義時と伊賀の方との間に、男子が誕生する。この日は、折しも畠山重忠が追討された日であった。義時と伊賀の方の婚姻自体は、義時の父・時政が仲介した可能性もあるが、結局この重忠の追討事件をきっかけに義時と時政の関係は決裂し、時政は伊豆へ下向する。

伊賀の方の出産後、朝光は検非違使、さらに伊賀守へと昇進を果たす。さらに建暦二年（一二一二）には、「宿老」として将軍源実朝に「古物語」を語る役を仰せつかっている。朝光もすでに幕府内では重鎮であった。建保元年（一二一三）には、ともに宿老をつとめた和田義盛周辺の不穏な動きを察知し、将軍御所での庚申会（庚申の日に行う祭事）の中止を進言している。同年の義盛挙兵（和田合戦）の論功行賞では、朝光とその子・光宗がそれぞれ常陸国・甲斐国で所領を得ている。

和田合戦から半年がたった建保元年の年末、義時と伊賀の方の子息は、数え年九歳で元服する。仮名は時政・義時と同じ「四郎」であり、三浦義村を烏帽子親（元服に際して烏帽子をかぶせる仮親）として実名を「政村」とした。この時義時は五十一歳、すでに幕政の主導者となりつつある時期に、すくすくと育つ子は特別だったらしく、『吾妻鏡』には「鍾愛の若公」（義時がたいそう可愛がった若君）と記されている。義時の父・時政が後妻・牧の方との間に生まれた政範を可愛がった姿が重なる。

孫の元服を見届けた朝光は、建保三年（一二一五）九月十四日に死去する。翌日、義時が見守る中、朝光は舅である二階堂行政の邸宅の背後の山に葬られた。そもそも「二階堂」とは、奥州合戦後に頼朝が戦死者慰霊のために建立した永福寺の別名であり、行政はこの近くに居を構えていたのだが、行政を頼って鎌倉にやってきた朝光との縁も深い。将軍源頼家と北条政子が永福寺内の多宝塔（仏塔の一種）の供養を行った際には、朝光が導師への布施を差配しており、朝光個人も永福寺の隣に一寺院を建立している。朝光が死去した翌年には、義時と伊賀の方、伊賀光季・光宗兄弟らが施主となり、朝光の追善供養として永福寺境内の塔婆（仏塔）供養が行われている。

●伊賀の方の娘と一条実雅

承久元年（一二一九）十月二十日、一条実雅が鎌倉の大倉（義時邸の隣り）に迎えられ、義時と伊賀の方の間に生まれた娘との婚儀が行われた。実雅は、頼朝の妹を妻として朝廷と幕府を結びつける役割を担った貴族・一条能保の子息である。

婚儀が行われた承久元年は、一月に将軍源実朝が殺害され、七月には将軍候補として三寅（後の九条頼経）が鎌倉に迎えられるという激動の年である。三寅の父は摂関家の九条道家、母は西園寺公経の娘であるが、三寅の祖母は、父方と母方いずれも一条能保の娘であった。義時と伊賀の方の娘は、三寅下向という新たな政局にあって、京都と鎌倉（北条氏）の人脈を結びつける重要な位置にあったのである。

さらに一条家は、後鳥羽上皇の乳母も輩出しており、上皇周辺との関係も深い。承久元年は、後鳥羽の皇子の鎌倉下向中止や摂津国長江荘・倉橋荘の地頭職解任問題をめぐって幕府と後鳥羽の間で軋轢が見え始めた時期でもある。朝廷と幕府の関係を調整していくにあたって、一条家は重要な存在として意識されたであろう。

●伊賀一族と承久の乱―光季と光宗―

承久の乱前後には、伊賀の方の兄たちも重要な役割を果たすこととなる。

実朝死去の直後、朝光の長子・伊賀光季は、大江親広（大江広元の嫡男）とともに京都守護として上洛した。京都守護とはその名の通り、京都警固のために派遣された御家人である。京都には他の御家人を含めて多くの武士が在京しており、京都守護だからといって彼らを統率できるような突出した立場にあったわけではない。しかし、朝廷との関係が不安定な状態にあったこの時期に、義時が義兄・

光季を派遣した意味は大きいだろう。弟・光宗（みつむね）の生年が頼朝挙兵以前なので、光季は幼少期を京都で過ごした可能性が高い。おそらくは父や祖父が形成していた京都との人脈も駆使しながら、日常的な京都警固とともに様々な情報収集も行い、鎌倉の義時のもとに京都情勢を伝えていたものと思われる。

しかし、光季の京都派遣から二年も経たない内に、鎌倉と京都を分かつ承久の乱が勃発する。承久の乱に際しては、御家人の一族が後鳥羽方と鎌倉方に分裂するパターンが多く見受けられるが、これは日常的に鎌倉と京都それぞれに一族を配置していた御家人たちの分業のあり方に起因するものと考えられる。鎌倉幕府の御家人といえども、日常的に京都で活動する武士にとって、上皇の命令に従って軍事活動を行うのはごく自然なことであった。京都守護の大江親広ですら後鳥羽上皇の命令に従っており、一条家も実雅の兄弟である尊長法印（そんちょうほういん）や信能（のぶよし）は後鳥羽方に与することとなる。

こうした状況下にあって、異質な立場をとることになったのが光季である。在京中の光季は、後鳥羽上皇から味方につくように命じられたが、これを拒否した。光季が、義弟の義時や、義時を中心とした当時の幕府権力と一体の存在であったことを物語っていよう。承久の乱は、光季への攻撃と彼の討死によって火ぶたがきられた。

一方、鎌倉において義時を支える役割を果たしたのが、光季の弟・光宗（みつむね）である。光宗は、建保六年（一二一八）に侍所（さむらいどころ）の所司（しょし）（次官）に、翌年の承久元年（一二一九）に政所執事（まんどころしつじ）に就任している。侍所とは御家人を統制する機関であり、和田合戦の後に義時が別当（長官）に就任していたが、建保六年に義時長男の泰時（やすとき）が別当とされ、三浦義村らとともに光宗が業務を分担することになった。また、政所執事とは、複数存在した別当の中で一人選ばれた長官を指すが、さらに突出した立場としての「執権」を務めたのが義時である。つまり義時権力の土台にあった幕府の二大機関の重要ポストに光宗が就任したのであり、彼が鎌倉において義時を支える立場にあったことがよくわかる。なお、政所執事については、二階堂行政の子、つまり光宗のおじにあたる行光が危篤になったために、その後任として補任されたという。二階堂氏以外で政所執事をつとめたのは光宗ただ一人である。比較的「武士」的な活動が目立つ朝光・光季に対して、光宗は母方の二階堂家のごとく官僚的な職務にも従事するようになったのであり、このような性格はその後の伊賀一族に引き継がれていくこととなる。

●承久の乱終結後の義時と伊賀一族

承久の乱は短期間の内に雌雄を決し、北条泰時・時房を中心とする鎌倉軍は京都を制圧した。戦後処理は、京都（六波羅）の泰時・時房と鎌倉の義時の連携の下で進められたが、占領軍政を進めていく中では、貴族や寺社との調整も重要である。鎌倉で義時をサポートした光宗も、荘園での武士の押領問題について高野山に弁明するなど（『高野山文書』）、様々な矛盾の調整役を担ったようだ。

光季の討死や光宗の奔走を経て、伊賀一族の存在感がより一層高まったことは想像に難くない。岡田清一氏は、讃岐国務に関する政所のサポートや、幕府儀礼の様子などから、義時が一条実雅やその室（伊賀の方との娘）を非常に優遇していた様子を読み取っている［岡田二〇一九］。

なお、義時と伊賀の方の間に生まれた子どもは、政村以外にも数人いたと思われ、承元二年（一二〇八）に誕生した実泰（金沢氏の祖）や承久の乱直後に生まれた女子、『吾妻鏡』に「陸奥七郎時尚」

としてあらわれる人物なども、伊賀の方を母としたと推測される［岡田二〇一九］。

●伊賀氏事件

承久の乱から六年が経過した嘉禄三年（一二二七）、後鳥羽方の中心人物の一人であった尊長法印が捕縛された。彼は一条実雅の兄である。京都の貴族・藤原定家の日記『明月記』によれば、彼は潜伏中に襲撃された際、「義時の妻が夫にもった毒薬で私も殺せ」と叫んだという。義時の実際の死因については、猛暑の中で病状を悪くしたとする見方が有力であるが［山本二〇一二］、毒殺の噂が京都にひろがった背景には、直前におこった「伊賀氏事件」が関係していると考えられる。

伊賀氏事件とは、義時の死の直後、後妻の伊賀の方が光宗たち兄弟と謀って、娘婿の一条実雅を擁立し、その後見役として政村をたてようとした事件として知られている。『吾妻鏡』によれば、北条政子や大江広元らが、次期将軍である若君・三寅（後の九条頼経）の後見役として、京都で戦後処理にあたっていた泰時・時房を指名した際に、伊賀一族が憤り、先述したような陰謀を企てたという。この時、伊賀光宗らは、三浦義村のもとにしきりに出入りしていた。義村は、伊賀の方の子・政村の烏帽子親であったため、伊賀一族とは非常に近い関係にあったのだろう。最終的には政子が動き、義村に対して政村や伊賀一族に加担しないように牽制するとともに、御家人たちを集めて評議を行い、伊賀一族の処分が決定されることとなる。

ただし、この事件については、『吾妻鏡』の記載を批判的に検証し、その実態を慎重に見極めようとする見解がある。義時の後家としての立場からすれば、生前の遺領譲与がなされない中で、伊賀の方が義時の代理としてその処分を実施し、葬送や後継者選定の差配を行うのはなんら不自然なことではない。むしろ当該事件は、北条家の差配をすべき伊賀の方の後家としての権限に対し、政子が強引に介入したものとして読み解かれているのである。当該事件については、すでにいくつか詳細な検討がなされているため、詳しくは先行研究を参照されたい［永井二〇〇〇・岡田二〇一九・山本二〇二一］。

●伊賀の方の最期と兄弟たちのその後

貞応三年（一二二四）八月末、伊賀の方は伊豆国北条郡に下向し籠居した。北条氏の氏寺・願成就院も所在するこの地で、伊賀の方もひっそりと義時の菩提を弔ったのであろうか。しかし、伊豆下向のわずか四ヶ月後には彼女の危篤の知らせが鎌倉に届いており、そのまま病没したものと思われる。この頃流行っていた疫病も関係するのかもしれない。

一方、伊賀の方の兄・光宗は、事件の後、政所執事の職をとかれ、五十二カ所の所領も没収されて信濃国へ配流となる。また、一条実雅は京都へと送られることになるのだが、その時に伊賀朝行・光重など弟たちは実雅に付き従っており、そのまま京都から鎮西（九州）へ配流となった。

しかし、伊賀氏事件の翌年、嘉禄元年（一二二五）に大江広元と北条政子が立て続けになくなると、政子の追善として八月に朝行・光重らが、十二月に光宗が赦免され、鎌倉に戻っている。この年の九月三日には、泰時が三浦義村・二階堂行西（行村）と「理世の沙汰」について密談している。義村は伊賀氏事件の関与も疑われた政村の烏帽子親、行西は伊賀兄弟のおじで事件の直後光宗の身柄を預かった人物である。泰時も伊賀氏による陰謀の風説については懐疑的な慎重派であった。政子・広元没後の新たな幕府体制づくりが話し合われる中で、伊賀兄弟の復権も決定したのであろう。

光宗はこの後、幕府の評定衆という重要ポストに就任し、一族からはその後も鎌倉の引付衆や、京都・六波羅探題の評定衆など、重要ポストに就く人物が輩出されている。

●伊賀の方と義時の子どもたち

伊賀の方と義時との間に生まれた子どもたちのその後も重要である。まず北条政村であるが、彼は伊賀氏事件での処罰を免れており、幕府評定衆の筆頭、さらには執権・連署として、常に北条家嫡流である得宗家を支える重鎮であり続けた。嘉元三年（一三〇五）、政村の子・時村が襲撃され滅亡する事件（嘉元の乱）が起こった際には、伊賀朝行の孫・政綱が時村とともに討たれている。政村の家系と伊賀氏との長い結びつきが垣間見える［細川二〇一五］。

また、一条実雅の妻であった娘のその後も興味深い。実雅は、京都に送られた後に越前国へ配流され、義時と伊賀の方の娘は実雅と離縁する。その後彼女は、『明月記』嘉禄元年（一二二五）十一月十九日条に「実雅卿旧妻」として登場してくる。この記事によれば、彼女は近く上洛し、源通時という貴族と再婚するというのである。折しもこの年の八月には伊賀朝行・光重たちが、十二月には光宗が鎌倉に復帰しており、伊賀一族が復権したタイミングで彼女も新たな人生を歩み始めたらしい。注目されるのは、この再婚を仲介したのが三浦義村であったという点である［高橋二〇一五］。通時は村上源氏と呼ばれる家を出自とする貴族で、高倉天皇の皇子「交野宮」の「外舅」、つまり母方のおじであった。この婚姻は交野宮を皇太子に立てるための動きではないかと、日記の記主・藤原定家は推測している。伊賀の方の娘は、伊賀氏事件の後も、鎌倉と京都の間で展開する政治的な思惑のまっただ中にいたのである。その後、鎌倉に下向した通時は、義村の推挙によって蔵人頭（くろうどのとう）に就任するも、それ以上の昇進を見ぬまま鎌倉で死去する。伊賀の方の娘がどこで最期を迎えたのかは不明であるが、彼女もまた母・伊賀の方と同じく京都と鎌倉の間で激動の人生を歩んでいたのであった。（田村　亨）

【参考文献】

・井原今朝男「中世善光寺平の災害と開発」（『国立歴史民俗博物館研究報告』九六、二〇〇二年）
・岡田清一『北条義時　これ運命の縮まるべき端か』（ミネルヴァ書房、二〇一九年）
・川合康『源頼朝　すでに朝の大将軍たるなり』（ミネルヴァ書房、二〇二一年）
・五味文彦「縁に見る朝幕関係」（『明月記研究』五号、二〇〇〇年）
・高橋秀樹『三浦一族の中世』（吉川弘文館、二〇一五年）
・永井晋『鎌倉幕府の転換点　『吾妻鏡』を読みなおす』（吉川弘文館、二〇一九、原本二〇〇〇年）
・野口実『坂東武士団と鎌倉』（戎光祥出版、二〇一三、初出一九八三年）
・野口実『伝説の将軍　藤原秀郷』（吉川弘文館、二〇〇一年）
・細川重男「北条政村」（日本史史料研究会監修・細川重男編『鎌倉将軍・執権・連署列伝』吉川弘文館、二〇一五年）
・山本みなみ『史伝　北条義時』（小学館、二〇二一年）

4　矢部禅尼――三浦氏と北条氏の興亡――

●北条氏と三浦氏―矢部禅尼の選択―

宝治元年（一二四七）六月五日、三浦泰村以下五百余人が源頼朝の法華堂で自害し、三浦一族は滅亡した。当時、三浦氏は幕府内の地位を確たるものにしていたが、一方で執権北条時頼の外祖父安達景盛の一族も勢力を伸ばしていた。三浦氏と安達氏の間に緊張が高まる中、時頼と泰村による和平交渉が行われたものの、時頼は三浦氏排除へと舵を切ったのであった。この戦いは宝治合戦と呼ばれ、三浦一族の悲劇的な最期とともに、広く知られているところである。

しかし、三浦一族は宝治合戦で完全に途絶えたわけではない。一族のうち、佐原盛連の子息たちがいち早く時頼方についたことで、その後も三浦氏は彼らによって継承されたのである。この時の子息等が、矢部禅尼と呼ばれる三浦義村女と、佐原盛連との間に生まれた光盛・盛時・時連の三兄弟であった。これまでの研究において、彼ら兄弟が時頼方についた背景に、母の義村女の存在が重要視されてきた［鈴木二〇〇八、高橋秀樹二〇一五他］。北条氏と三浦氏の狭間で、彼女がいかに選択をし、その生涯を送ったのか。三浦氏と北条氏の繋がりに注目しながら、その足跡を辿りたい。

●生い立ちと北条泰時との婚姻

後に「矢部禅尼」と呼ばれる彼女は、鎌倉幕府草創期に活躍した三浦義村の息女として生まれた。

『吾妻鏡』や『桓武平氏庶流系図』（中条家文書）に北条泰時の息時氏の母であることが記されているものの、生没年は定かではない。『深掘系図』によれば「修理介時氏母　矢部禅尼　死七十三」とあり、七十三歳で亡くなったのだという［鈴木二〇〇八］。

さて、建久五年（一一九四）の二月二日、鎌倉の大倉にあった御所の西侍で、十三歳になった北条義時の嫡男、金剛の元服の儀が行われた。同日の『吾妻鏡』の記述によれば、源頼朝の出御があり、大勢の御家人等の見守る中で催されたという。金剛はこの時、頼朝の一字を賜って「頼時」と号した。後の三代執権北条泰時である。頼朝は酒宴の席で三浦義澄を呼び、頼時を義澄の聟とし、孫の中から好ましい女子を選び目合わせるよう命じた（以下頼時は泰時と表記する）。義澄の孫、つまり義村の子には複数の女子がいたが（『尊卑分脈』他）、その中から選ばれたのが後に矢部禅尼と呼ばれることになる女子であった。元服の儀から八年後、建仁二年（一二〇二）八月二十三日に婚儀が行われた。

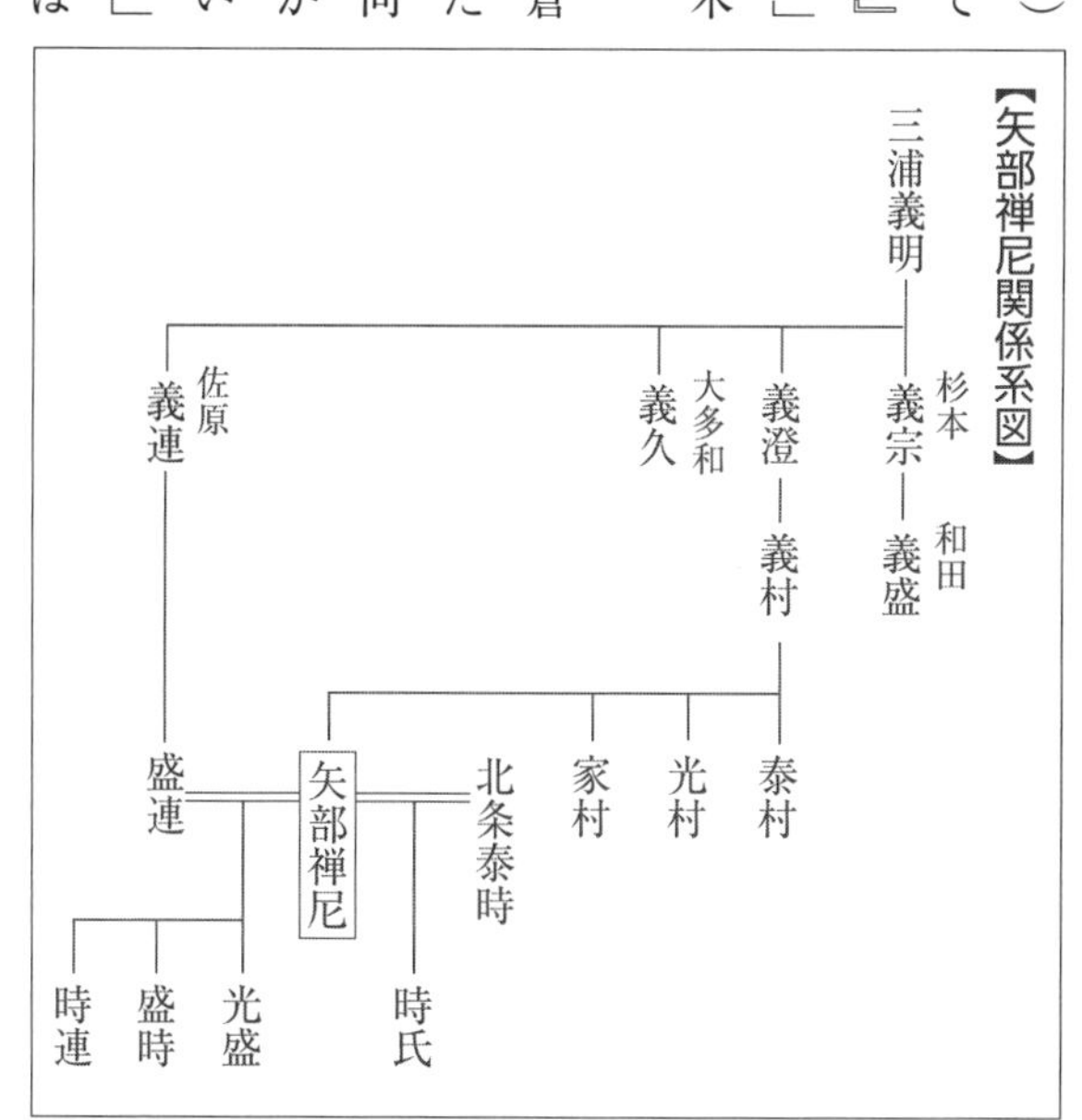

この時期の鎌倉は、決して安定した状況ではなかった。これより三年前の建久十年（一一九九）正月に源頼朝が急死。新たに源頼家が鎌倉殿を継承したが十八歳と若く、頼家の母北条政子の実家である北条氏、頼家の子一幡を産んだ若狭局の実家で頼家の乳母もつとめた比企氏、頼家を養育し侍所別当にあった梶原氏などの間で対立の火種が表面化していた。泰時と義村女の婚儀が執り行われた建仁二年（一二〇二）は、まさにその対立の只中にあった時期である。このような状況下で行われた北条氏と三浦氏とを結ぶ婚儀の背景に、両氏の協調関係を読み取ることも不可能ではないだろう。婚儀の翌年の建仁三年（一二〇三）、頼家が病に倒れると、九月には北条時政によって比企能員が討たれ、比企氏は滅亡する。

●嫡男時氏の誕生と離縁

比企氏が滅亡したこの年、義村女と泰時の間に時氏が生まれた。時氏の誕生記事は『吾妻鏡』に見えないが、時氏は寛喜二年（一二三〇）六月十八日に二十八歳の若さで亡くなっているため、逆算すると建仁三年（一二〇三）生まれということになる。

時氏は泰時の嫡男として養育され、将来を嘱望されていたに違いない。時氏が誕生し、順風満帆にみえた義村女と泰時であったが、まもなく離縁してしまう。離縁の理由や時期は明らかではないが、おおよそ時氏が生まれた建仁三年（一二〇三）以降、泰時が再婚して安保実員女との間に時実が生まれる建暦二年（一二一二）までのこととみられている［鈴木二〇〇八］。

鎌倉時代の離縁は、妻の重科、男子や子の不在、妻の密通などがあった場合に成立し、最終的な決定権は夫側にあった。しかし妻側から申し出ることも可能であったようで、鎌倉時代中期に成立した『沙石集』には、ある奥州の百姓の話が載せられている。

夫がひどいケチで妻や子に辛くあたるため、妻は度々逃亡を図ったが、その度に捕まってしまった。そのため妻は地頭に離縁を訴え出たところ、地頭は「夫が妻を離縁するもので、妻の方から夫を離縁するとはどういう事情か」と尋ねた。あまりにも酷い話に、地頭は妻の訴えを認め、夫を土地から追い出した。

このエピソードから、鎌倉時代の離縁は夫側から申し出るのが慣例ではあったが、相当な理由があれば妻からの離縁も可能であったことがわかる。また妻に非がなくとも夫側の事情で離縁となることもあったようで、「御成敗式目」の第二十一条には、落ち度がないにも関わらず離別した妻や妾の離別後の相続地の扱いについて定められている。また泰時と義村女の場合、離縁した後も北条氏と三浦氏の関係は良好であるため、円満な協議による離縁であった可能性も指摘されている［高橋秀樹二〇一四］。

●時氏と佐原氏―京都での活動―

比企氏の乱によって後ろ盾を失った頼家が修禅寺に幽閉されると、わずか十二歳の千幡が鎌倉殿となった。千幡は後鳥羽上皇から実朝の名を賜り、従五位下征夷大将軍に任じられた。十月八日、実朝の元服が北条時政の邸宅で行われ、翌九日には政所始が行われている。ここで時政は大江広元と並んで政所別当となり、時政の地位は確たるものになった。しかし、時政は武蔵国（埼玉県、東京都と神奈川県の一部）の権益をめぐって、畠山重忠と対立する。重忠討伐に動く時政に対し、義時や時房等は反対したが、やむを得ず義時は了承し、重忠を二俣川で討ち果たした。しかしその後事態は急展開する。時政の命で重忠を呼び出した稲毛重成等を義村が討ったのを契機に、時政と政子・義時との対立が表面化する。実朝を廃して娘婿の平賀朝雅を将軍にしようとする時政と牧の方の謀略が発覚すると、時政は出家して牧の方とともに伊豆国（静岡県）へと出立。ここに政子・義時による体制が確立した。この一連の騒動の中で、義村は政子や義時と協調した動きを見せており、時政の失脚によって、両者の関係はさらに強固なものとなっていった。建暦三年（一二一三）の和田合戦では、三浦義村は同族の和田義盛につかず、義時との協調路線を選択した。

義村女の動向は明らかではないが、この頃には佐原盛連に嫁し、光盛・盛時・時連等三人の息子を授かっていたと考えられる。鈴木かほる氏によれば、息子のうち盛時については、嘉禄三年（一二二七）の嘉禄の法難で、法然の弟子である隆寛律師が奥州へ流罪となるにあたり、盛時の預かりとなったと記す『円光大師行状絵図翼賛』が初出であるという［鈴木二〇一八］。『円光大師行状絵図翼賛』は後世の史料であるため検討が必要であるが、仮にこの時に盛時の年齢を元服直後と考えても、生年は一二一〇年代頃となる。盛時には兄光盛もいるため、兄弟たちは泰時の離縁後それほど時を経ずに生まれたと推測される。

また泰時の生年は寿永二年（一一八三）で、長寛元年（一一六三）に生まれた義時の二十一歳の時の子である。一方義村は仁安三年（一一六八）の生まれで［高橋秀樹二〇一六］、義時よりも五歳年下である。よって義村女が泰時より数歳程度若かった可能性が考えられるだろう。仮定に仮定を重ねることになるが、以上のことから想像すると、彼女の二十から三十代の時期にあたる実朝期の頃、光盛等兄弟を産んだと考えて大きな齟齬はないだろう。

一方、嫡男時氏も順当な経歴を歩んでいた。建暦三年（一二一三）一月三日の椀飯（将軍に饗饌を献上する儀礼）で一御馬役を勤めたのが『吾妻鏡』の初出である。この時は弱冠十一歳で、本格的な活躍は承久の乱まで待たねばならない。

●時氏の活躍と承久の乱

建保七年（一二一九）に実朝が甥の公暁に討たれると、京都の後鳥羽上皇と鎌倉幕府との関係は悪化の一途を辿った。承久三年（一二二一）五月、義時追討の院宣・宣旨が発給され、ついに後鳥羽上皇方と幕府軍の衝突は避けられないものとなる。幕府内では、上皇軍を足柄・箱根で迎え撃つか、京都へ進撃するかで意見が分かれたが、政子等の賛成を受けて追撃が決まった。他の武士たちを鼓舞するため、まずは泰時と時氏父子、有時等十八騎が鎌倉を出立した。この時、時氏は十九歳。おそらく初陣であっただろう。これに追従して、総勢十九万ともいう軍勢が東海道、東山道、北陸道の三軍に分かれ京都へ向かって進軍した。時氏はこの時、時房、泰時、足利義氏、三浦義村、千葉胤綱等とともに東海道軍を率いている。進軍中の時氏の活躍は『吾妻鏡』に詳しく、六月六日に美濃国の摩免戸（岐阜県各務原市）を渡ると、筵田で上皇軍三十人ばかりと合戦となった。時氏の指揮のもと見事に撃退し、上皇軍は逃亡した。摩免戸での敗戦の報は京都の人々を驚かせ、京都への進軍がいよいよ現実的なものとして受け止められるきっかけとなった。そして六月十四日、ついに宇治川の激流を挟んで両軍が衝突した。幕府軍の劣勢に泰時は死を覚悟すると、時氏に対して「幕府軍が敗北しようとしており、大将軍が死ぬべき時が来ている。速やかに宇治川を渡って敵中に入り命を捨てるように」と伝えた。時氏は先陣佐々木信綱と同時に対岸に辿り着き、旗を掲げて矢を放った。宇治川を渡った幕府軍は六月十五日、ついに入京し六波羅へと到着した。

この時、三浦義村は泰時と分かれて淀を進撃し、上皇方となっていた弟胤義と東寺で合戦となった。三浦義村方には佐原の者も見えるため、承久の乱で佐原氏が三浦義村と共に行動していたことがわかる。

承久の乱は幕府軍の勝利に終わり、京都では六波羅に入った泰時と時房を中心に戦後処理が行われた。時氏もしばらくは京都にいたようで、六月十九日には宇治川を渡った際に付き従った六人を招き、盃を取らせ、贈り物をしている。『吾妻鏡』に記される初陣での華々しい活躍は、時氏が泰時後継の嫡子として期待される人物であったことを物語っている。

●時氏の上洛と佐原盛連

承久の乱後、時氏の父泰時は京都で戦後処理に当たっていた。しかし乱の三年後、貞応三年（一二二四）の六月十三日、北条義時がこの世を去った。京都にいた泰時は鎌倉へと戻り、二十六日に到着する。義時の跡をめぐって様々な噂が流れており、鎌倉中も混乱の中にあったが、二十八日には時房と泰時が三寅（後の四代将軍頼経）の後見となることを北条政子が命じ、義時から泰時への継承が行われた。そしてこの一日前の二十七日、泰時と入れ替わりで上洛したのが、時房の嫡男時盛と時氏であった。二人は当初、鎌倉に留まるつもりであったが、時房と泰時が早く洛中を警護するようにと二人を上洛させたのであった。

そして時氏の上洛とともに散見されるようになるのが佐原盛連である。盛連は時氏に従って上洛していたらしい。藤原定家が記した日記『明月記』の嘉禄二年（一二二六）正月二十四日の記述に、遠江国司なる武士が在京しており、幕府の許可を公式に得て時氏に付き従っていたこと、その妻が武蔵太郎時氏の母であることが記されている。この遠江国（静岡県西部）の国司が佐原盛連であり、その妻で時氏の母と記されるのが義村女である。ここに北条氏嫡流の時氏に側近として従う佐原氏の動きを見ることができる。

また、盛連の子が京都にいたことも確認できるため、盛連は息子たちを伴って上洛していたのかもしれない。藤原経光の日記『民経記』の天福二年（一二三四）六月十三日の記述によれば、盛連は西園寺家の庶流にあたる藤原実任を婿にしていたという。さらに佐原氏の女性が京都に邸宅を持っていることも確認できるため、この上洛の間、京都にも活動の基盤を築いていたことが窺われる。想像を逞しくすれば、夫に伴われて義村女が上洛することもあったかもしれない。

しかしなぜ京都の貴族の日記に盛連の記事が書かれたのであろうか。盛連は「酔狂」つまり大酒飲みで、この時傷害事件を起こしてしまったというのである。義村女の再婚相手もなかなかに個性のある人物であったようだ。

上洛の年、時氏は安達景盛女（後の松下禅尼）との間に後の四代執権となる経時を、嘉禄三年

（一二二七）五月には後の五代執権となる時頼を儲けている。一方で京都の治安の悪化や、承久の乱で上皇方の中心人物であった尊長の捕縛、弟の時実の殺害など、時氏に伸し掛かる重圧は相当なものであっただろう。寛喜二年（一二三一）四月十一日、時氏は鎌倉へ戻り発病する。帰路の道中で病を得たとも言われるが、時氏の下向に先んじて北条重時が上洛していることから、すでに京都で体調を崩していたのかもしれない。父泰時は熱心に祈祷を行ったが、その甲斐虚しく、六月十八日に二十八歳の若さで没した。次期執権として期待を寄せていた父泰時の嘆きは深く、同日には大慈寺傍の山麓に葬られ、後にその墳墓堂に阿弥陀三尊像が安置された。泰時の悲しみの深さは『吾妻鏡』から知られるが、母義村女の動向は知るよしもない。しかしまだ若く、これからを期待されていた実子の死が、彼女に大きな悲しみをもたらしたであろうことは想像に難くない。

　さて、時氏とともに上洛していた佐原盛連はその後どうなったのであろうか。『明月記』の天福元年（一二三三）五月二十三日条には、盛連が殺害されたという噂が記されている。盛連はその素行から京都で「悪遠江守」と呼ばれ、京都を離れて諸国を放浪していた。そして京都に戻る途中に殺害されたという。この時点では噂であり事実を確認することはできないが、いずれにしても、その義村女が嘉禎三年（一二三七）に矢部禅尼として『吾妻鏡』に登場するため、盛連はここから数年内には亡くなったとみられる。

●後家尼矢部禅尼の誕生

義村女の事績を示す史料が少ない中で、次にあげる『吾妻鏡』の記述は貴重である。ここではあえて全文を引用したい。

『吾妻鏡』嘉禎三年（一二三八）六月一日

六月大、一日庚辰、矢部禅尼〈法名禅阿、〉賜和泉国吉井郷下文者、前遠江守盛連依令譲附也、彼御下文、五郎時頼被持向三浦矢部別庄云々、是駿河前司義村娘也、始為左京兆室、生故修理亮、後為盛連室、為光盛、盛時、時連等母云々、

―矢部禅尼、法名禅阿は、和泉国吉井郷に関する下文を賜った。これは前遠江守の佐原盛連が譲り与えたためである。この御下文は、北条時頼が尼の住む三浦の矢部の別荘に持参したという。この尼は駿河前司の三浦義村の娘である。はじめに左京兆泰時の室となり、故修理亮時氏を産んだ。その後盛連の室となり、佐原光盛・盛時・時連の母となったという。

三浦義村の娘が泰時の室となり時氏を産んだこと、その後盛連の室となったことは『明月記』の記述と一致する。さらにここで初めて、彼女が佐原光盛・盛時・時連を産んだこと、当時矢部禅尼と呼ばれていたことが明らかとなるのである。所領の譲与を安堵する下文が三浦の矢部に届けられているため、後家となった禅尼は三浦へと戻っていたらしい。矢部禅尼の呼称は、居所の矢部に由来するものだろう。この別荘は義村・泰村の邸宅ではなく、盛連の邸宅であると考えられている。

彼女が泰時より少し若かったとすれば、この時五十歳を越えた頃であろうか。すでに一線を退く年齢にも思えるが、佐原盛連の後家として、その後の一族の行方は彼女が握っていたと言っても過言ではない。

●宝治合戦と佐原氏の選択

仁治三年（一二四二）に泰時が亡くなると、孫の経時が執権職を継承した。しかし寛元三年（一二四五）、経時は体調を崩し、一進一退の状況となる。翌寛元四年には重篤となり、経時の邸宅で行われた「深秘御沙汰」という秘密会議によって、執権職は弟の時頼へと譲られることになった。その後まもなくして経時は亡くなった。新たに誕生した執権時頼を中心とする体制も、当初は不安定なものであった。執権就任直後、前将軍藤原頼経と北条光時が時頼を排除しようと企てた。この計画が露見したため光時は出家し、頼経は京都へ送還された（宮騒動）。

また当時、北条氏に並び立つほどの力を持っていたのが三浦氏である。宮騒動では三浦氏が反時頼勢力につくと見られていたが、三浦氏の惣領である泰村は時頼との協調路線を選択した。一方、三浦氏と対立を深めていたのが、景盛率いる安達氏であった。三浦氏が時氏や泰時女との婚姻を背景に、北条氏の外戚として力を持ったのに対し、安達氏の場合は景盛の娘が時氏の室となって経時・時頼を産んだことで、新たな外戚として権勢を振るっていた。

反北条勢力を内包する三浦氏を排除しない時頼に対し、景盛は歯痒く思っていたであろう。宝治元年（一二四七）の四月四日、高野山にいた景盛は鎌倉へ戻り、息子の義景や孫の泰盛に対し、三浦一族に対抗するよう叱咤した。翌月二十一日には、「奢る三浦泰村に誅伐を加える」という内容の札が鶴岡八幡宮の鳥居の前に立てられた。刻々と状況が悪化し、諸国の御家人等が時頼の邸宅を囲む中、六月二日に遂に門が閉められ、辻々の警備が固められた。厳重な警備の中、時頼のもとに参じたのが、佐原光盛等兄弟たちであった。『吾妻鏡』によれば、彼らは時氏との旧好を重んじて、一族の泰村に同意することなく、時頼のもとに参じたという。兄弟のうち盛時の到着が遅れ、盛時が到着した頃にはすでに門扉が閉ざされていたが、挟板の上を飛び越えて参上した。

この宝治合戦の際、矢部禅尼は依然として存命中であったらしい。宝治二年（一二四八）十二月五日の関東下知状（久米田寺文書）には、和泉国山直郷四ヵ里の包近名（かねちかみょう）について、遠江前司盛連後家が地頭であったことが記されている。また包近名の他にも、但馬国の国衙領高生郷の公文職や、先述した吉井村（大阪府岸和田市吉井町付近）などの所領を持っていた。鎌倉時代の女性がそうであったように、矢部禅尼も財産を所有し、その経営にあたっていたのである。

宝治合戦で三兄弟が時頼方についた背景には、矢部禅尼の選択があったであろうと考えられる。彼女は時頼の祖母であり、同時に佐原氏の後家でもあった。鎌倉時代、家の長である夫を亡くした妻は後家と呼ばれ、強い力を持った。妻であり母である後家は、嫡子を支え、母として兄弟たちの結合の中心にあり、次の世代へとスムーズに継承させる重要な存在であったことが指摘されている［飯沼一九九二］。その代表的な例が北条政子である。政子は頼朝の後家として、若い頼家を支え、幕府の様々な局面で決定を下した。矢部禅尼も佐原氏の後家として、嫡子や兄弟たちをまとめ、円滑に継承させる役目を果たしたに違いない。その最も重要な場面が、宝治合戦の選択だったのではないだろうか。時氏の母としての選択、佐原氏の後家としての選択が実を結び、両者の協調と継承に繋がったのであろう。

康元元年（一二五六）十一月二十三日、北条時頼が出家した折、光盛・盛時・時連も出家を遂げた。宝治合戦で三浦一族が滅亡したのちも、兄弟たちは時頼の側近として活躍し、光盛が佐原氏を、盛時が三浦介を継承したのである。三浦氏は矢部禅尼の三兄弟によって受け継がれたのである。

（大澤　泉）

【参考文献】

飯沼賢司「後家の力―その成立と役割をめぐって―」（峰岸純夫編『中世を考える　家族と女性』吉川弘文館、一九九二年）

上横手雅敬『北条泰時』（吉川弘文館、一九五八年）

鈴木かほる「矢部禅尼と宝治の乱―女子の財産権と結婚観からみる―」（峰岸純夫編『三浦氏の研究』名著出版、二〇〇八年）

高橋慎一朗『北条時頼』（吉川弘文館、二〇一三年）

高橋秀樹「中世の家と女性」（『岩波講座　日本歴史　第七巻』中世二、岩波書店、二〇一四年）

高橋秀樹『三浦一族の中世』（吉川弘文館、二〇一五年）

高橋秀樹『三浦一族の研究』（吉川弘文館、二〇一六年）

高橋秀樹『北条氏と三浦氏』（吉川弘文館、二〇二一年）

横須賀市編『新横須賀市史　通史編　自然・原始・古代・中世』（横須賀市、二〇一二年）

5　松下禅尼――「賢母」の実像――

●歴史の中の松下禅尼

松下禅尼とは、執権北条経時・時頼の母で、『徒然草』一八四段における「障子の穴の切り貼り」で息子に倹約を教えたエピソードが大変有名な女性である。ただし歴史資料にはほとんど現れない女性でもある。本稿ではなるべく彼女の歴史的位置を明らかにしながら、伝承の部分にも注目していきたい。なお、彼女の俗人時代の名前は不明であるため、出家後の通称である「松下禅尼」を使用する。

なぜ「松下」と呼ばれているかについては、鎌倉に「松上」「松ケ谷」という地名があることとの関わり、立派な松がある邸宅に住んでいたからとする指摘などがあるが、いまだ不明である。

●安達一族と松下禅尼

まずは松下禅尼の出自について。『尊卑分脈』から簡易に系図を作成すると左のようなものになる。

【安達氏略系図】

安達盛長――景盛――義景――泰盛――盛宗
　　　　　　　　　　　　　　　　└宗景
　　　　　　└女子「経時時頼等母」「号松下禅尼」

藤原氏魚名公孫から安達氏の祖となった盛長は、源頼朝の乳母である比企尼の娘・丹後内侍の婿であり、伊豆の流人であった若き頼朝に仕えた。「安達」とは、本領とした陸奥国安達郷（現在の福島県二本松市・本宮市付近）に由来する名字である。そして、鎌倉における安達氏の本拠・甘縄に邸宅を構えたのも盛長であり、松下禅尼も甘縄邸で人生の多くを過ごしたようである。

盛長の息子で松下禅尼の父景盛は、『吾妻鏡』での初登場エピソードが強烈である。都から連れてきた愛人女性を、二代将軍頼家に奪われてしまい（正治元年〈一一九九〉七月十六日条）、その後、頼家母の北条政子によって仲裁を受け取り戻したというものである。この出来事はその後、安達氏が北条得宗家と協調体制を築くきっかけともされている。創作の可能性も高いというが、以後の得宗北条家と安達氏の蜜月時代を、この愛人をめぐるエピソードを起点に『吾妻鏡』は描こうとしている。建保六年（一二一八）、景盛は「城介」、つまり秋田城介を三代将軍実朝を通じて朝廷から任じられた。この称は景盛・義景・泰盛・宗景と継承され、安達氏当主の代名詞となった。実際に景盛に至るまでに安達氏は出羽国周辺に勢力を持っていたという。また、有名な承久の乱における「尼将軍」政子の演説は、出家後の景盛が代弁したと『吾妻鏡』にはあり、政子や義時ら幕府首脳陣と、厚い信頼関係を構築していたことがうかがえる。

松下禅尼の母については『尊卑分脈』においては空欄である。兄の義景には「母武藤豊前守頼佐女」とあり、一般的には義景と同母という理解であるようだ。なお義景が弟ではなく兄であることは、『徒然草』一八四段による。

甥にあたる泰盛は、松下禅尼の孫にあたる八代執権時宗を外戚として支え、ともに元寇に対応し、有名な『蒙古襲来絵詞（竹崎季長絵詞）』に、甘縄邸で竹崎季長の恩賞希望の訴えを聞く姿も描かれている。松下禅尼死後、泰盛と子息ら一族五〇〇名超は、御内人平頼綱による「霜月騒動」により自害に追い込まれた。頼綱がのち「平禅門の乱」で滅ぼされたのち、安達の名跡は子孫の時顕により継承された。

松下禅尼の生年は不詳であるが、『尊卑分脈』に兄義景は「五六三卒〈四十四〉」とあり、承元四年（一二一〇）の誕生で建長五年（一二五三）六月三日に没したことがわかる。松下禅尼も他の情報から、一二一〇年代前半の誕生であることが想定される。そうであれば、父と愛人をめぐるトラブルは、彼女の誕生十年以上前の出来事となる。

●妻として、母として

松下禅尼の結婚は十二～三歳のころと推定され、相手は北条泰時の長男、武蔵太郎時氏であった。得宗の継承候補である時氏が、有力豪族安達氏のひとり娘と婚姻関係を結ぶのは自然なことであっただろう。時氏は父泰時とともに承久の乱に参加し、結婚はそのあとの貞応二年（一二二三）ころ、二十一歳くらいの年頃であったという。二人の結婚生活は鎌倉において始まったが、翌年の義時の死によって当時六波羅探題北方であった義父泰時が執権として鎌倉に戻ることとなり、時氏が後任となったため、松下禅尼もともに上京した。ここから寛喜二年（一二三〇）までの京暮らしの中で、松下禅尼は五人の子女を産んでいる。長

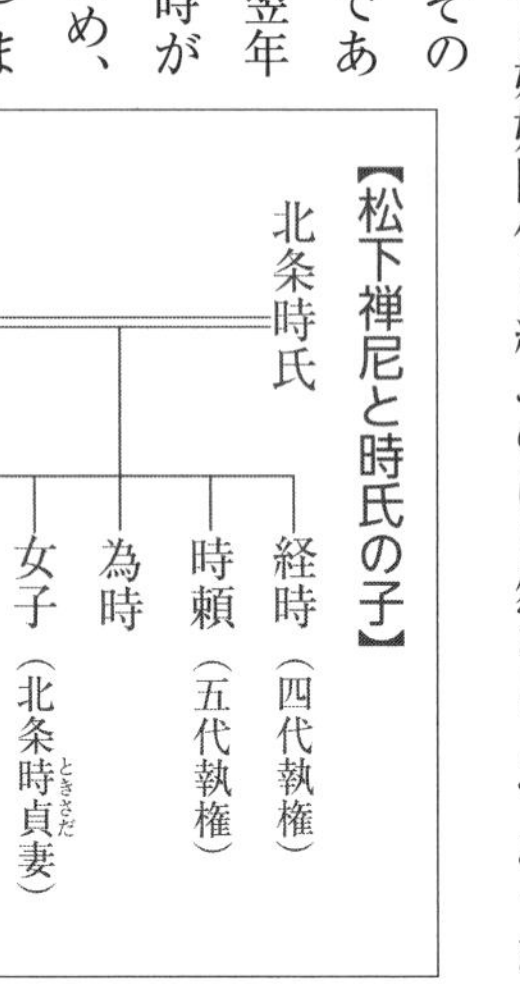

男（一二二四年生）、次男時頼（一二二七年生）、三男為時（一二三〇年以前生）、女子（生年不明）、檜皮姫（一二三〇年生）である。

時氏にはほかに二人の女子がいるとされ、ひとりは足利泰氏の妻、もう一人は北条時隆の妻となっているが、松下禅尼より以前に関係を持った女性との子か、六波羅探題在任中に他の女性との間にできた子なのかは不明である。

松下禅尼は結婚翌年より立て続けに五人の子女を産んでいる。夫との七年間という短い結婚生活のほとんどは、出産と育児に費やされたのである。

時氏は寛喜二年（一二三〇）の四月、六波羅探題の任を解かれ、鎌倉に戻ってきたが、なんと六月に死亡してしまった。藤原定家『明月記』によると時氏は「消渇病」、つまり糖尿病との情報があったようである（六月十日条）。末子の檜皮姫の誕生が同年であることはわかっているが、その誕生時に時氏が生存していたかどうかは不明である。松下禅尼にとってはあまりに突然な、夫との早すぎる別れであったろう。

その後の松下禅尼は、鎌倉甘縄の安達邸で、兄や義父泰時らに見守られながら、五人の子を育てる日々を送ったとされる。時氏亡きあとの泰時の後継者は松下禅尼の所生である男子たちが有力であること、そして女子たちも幕府の中枢を担う男性の妻になることは自明であることから、まだ七歳の長男経時を筆頭に、慎重な子育てが行われたことであろう。

とはいえ、松下禅尼の出産や育児に関する記録はあまり残ってはいない。『吾妻鏡』を調べると、出産についての記録があるのは、次男時頼である。嘉禄三年（一二二七）五月二十三日条に、「十四日の辰刻（朝八時前後）、修理亮（時氏）の北の方（正妻）が六波羅において男子を無事に出産したと、今日報告があった。医師である和気清成が出産を取り仕切った」とある。六波羅探題職の時氏の妻の出産には、貴族社会における医師の名門和気氏が立ち会ったのである。

育児そのものではないが、時頼が十一歳、嘉禎三年（一二三七）四月二十二日条には、将軍頼経が御行した泰時邸での夜の酒宴で、「左京兆（泰時）の孫である小童〈字は戒寿。故修理亮時氏の二男〉が、将軍の御前で元服の儀を行った」という記事もある。伯父の安達義景らが雑具を持参し、三浦義村が理髪役であったと続く。将軍の加冠で元服儀が催されるという高待遇、そして当時の有力御家人安達と三浦が時頼の後見であることを、幕府内外に見せつける効果抜群の場であっただろう。

松下禅尼がいつ出家したのかも定かでないが、「松下禅尼」の名で史料上登場する初出は『吾妻鏡』宝治元年（一二四七）三月二十日条、長男経時の一周期法要における「左親衛（時頼）・松下禅尼以下聴聞」という部分である。夫の死と末子檜皮姫の出産をした寛喜二年（一二三〇）からほどなく出家したとすれば十代後半の可能性もあるが、それではあまりに若い尼となる。檜皮姫がある程度成長してから、もしくは経時の死をきっかけとした三十歳代の出家と考えてもいいかもしれない。

時頼の臨月の妻を甘縄邸に引き取って孫の時宗の誕生をサポートするなど、老後も孫育てに協力したようだが、亡父景盛の十三回忌法要を主催した『吾妻鏡』文応元年（一二六〇）五月十日条の記録を最後に、松下禅尼の記録は途切れる。この時五十歳くらいと考えられており、死亡の時期はわからないが、高野山の町石銘から、彼女の法名は「真行」で、文永四年（一二六七）段階では生存していたとの研究がある。

●障子貼り伝承と松下禅尼

さて、有名な『徒然草』一八四段を改めて確認していきたい。現代語を掲げるが、一部意訳も含む。

安達義景は、執権北条時頼が訪れる準備をするために、妹であり時頼の母でもある松下禅尼の屋敷にやってきたところ、尼は障子の傷んだところのみを小刀で切り取り、新しい紙を貼り付けていた。義景は「下男にやらせましょう」というが、「尼の技術が下男に劣ることもないですよ」と松下禅尼は気に留めず続けた。義景は、「障子紙は全部一気に張り替えたほうが、はるかに簡単でしょう。色合いがまだらになってしまうのも見苦しいものです」とも伝えたが、尼は、「私も、後にさっぱりと張り替えようと思いますが、今日だけはわざとこうしているのです。物は傷んだ所だけを修理して用いるべきということを、若い人（時頼）に見習わせて心にとどめさせるためです」とおっしゃったことだ。なんともありがたいことである。

世を治めるという道は、倹約を基本とするものである。松下禅尼は女性ではあるが、聖人の心に通じている。天下を保つ程の人を子に持っているというのは、誠にただ人ではないということだ。

この説話は、近世の『本朝列女伝』などで喧伝され、近代の国語教科書にも繰り返し掲載された。質素倹約を実践し、子に教育するというこのエピソードは、賢母の理想像、あるべき為政者教育の姿を伝えるものとして愛された。

なお、時頼が実際に質素な暮らしぶりであった一面も、『徒然草』二一五段は伝える。親戚にあたる北条（大仏）宣時と深夜に飲もうということになり、何か酒の肴を探してくれと宣時に頼む。宣時は台所を探すが、壺にこびりついた程度の味噌しかないと伝える。すると時頼はそれでよいとし、機嫌よく酒を飲んだというものである。執権ともあろう人物が味噌を肴に酒を楽しむという姿が肯定的に描かれており、倹約はともかく庶民感覚を持つ時頼の人となりを表すものである。障子を切り貼りした母松下禅尼の教えが生きていることよ、と『徒然草』の読み手に伝わったことであろう。

『徒然草』の筆者である吉田（卜部）兼好は、松下禅尼とは半世紀以上のちの時代を生きた人物であるが、その人生において朝廷の下級官人だった時期があり、また北条の一流である金沢氏とのよしみで鎌倉に居住したことで知られる。六波羅探題の時氏の妻として、若い時分に京で暮らし、また鎌倉に帰った松下禅尼についてのエピソードは、女性を見下すような説話も書くことで知られる兼好にとってさえ、親近感をもって、また好意的に受け止めるべきものであった。

さて、松下禅尼が説話化されるのは何も『徒然草』ばかりではない。梶原氏の子孫ともいわれる僧の無住が編んだ『雑談集』（一三〇五年成立）に、松下禅尼は上東門院（藤原道長の長女彰子。一条天皇の中宮、後一条・後朱雀天皇の国母）を尊敬していたので、仏教への信心が深くないものは身近に仕えさせなかった、との逸話がある（「愚老述懐」）。無住は鎌倉を含め諸国を転々としたが、その人生のなかで、出家し完全に剃髪していたともされる二人の天皇の国母・上東門院と、執権経時・時頼の母である松下禅尼を結びつけるこのささやかな逸話の下地となる噂話でも摂取したのだろう。

上東門院と松下禅尼は、複数の子を出産したすぐあとに夫が早死にする、その後出家し、尼として過ごすという点が近似する。また、賢い女性という評価も、時代を超えて共通している。平安貴族の藤原実資が、皇太后時代に身内の豪奢を諫めた彰子に対し「賢后」と讃えていたこと（『小右記』長和二年〈一〇一三〉二月二十五日条）などは、何らかの形で鎌倉時代にも伝わっていたものか。

●血の道の薬「五香内補散」のアイコンとしての松下禅尼

質素倹約・賢母・信心深さ、これらの素養が、松下禅尼を現在にも伝わる説話の主として生き続けさせている。ここでひとつ、あまり世に知られていない伝承を紹介したい。

横浜市栄区上郷町にある梅沢山光明寺（浄土真宗本願寺派）は、筆者の夫の実家であり、現在夫の兄が三十世の住職を勤めている。一族の姓は「北條」で、家紋はミツウロコである。『新編相模国風土記稿』（一八四一年成立）には、聖徳太子草創の霊場とのいわれをもつ天台宗寺院・仙福寺の五十二世住職了恵が、北条泰時が親鸞を鎌倉鶴岡に招き蔵経校合を行った際に、親鸞に帰依し子弟の契りを結んだことによって浄土真宗に改宗したこと、また松下禅尼が当寺の太子像に帰依し嘉禄三年（一二二七）八月に現在の地に寺を再建し、仙福院光明寺と改めたことなどが記されている。他に、『戸塚区郷土誌』には、寺族からの聞き取りが根拠であるようだが、秦河勝が梅林に光を発するものを見つけ向かったところに聖徳太子十六歳像があり、奇瑞ということでそこに梅沢山仙福寺を建立したこと、北条時頼が松下禅尼の菩提を弔うために寺領を寄進したことなどが、光明寺の縁起として記されている。

確実な史料には残っていないものの、この光明寺の歴史には松下禅尼とのつながりが垣間見える。その展開としての興味深い遺物がある。「五香内補散」なる松下禅尼由来の「血の道一切の御薬」を光明寺が販売していたことを示す版木である（写真上・版木、下・乾拓）。これまで神奈川県による寺宝調査が入った形跡はあるが、この版木は未調査・未公開であるため、ここに紹介したい。

荒い乾拓しか取れておらず、また正確に全文を翻刻するには至っていないが、「抑当山ハ北條最明寺殿御母松下禅尼御隠居の地也」に始まっていることは確認できる。版木の文面はなかなかの長文だが、①北条時氏正妻の松下禅尼は「唐僧来朝の時代」にもたらされた婦人病薬の製法を取得した、②この薬は、月経不順や産後の母体回復などを含めた広く女性に関わる一切合切の病に効く、③薬の飲み方（煎じて飲む）、という内容である。末尾には販売所としての「相州鎌倉本郷上之村　光明寺」と、「取次仏所」として現在も神奈川県厚木市にある「法徳寺」の名が刻まれている。

現在の光明寺には、この版木以外に寺の略縁起を記す版木（天和二年〈一六八二〉仲秋下旬、二十世明心〈過去帳によれば一七一二年没〉の名と花押がある）もある。「五香内補散」の版木とともに制作年などは不明であるが、その内容は十七世紀末の光明寺の認識を示すものと考えてよいだろう。

さて、主に民俗学において、日本各地における「寺院売薬」の研究が存在する。寺内に沸く目の病に効くという水を由来とする目薬、また寺に関わる高僧や、持仏である薬師如来などの仏像への信仰を根拠とした内服薬の販売などは、途絶したものも多いが現在も残っているという。薬そのものではないが、巣鴨の刺抜き地蔵は、その御影を刷った小紙を身体の不調部分に貼ったり飲んだりすると効能があると今なお人気である。歴史上の寺院売薬はそれに近いものであろう。婦人病の薬といえば、中将姫（ちゅうじょうひめ）をキャラクターとしたツムラの婦人薬「中将湯（ちゅうじょうとう）」が有名で現在も販売されている。光明寺は松下禅尼をアイコンとした「血の道の薬」を販売していたのであろう。

光明寺が松下禅尼に縁を持つ寺院であることが、少なくとも同地域において周知されていたからこそ可能な、秘伝の薬の販売方式だったと思われる。現在は失われてしまった、歴史上の女性を由来とする婦人薬が複数存在したことも想定できよう。

また、「五香内補散」が唐僧から松下禅尼に伝えられたという部分も興味深い。薬というのは一種の知の象徴であり、松下禅尼が若いころの京暮らしを経て、鎌倉に戻り立派に時頼たちを育てたという実績から、医薬の知識に通じた知的な女性という像が結ばれたのではないか。賢母という要素の変形、突出の様相が非常に面白い。

横浜市栄区は歴史的には鎌倉郊外、山内首藤（やまのうちすどう）氏の領地山内荘であった。光明寺の近隣には、石橋山（いしばしやま）で挙兵した際に頼朝の身替りとなって討死した佐奈田与一義忠（さなだよいちよしただ）の供養のために建立された證菩提寺（しょうぼだいじ）も現存する。しかし甘縄とはかなりの距離があり、光明寺と松下禅尼との直接の結びつきを証明することは難しい。ただ、光明寺が松下禅尼に関わる由来をもつことで「五香内補散」の販売をしていたということは、ほぼ忘れ去られようとしている当該地域固有の伝承である。本稿をよい機会とし、今後研究を進めてみたいと考えている。

●松下禅尼に求められたもの

以上、これまで知られていた松下禅尼の資料や伝承に、江戸時代の鎌倉郊外の寺において売られていた「血の道の薬」のアイコンとしての彼女の姿を付け加えることができた。

一般的に、鎌倉幕府草創期における「母」のイメージといえば、良くも悪くも尼将軍・北条政子であろうが、松下禅尼には政子ほどの劇的な逸話はない。それでも、平安宮廷社会（へいあんきゅうていしゃかい）に二人の天皇の国母として君臨（くんりん）した上東門院彰子と結びつけられていることから、松下禅尼は四・五代執権の母としての側面に注目され、語られた人であることは確かである。

京暮らしを経験し、信仰に厚く、質素倹約を息子に教え込み、息子や孫も立派に育てたという実績がある松下禅尼の賢母像は、尼将軍政子とは違い、静的である。とはいえ、権力者の豪奢（ごうしゃ）なふるまいを見慣れた知識人によって編まれた鎌倉後期の文芸の世界において、徳を重視した鎌倉中期の北条氏による得宗政治に説得力を持たせる存在として、松下禅尼説話が機能していたのではないだろうか。

松下禅尼は、政子とは異なる新しいスタイルの鎌倉幕府のゴッドマザーとして、その姿を伝承にとどめたのである。

（高松百香）

【参考文献】

石井進『鎌倉びとの声を聞く』（日本放送出版協会、二〇〇〇年）
今井雅晴『鎌倉北条氏の女性たち』（教育評論社、二〇二二年）
小川剛生『兼好法師―徒然草に記されなかった真実―』（中央公論新社、二〇一七年）
上横手雅敬「第二部　公武関係の展開」（上横手・元木泰雄・勝山清次『日本の中世8　院政と平氏、鎌倉政権』中央公論新社、二〇〇二年）
越川次郎「寺院売薬の民俗学的研究」（二〇二〇年度中部大学博士学位論文、二〇二一年）
五味文彦『増補　『徒然草』の歴史学』（角川学芸出版、二〇一四年）
高橋慎一朗『人物叢書　北条時頼』（吉川弘文館、二〇一三年）
高松百香「上東門院彰子の剃髪―ひたぶるにぞ削ぎすてさせ給へる―」倉田実編『王朝人の婚姻と生活』（森話社、二〇一〇年）
戸塚区郷土誌編纂委員会編『戸塚区郷土誌』（戸塚区観光協会、一九六九年）
福島金治『安達泰盛と鎌倉幕府―霜月騒動とその周辺―』（有隣堂、二〇〇六年）
村井章介『北条時宗と安達泰盛―異国合戦と鎌倉政治史―』（講談社、二〇二一年）

6　北条経時の妻―宇都宮氏出身の正妻―

●北条経時の結婚

四代執権北条経時は、元仁元年（一二二四）に北条時氏の嫡子として生まれた。母は安達景盛の娘（のちの松下禅尼）である。経時が生まれたのは、曾祖父義時が死去した年であった。義時は同年六月十三日に急死しており、六波羅探題として在京していた祖父泰時は急遽鎌倉に下向した。義時継室（伊賀朝光の娘）が生んだ政村を後継として擁立する動きがあるなかで、泰時は鎌倉殿である北条政子の支持をえることで執権に就任した。六月二十九日、時氏は父に代わって六波羅探題に就くために上洛している。経時が生まれた月日は明らかでなく、時氏上洛時に誕生していたかはわからないが、幼少時は父母とともに京都で過ごしたのである。

寛喜二年（一二三〇）四月、時氏は六波羅探題を退任して鎌倉に下向した。貴族の藤原定家は密かに時氏の行列を見学している。定家の日記である『明月記』によれば、時氏は郎従三百騎を率いており、七歳の経時も小さい馬に乗っていたという（寛喜二年三月二十八日条）。時氏は鎌倉到着後に病気が重くなっていき、同年六月に二十八歳で死去した。父の早世により、経時は祖父泰時の後継者として養育された。

仁治三年（一二四二）六月、泰時が六十歳で死去すると、経時は十九歳で家督を継承して執権に就任した。将軍藤原頼経は二十五歳であり、経時よりも六歳年長であった。頼経は北条光時（義時二男朝時の子息）や三浦光村らの有力御家人を側近としており、政治的影響力を強めつつあった。そのために、将軍頼経と執権経時の間には政治的緊張が生じていった。

経時は執権在任中に連署を置くことはなく、訴訟制度の改革に意欲的に取り組んだ。寛元元年（一二四三）二月には、評定衆を三番に分けて各番が出仕する日を定めている。また、同年九月には訴訟手続きを変更しており、将軍による評定事書（判決内容をまとめたもの）の閲覧が省略されることになった。将軍が訴訟に関与しなくなったのであり、幕府の裁判権を執権が行使することが明示されたのである［佐藤一九八三］。

寛元二年（一二四四）四月、経時は頼経（二十七歳）から頼嗣（六歳）へと将軍を交代させた。頼

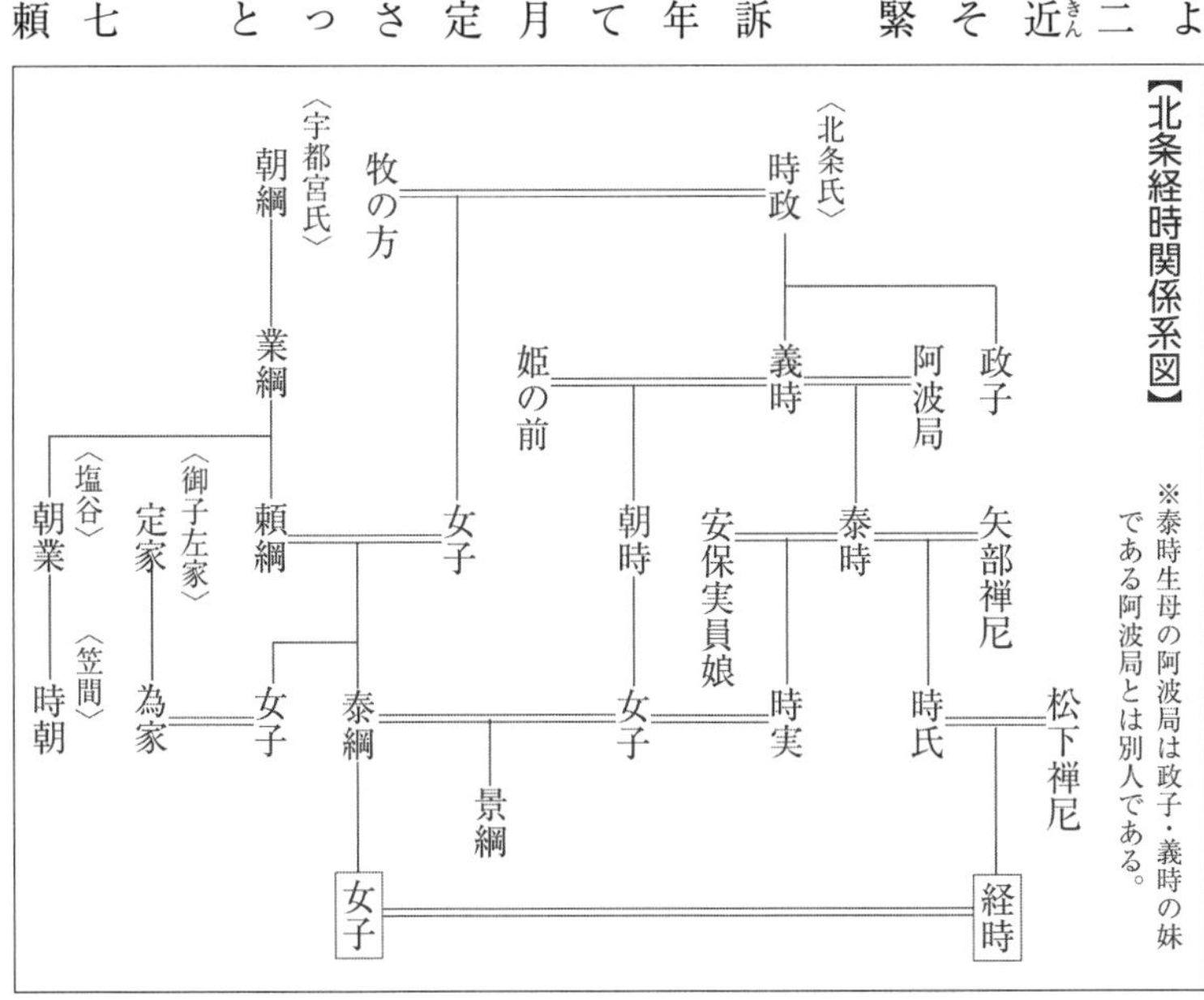

嗣は経時を烏帽子親として元服しており、翌年七月には経時の妹檜皮姫を御台所に迎えている。経時は幼少の将軍を擁立して姻戚関係を結ぶことで政権の安定をはかったのである。一方で、頼経は大殿として将軍頼嗣を後見したために、緊張関係は依然として継続した。

寛元四年（一二四六）三月、重病となった経時は執権を弟時頼に譲り、閏四月一日に二十三歳で死去した。経時の在任期間は四年弱と短いが、訴訟制度の改革や将軍交代を断行しており、幕府政治の転換点として評価されている［久保田二〇一五・工藤二〇二一］。また、北条氏の嫡流は時頼の家系へと移行したが、鎌倉後期に経時は「中武蔵守殿」と呼ばれており、歴代得宗のひとりとして数えられていた［田辺二〇二〇］。

経時の妻は、宇都宮泰綱の娘である。『吾妻鏡』寛元三年（一二四五）九月四日条には、経時の妻が十五歳で死去したとある。経時の結婚は祖父泰時が取り決めたものであった［山本二〇〇六］。『明月記』嘉禄二年（一二二六）七月六日条には、「武蔵太郎の嫡男〈五、六歳か〉を修理亮泰綱の聟〈女子二、三歳〉とすることを、泰時朝臣が約束を成したということである」とある。経時（武蔵太郎の嫡男）は幼少時に泰時の意向によって、宇都宮泰綱の娘と結婚することが決められたのである。藤原定家は幼少時に結婚を決めることを「東方の習」であると記している。定家の子息為家の妻は泰綱の姉であるため、宇都宮氏から直接情報を得たのであろう。なお、嘉禄二年には経時は三歳であったが、定家は五、六歳と年齢を誤記している。

ここで問題となるのは、宇都宮泰綱の娘の年齢である。『吾妻鏡』寛元三年九月四日条に従えば、経時の妻となった泰綱娘の生年は寛喜三年（一二三一）となり、嘉禄二年には生まれていないことになる。経時の妻をめぐる『吾妻鏡』と『明月記』の記事には齟齬がみられるのである。この点については、最初に婚約した泰綱娘が早世したために、その妹が経時と結婚したのではないかとする見解が出されている［山野井二〇一九］。

一方で、『吾妻鏡』は経時が死去した年齢を三十三歳（実際は二十三歳）と誤記しており、経時の妻が死去した年齢についても誤記している可能性がある［今井二〇二二］。『明月記』の記事に従って、泰綱の娘が嘉禄二年段階で二、三歳であったとすれば、寛元三年に死去した際には二十一、二歳だったことになる。

このように、経時が嘉禄二年に婚約した泰綱の娘と結婚したのか、またはその妹と結婚したのかについては判断が難しいが、いずれにしても経時が幼少時に泰綱の娘と結婚することを祖父泰時によって決められたことは確かである。泰時はなぜ嫡孫経時と泰綱の娘の結婚を決めたのだろうか。

●宇都宮氏と北条氏

宇都宮氏は、下野国宇都宮（栃木県宇都宮市）を拠点とした有力御家人である。宇都宮は奥大道が通る交通の要衝であり、宇都宮氏は一宮である宇都宮社（現在の二荒山神社）を掌握していた［山本二〇〇二・市村二〇一三］。系図によれば、宇都宮氏の祖とされる宗円は藤原道兼の曾孫であり、前九年合戦の際に安倍氏調伏のために東国に下向したという。宗円の出身については、園城寺の僧であり藤原道長の曾孫であったとする見解も出されている［野口二〇一三］。

宗円の子息宗綱は、常陸国八田（茨城県筑西市）を拠点としたが、院の武者所にも出仕していた。宗綱の子息朝綱も院の武者所に出仕して左衛門少尉に任官しており、宇都宮氏は東国に拠点をおきながら京武者としても活動していた。また、宗綱の娘は小山政光の妻となったが、源義朝の嫡子頼朝の乳母に抜擢されている。宗綱の娘（寒河尼）は、治承四年（一一八〇）の頼朝挙兵時には子息（のちの結城朝光）を伴って頼朝のもとに参向している。

朝綱は頼朝挙兵時には在京していたが、平清盛の家人である平貞能と姻戚関係にあったために貞能の計らいによって東国へ下向することができた。朝綱は頼朝の御家人となって「宇都宮社務職」を安堵されている。朝綱の時代には、神宮寺が建立されるとともに宇都宮一切経会が行われるようになり、宇都宮を本領化したと考えられている［山本二〇〇六・市村二〇一三］。

朝綱の子息業綱は早世したために、孫の頼綱が家督を継承した。頼綱は、武蔵国（東京都・埼玉県・神奈川県東部）の御家人である稲毛重成の娘と結婚したが、のちに北条時政の娘（母は牧の方）も妻に迎えている。元久二年（一二〇五）閏七月、牧の方が将軍実朝を殺害して女婿の平賀朝雅を将軍に擁立しようと計画していることが発覚した。北条政子と義時は父時政を伊豆国（静岡県南部）に隠退させて在京していた朝雅を討った。翌月、牧の方の女婿であった頼綱にも謀反の嫌疑がかけられた。頼綱は出家したうえで髻を義時に献上して陳謝したために許されている。出家後の頼綱は幕府への出仕を停止して主に京都で活動した［山本二〇〇六・野口二〇一四］。

頼綱は摂津国勝尾寺（大阪府箕面市）に法然を訪ねたとされており、法然高弟の証空に師事して京都西山の三鈷寺を復興するなど宗教活動をおこなった。また、娘を藤原定家の嫡子為家と結婚させており、定家父子と和歌を介して交流している。のちに頼綱や塩谷朝業（頼綱弟）・笠間時朝（朝業子息）によって「宇都宮歌壇」が形成された。

頼綱の出家後は、弟の朝業や子息の時綱・頼業が幕府に出仕した。承久の乱では朝業・頼業が従軍しており、頼綱は宿老として鎌倉に残留している。『新勅撰和歌集』には義時死去直後に北条泰時と頼綱が贈答した和歌がおさめられている［上横手一九五八］。頼綱は謀反の嫌疑により出家を余儀なくされたが、泰時とは良好な関係にあったのである。

泰綱は父頼綱の出家時には幼少であったが、成長後には宇都宮氏の家督として活動した。時綱と頼業の母は稲毛重成の娘であったが、泰綱の母は北条時政の娘であったために嫡子に立てられたのである。泰綱は従兄弟にあたる泰時の偏諱を受けたと考えられており、宇都宮頼綱・泰綱父子は泰時との関係が深かったといえよう。

以上のように、宇都宮氏は有力御家人であり泰時とも密接な関係にあった。泰時が経時と泰綱の娘の結婚を決めたのは、泰綱が経時を支える存在となることを期待したためと考えられる。中世の武士社会においては舅と婿の関係は強固であり、泰時も舅である三浦義村の補佐を受けていた。

さらに、泰綱は北条朝時（義時二男）の娘を妻としており、嘉禄元年（一二二五）には景綱が生まれている。朝時の娘は北条時実（泰時二男）の旧妻である（野辺本「北条氏系図」）。時実は嘉禄三年（一二二七）六月に家人によって殺害されているため、泰綱と朝時の娘が結婚したのは嘉禄三年六月以降であり、経時と泰綱娘の婚約より後のこととなる。この婚姻も泰時の意向によるものであろう。宇都宮氏は北条氏と幾重にもわたる婚姻関係を結んだのである。

●北条経時と宇都宮泰綱

経時と泰綱の娘が結婚した時期は不詳であるが、経時は天福二年（一二三四）に十一歳で元服しており、それ以後のことであろう。仁治三年（一二四二）六月の泰時死去により経時は執権に就任したが、京都には「関東合戦の企て」が発覚したという情報が伝わっており、家督継承に際しては政治的緊張が生じていた（『平戸記』同年五月二十日条・二十六日条）。また、京都には将軍御所を「康綱」の軍勢が取り囲んだとする情報も伝わっており、「康綱」は宇都宮泰綱に比定されている［佐藤一九八三］。泰綱は不安定な情勢下で将軍御所を押さえる役割を果たしたのである。

翌年には、泰綱は評定衆に加えられた（『関東評定衆伝』）。宇都宮氏が評定衆に登用されるのは初めてであり、執権経時の舅であったためと考えられる。泰綱は泰時の期待に応えて経時を支えたのである。

寛元三年（一二四五）五月二十九日に経時は病気にかかり、同年七月二十四日には経時邸宅で法印隆弁が如意輪供を修した（『吾妻鏡』）。前述したように、同年九月四日に経時の妻は死去している。『吾妻鏡』の記事に従えば十五歳であり、『明月記』の記事に従えば二十一、二歳であった。いずれにしても病気による早世であった。

宇都宮歌壇が生み出した私撰集である『新和歌集』には、重病となった経時の妻が他所へ移された際に、経時が詠んだ歌がおさめられている。

忍びねのなみだあらそふ初時雨いづれかまづは袖ぬらすらん

（忍び泣く涙は初時雨とあらそう。どちらにしてもまずは袖を濡らすだろう）

経時の歌からは夫妻の関係が良好であったことがうかがわれる。また、『新和歌集』には、祖父頼綱や父泰綱が経時妻の死を悼んで詠んだ歌もおさめられている［佐藤一九九七］。

武蔵守平経時の室身まかりにけるころ　蓮生法師（頼綱）

だれよりも心安しと思ひしはまさる歎のふかき也けり

（誰よりも気安く思っていたので、まさる悲嘆の深いことである）

さらに、「武蔵守平経時の亡室墓所へまうでてそれより尾羽といふ山寺へまかりけるみちにて」として、頼綱が経時妻の墓所へ参詣した際に詠んだ歌もみられる。

みし人のすみける宿をゆきすぎて尋ぬる山は秋の夕ぐれ

（みた人の住んでいた宿を行き過ぎて、訪ねる山は秋の夕暮れである）

「尾羽といふ山寺」は、下野国芳賀郡尾羽（栃木県益子町）に宇都宮朝綱によって創建された尾羽寺（大羽寺）のことであり、宇都宮氏一族の墓所が設けられていた。経時妻の墓所は現在所在不明であるが、尾羽寺の近隣に設けられたのである。

妻を亡くした経時は、翌年になると自身の病気も重くなっていった。寛元四年（一二四六）三月二十三日に、経時は重病を理由にして、弟時頼に執権を譲っている。四月十九日には大蔵卿法印良信を戒師として出家したが、閏四月一日に二十三歳で死去した。経時には幼い子息がいたが、のちに僧侶となっている。兄の隆政（母は将軍家女房讃岐）は早世したが、弟の頼助（母不詳）は鶴岡八幡宮寺の別当に就いており東国仏教界の中心で活動した。経時と泰綱の娘の間には子はなかったようである。

経時死去の直後に寛元四年の政変がおこり、執権北条時頼によって前将軍藤原頼経は京都に送還され、頼経側近の北条光時は失脚した。泰綱は光時の妹婿にあたるが、政変に連座することはなく評定衆として幕府政治に参画し続けている。宇都宮氏はその後も評定衆に列する家格を維持していった［市村二〇一三］。経時夫妻は早世してしまったが、泰綱の娘が経時の妻となったことは、宇都宮氏の政治的発展にとっては大きな意味をもったといえよう。

（田辺　旬）

【参考文献】

市村高男「中世宇都宮氏の成立と展開」（同編著『中世宇都宮氏の世界』彩流社、二〇一三年）
今井雅晴「檜皮姫」（『鎌倉北条氏の女性たち』教育評論社、二〇二二年）
上横手雅敬『北条泰時』（吉川弘文館、一九五八年）
工藤祐一「北条経時」（野口実編著『図説鎌倉北条氏』戎光祥出版、二〇二一年）
久保田和彦「四代執権　北条経時」（日本史史料研究会監修・細川重男編『鎌倉将軍・執権・連署列伝』吉川弘文館、二〇一五年）
佐藤進一『日本の中世国家』（岩波書店、一九八三年）

佐藤恒雄「新和歌集の成立」（『藤原為家研究』笠間書院、二〇〇八年、初出一九九七年）
田辺旬「北条「九代」考」（『年報中世史研究』四五号、二〇二〇年）
野口実「下野宇都宮氏の成立と、その平家政権下における存在形態」（『東国武士と京都』同成社、二〇一五年、初出二〇一三年）
野口実「宇都宮頼綱」（平雅行編『公武権力の変容と仏教界』清文堂出版、二〇一四年）
山野井功夫「宇都宮泰綱女」（菊池紳一監修『鎌倉北条氏人名辞典』勉誠出版、二〇一九年）
山本隆志「宇都宮朝綱の在地領主化」（『東国における武士勢力の成立と展開』思文閣出版、二〇一二年、初出二〇〇二年）
山本隆志「関東武士の都鄙活動」（『東国における武士勢力の成立と展開』思文閣出版、二〇一二年、初出二〇〇六年）

7　葛西殿―時頼を支えた極楽寺流―

●葛西殿の誕生

葛西殿（一二三三～一三一七）は、天福元年（一二三三）に北条重時（一一九八～一二六三）の長女として生を受けた。当時、鎌倉幕府は第三代執権泰時（一一八三～一二四二）が政務を取り仕切って十年が経とうとしていた。泰時は、異母弟の重時を信頼しており、重時は極楽寺流北条氏の祖となった。葛西殿の母は平基親（一一五一～？）の娘である治部卿局（？～？）という女性であり、葛西殿のほか、長時（一二三〇～六四）や時茂（一二四〇～七〇）を生んだ。

泰時は、寛喜二年（一二三〇）、三十三歳の重時を六波羅探題に任命し、京都に派遣した。六波羅探題は、鎌倉幕府における京都の出先機関であり、朝廷との折衝や市中の治安、西国の御家人たちの指導にあたる役職である。以後十七年間、重時は在京し、朝廷との交渉にあたった。その間に生まれたのが葛西殿と七歳年下の時茂、母を異にする男子三人と女子五人であった。重時の嫡子は為時（時継、一二二八～？）という長男であったが、幼少期に疱瘡に罹患し、後遺症からか病弱または精神的な疾患があったようで、やがて二歳年下の二男である長時が嫡子となった。長時は葛西殿の三歳年上の同母兄である。長時が嫡子となったことに伴い、長時や葛西殿の母である治部卿局は正室となった。

治部卿局の父、すなわち平基親は、蔵人頭・参議をつとめた平親範（一一三七～一二二〇）の息であった。基親は建久元年（一一九〇）に従三位・兵部卿となり、建永元年（一二〇六）に出家したことが知られている。

治部卿局は、第四代将軍藤原（九条）頼経（一二一八～五六）に女房として仕えていた。基親は当初、九条家家司を務めていたことから、治部卿局も頼経に仕えるようになったのだろう。また重時は、承久元年（一二一九）から将軍の近くに仕える小侍所の別当となり、寛喜二年に六波羅探題として京都に赴任していた。この間に治部卿局と重時は知り合ったと推測される。

また、治部卿局の信仰について、『平戸記』仁治三年（一二四二）九月二十九日条に興味深い記事がみえる。平経高（一一八〇～一二五五）は北山の持仏堂で百日念仏を行っていた。迎講などが行われた結願日の同日、「相模守重時の愛妻女」が「事の縁」ありとして来たという。彼女は「奇異の夢」をみたことを語り、「浄土欣求の志」を強くしたという。ここにみえる「相模守重時の愛妻女」はすなわち正室の治部卿局のことであろう。桓武平氏高棟流出身の経高と基親とは従兄弟同士であるため、経高と彼女との間には「事の縁」があった。『法然上人行状画図』二十九によれば、基親は熱心な念仏信者であり、父基親の影響もあったのだろう。

●葛西殿の父と兄

長時は、父重時の薫陶を受けた人物であったようで、葛西殿やその夫の第五代執権時頼（一二二七～六三）と親しく、時頼が病を得て執権を辞したあと、第六代執権として幕府の運営に関与している。その屋敷は鶴岡八幡宮（神奈川県鎌倉市）三の鳥居の内側にある源平池にかかる赤橋のそばにあったため「赤橋」を名乗った。この赤橋家は、その後極楽寺流の本流として存続していく。

宝治元年（一二四七）、三浦泰村（?〜一二四七）一族滅亡の後、重時は時頼の求めに応じて京都から鎌倉に戻る。時房（一一七五〜一二四〇）が延応二年（一二四〇）に、その二年後に泰時も亡くなると、重時は叔父時房が亡くなってから空席となっていた連署に就任して時頼を補佐し、執権時頼時代の幕府の重鎮として政務に携わっていった。

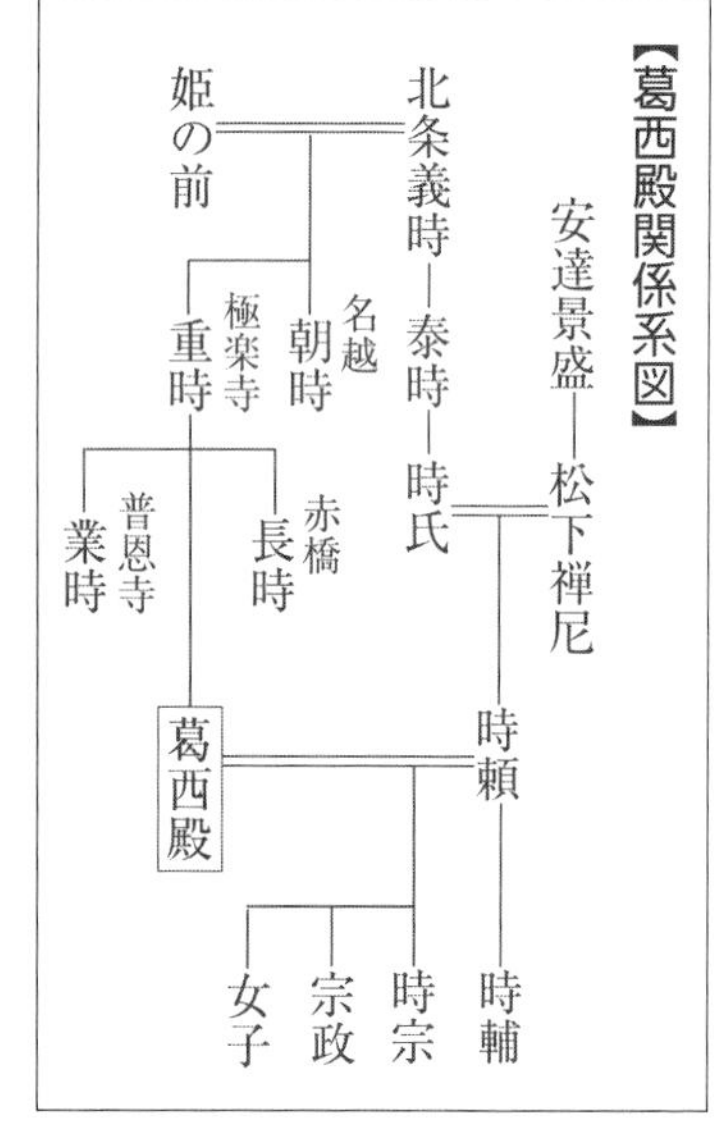

●夫・時頼

時頼は延応元年（一二三九）に葛西殿と結婚する以前、すでに十三歳で毛利季光（一二〇二〜四七）の娘（?〜?）と結婚していた。季光は大江広元（一一四八〜一二二五）の四男で、相模国毛利荘（森荘とも、神奈川県厚木市の大半・同県愛甲郡愛川町・清川村一帯の地域）を与えられ、毛利氏を名乗っていた。

寛元四年（一二四六）、二十歳の時頼は重病の兄経時の譲りを受けて第五代執権に就任した。これにより季光は執権の岳父の立場を得た。翌年の宝治元年に勃発した宝治合戦により、季光の妻の兄にあたる三浦泰村が時頼に滅ぼされた。しかも季光は泰村方として参戦し、自刃している。これにより、時頼は季光の娘と離縁することとなった。

宝治二年（一二四八）五月二十八日に、時頼の長男（後の北条時輔〈一二四八～七二〉）が誕生する。母の讃岐局（？～？）は出雲国横田庄（島根県奥出雲町の一部）の地頭であった三処氏出身で、将軍に仕えていた。執権の外戚である三処氏が幕府内での勢力を伸長することを恐れた重時は、時輔誕生の宝治二年またはその翌年にあたる建長元年（一二四九）に、娘である葛西殿を時頼に嫁がせた。このとき時頼は二十三歳、葛西殿は十七歳であった。葛西殿は得宗と極楽寺流北条氏を結ぶ役割を期待され、幕府内では時頼・重時による体制が固められた。

重時は貞応二年（一二二三）から駿河守となり、嘉禎三年（一二三七）には相模守、建長元年に陸奥守となった。同日、時頼に相模守を譲っている。

●時宗・宗政の出産と時頼の死

時頼はすでに讃岐局との間に時輔を儲けていたが、正室である葛西殿から嫡子が生まれることを強く望み、鶴岡八幡宮で懐妊祈祷を行うなどしていたという。建長二年（一二五〇）八月に、葛西殿の懐妊が明らかとなり、時頼と重時は安産祈願のため、所領や分国での殺生禁断を布き、加持祈祷を行った。翌年五月、姑である松下禅尼の鎌倉甘縄にある屋敷が産所と定められ、同月十五日には男子（後の第八代執権北条時宗〈一二五一～八四〉）が誕生した。重時は大変喜び、安産祈祷を行った陰陽師たちに多くの褒美をとらせたという。これに先立つ前年の十二月、時頼と同居していた長男の時輔と母の讃岐局が他所へ移されている。これは嫡男誕生に向けた重時の計略とみられる。

なお、『北条氏系図』（浅羽本）では、毛利季光の娘を時宗の母とする記述がみえる一方、重時の十三回忌に書かれた「極楽寺多宝塔供養願文断簡」（称名寺蔵、神奈川県立金沢文庫管理）には、重時の娘が時宗を生み育てたとみえ、他にも時宗の母を重時の娘とする確かな史料が複数見られるという［桃一九六〇・川添二〇〇一］。

建長五年（一二五三）一月、葛西殿はふたたび男子（後の宗政〈一二五三～八一〉）を出産する。彼は兄時宗をよく支え、一丸となって蒙古襲来に対応した。しかし弘安四年（一二八一）の弘安の役直後、二十九歳で亡くなってしまう。

建長六年（一二五四）十月、葛西殿は女子を産んだ。このとき、葛西殿の母である治部卿局、時頼の母である松下禅尼、時頼が馳せ参じたという。しかし二年後の康元元年（一二五六）、この女子ははしかに罹患し亡くなってしまう。四十日後の十一月二十三日、時頼は最明寺で出家を果たす。出家の理由は「日頃の素懐」というが、かねてより病に侵されていた時頼は、女子の死去が堪えたのであろう。戒師は蘭渓道隆（一二一三～七八）がつとめた。これを機に、時頼は執権職を妻の兄にあたる北条長時に任せた。その後、病は快復し、幕府の運営にあたるが、時頼は三十七歳で亡く

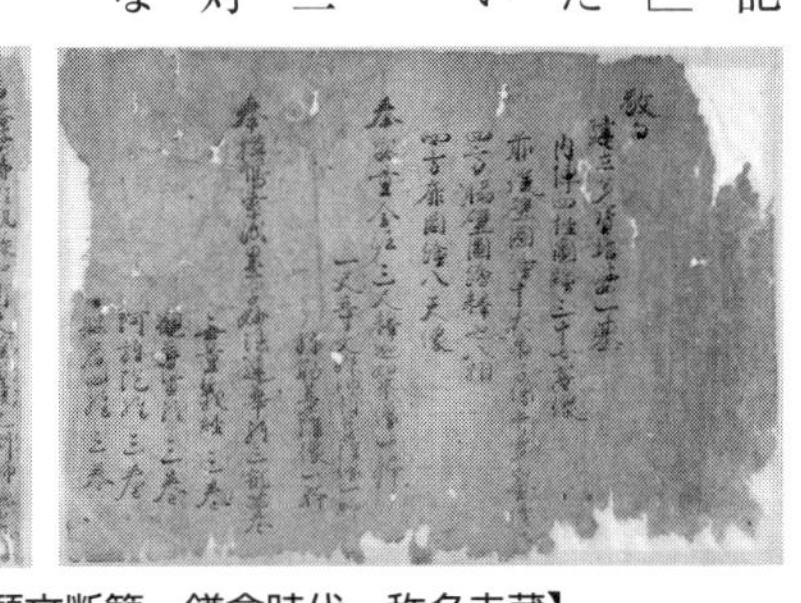

【国宝　極楽寺多宝塔供養願文断簡　鎌倉時代　称名寺蔵】

なる。このとき葛西殿は三十一歳であった。

●父重時の教訓

父重時から、葛西殿は多くの教訓を得ていたことが推測される。重時には『六波羅殿御消息（ろくはらどのみしょうそく）』『極楽寺殿御消息（ごくらくじどのみしょうそく）』という教訓の書が残されている。当時の鎌倉武士の規範を知るうえで興味深い史料である［筧・一九六七］。

ここでは、『極楽寺殿御消息』第四十九条にみえる、女性のあるべき姿について触れてみよう。

女性はどのような心を持てばよいのでしょう。昔から今に至るまで、女性はやさしく、なにに対しても柔軟に生まれついているものです。この美点を忘れないようにしなさい。妬み深いのは、心の狭いことです（から気をつけなさい）。（男女の仲は、）ひとつの河の流れを汲み、「袖ふれあうも多生の縁」というのでしょう。たとえこの世で一夜だけ男女の仲になる場合でも、前世からの深い因縁があるものです。初めて会ったなどと思うものではありません。また、因縁が尽きてしまえば、どんなに一緒にいたいと願っても、別れることになるのです。出会いも別れも、因果のなせる業だと心得ておきなさい。心は諸々の縁によってあるものだから、自分の思うようにならぬものだけれども、心がきれいな女性のことは男性も大切に尊重しますし、心が汚い女性からは男性も自ずと離れていくものです。女性がやさしく接すれば、男性もその女性への愛情が深くなります。昔も今もどこに縁があるかわからないですが、その女性の評判を左右するのは、やさしさなのでしょう。心やさしい女性は仏様・神様もお守りくださるので、この世でもあの世でも

幸せになるのです。（著者現代語訳）

一貫して、女性はやさしさが最も大切であると説かれており、重時の理想とする女性（夫人）観がうかがえ、興味深い。葛西殿も重時のもとで育てられるなかで、折に触れてこのような武家の女性としての心構えを学んだのだろうか。執権が幕府と朝廷の頂点に位置し、撫民の立場にたつという時頼の政治思想は、重時のそれと一致するものであり、葛西殿も父重時、夫時頼からこのような考えを吸収していたことは想像に難くない。また、葛西殿は姑・松下禅尼とも良好な関係を築いていたことから、彼女の教育方針、たとえば『徒然草』第一八四段にうかがえる、息子時頼の来訪を前に自ら障子を繕うなど、質素倹約をむねとする逸話にうかがえるような、鎌倉武士としての精神、その育成方法なども学び取っていたと思われる。

重時は康元元年（一二五六）に出家を果たし、その翌年から正嘉三年（一二五九）頃、鎌倉深沢に念仏堂を建立した。これが極楽寺（神奈川県鎌倉市）である。同年、重時は、常陸国三村寺を拠点として関東に戒律を広めた良観房忍性（一二一七～一三〇三）を招き、極楽寺を現在の寺地に移した。さらに忍性は時頼の信頼も得て、本格的に鎌倉での布教を開始することとなる。

●重時と時頼の死

弘長元年（一二六一）十一月三日、重時は極楽寺で没し、その葬儀は忍性が執り行った。なお、極楽寺が律宗寺院に改められたのは、文永四年（一二六七）のことで、重時の息子である長時と業時（一二四一？～八七）がそのように指示したという。開山には忍性を迎えている。

翌同二年（一二六二）、時頼は忍性の師にあたる叡尊（一二〇一～九〇）を鎌倉に招聘した。叡尊は病気がちであったが、鎌倉新善光寺（神奈川県鎌倉市名越（当時））の別当であり、念仏者の首領的立場であった念空道教（道阿弥陀仏）が叡尊に帰依したことにより、忍性は実質的に鎌倉の律僧と念仏僧を統括する指導的立場を担うようになっていった。

翌同三年（一二六三）十一月二十二日、葛西殿の夫である時頼は三十七歳で病死し、これにより葛西殿は出家した。時頼が亡くなったとき、嫡子の時宗はまだ十三歳にも満たなかったが、彼女は、その名の由来となった葛西谷（神奈川県鎌倉市大町）に居を構え、得宗領などを支配し、兄の執権長時や得宗家、御内人と相談しながら家政や財産管理を担っていった。

●信仰と所領

葛西殿は、『吾妻鏡』には建長年間（一二四九～五六）にのみ記事が散見されるが、そのほかにも関係史料が伝わっている。

弘安四年（一二八一）、葛西殿は叡尊を招いて、摂津国多田院（兵庫県川西市）の本堂供養を開催している（「摂津国多田神社文書」）。彼女は叡尊が関東下向した際に説法を聴聞しており（『関東往還記』）、忍性に深く帰依していたようである（『多田院系図』）。なお、摂津国多田荘（兵庫県川西市・猪名川町）は彼女の所領であったようで、徳治三年（一三〇八）頃には多田荘雑掌に対して「葛西殿御教書」を与えている（「摂津国多田神社文書」）。このほか、所在不明の伊勢神宮領や得宗領肥後国葦北荘佐敷・久多良木両浦（熊本県葦北郡芦北町・同県八代郡坂本村久多良木）を支配していたことが、「金沢文庫文書」や「豊後詫摩文書」よりうかがえる。さらに、永仁六年（一二九八）には、葛西殿もその派遣に参加した幕府貿易船が、砂金二百四十両や太刀・腹当・小袖・蒔絵の硯箱などを積んで元に向けて出航しており（「肥前青方文書」）、豊富な財力を有していたことがうかがえる。そうした鎌倉での権力を頼みとしたのだろう、「金剛界」（「称名寺聖教」のうち）紙背文書には、ある女性が訴訟のときに「かさいとのゝ（葛西殿）御方」に相談している様子がみえる。

日蓮（一二二二〜八二）の門弟である日興（一二四六〜一三三三）の消息「災難御返事」には「かさい（葛西）殿の御方」とあり、さらに建治元年（一二七五）七月十二日付の日蓮書状（「高橋入道殿御返事」）に「するがの（駿河）国は守殿（北条時宗）の御領、ことにふじ（富士）なんどは後尼御前（葛西殿）の内の人々多し」とみえ、所領である駿河国富士郡（静岡県富士市）を紐帯として、日蓮宗の富士門徒と接点のあったことが知られる［今野二〇〇四］。

●葛西殿の死

葛西殿は、その曾孫にあたる北条高時（一三〇四〜三三）が執権に就任した翌年にあたる文保元年（一三一七）十月十六日寅刻に、息を引き取った。『鎌倉年代記裏書』には、「葛西殿御逝去八十五」と記されている。夫である第五代執権時頼の死後、第十四代高時の御世まで、葛西殿は長きにわたり幕府の執政を見届けたのである。朝廷では彼女の死を悼んで、奏事始や評定始が延期されるに至った（『続史愚抄』）。このことや、正和四年（一三一五）の鎌倉の大火の際に、得宗の高時が「葛西禅尼宿所」に移っていること（『公衡公記』）などから、葛西殿が得宗夫人として鎌倉武家社会において大きな権力を保持していたことがうかがえる。

葛西殿の父極楽寺重時・兄赤橋長時に支えられ、夫時頼の執権時代は、鎌倉幕府による政治が安定期を迎えていたと評価される。葛西殿は父重時の薫陶を受け、鎌倉武士の気風をよく理解し、幕府の執政を司る夫時頼をよく助けたのではないだろうか。

（貫井裕恵）

【参考文献】

今井雅晴『鎌倉北条氏の女性たち』（教育評論社、二〇二二年）
筧泰彦『中世武家家訓の研究』（風間書房、一九六七年）
川添昭二『北条時宗』（吉川弘文館、二〇〇一年）
今野慶信「「葛西殿」について」（東京都葛飾区郷土と天文の博物館編『鎌倉幕府と葛西氏―地域フォーラム・地域の歴史をもとめて』名著出版、二〇〇四年）
高橋慎一朗『北条時頼』（吉川弘文館、二〇一三年）
桃裕行「極楽寺多宝塔供養願文と極楽寺版瑜伽戒本（上・下）」（『金沢文庫研究』六一・六二、一九六〇年）
森幸夫『北条重時』（吉川弘文館、二〇〇九年）

8 堀内殿—安達氏出身の時宗正妻—

●堀内殿の誕生

堀内殿（一二五二〜一三〇六）は建長四年（一二五二）七月四日に、安達義景（一二一〇〜五三）の娘として生を受けた。義景は第五代執権北条時頼（一二二七〜六三）の母松下禅尼（?〜?）の兄であることから、堀内殿と時頼は従兄妹にあたる。義景が時頼を擁して三浦泰村（?〜一二四七）一族を滅ぼして以来、有力御家人安達氏の幕府内での権力は拡大しつつあった。堀内殿の母は、北条時房（一一七五〜一二四〇）の娘で、義景の正室であった。堀内殿誕生の翌年にあたる建長五年（一二五三）六月三日、父の義景が四十四歳で亡くなる。嫡男の泰盛（一二三一〜八五）は鎌倉甘縄にあった安達氏の邸宅で彼女を育てた。

●北条時宗との結婚

弘長元年（一二六一）四月二十三日、十歳の堀内殿は十一歳の北条時宗（一二五一〜八四）に嫁いだ。このとき時宗の父時頼は病を得て出家しており、執権職は北条（赤橋）長時（一二三〇〜六四）が継いでいた。長時は時頼の妻である葛西殿の兄にあたる。出家の身でありながら、時頼は依然として幕府内で強力な指導力を発揮していた。泰盛は北条氏と安達氏の結びつきを強固なものにすべく、時宗と堀内殿の結婚を急いだと思われる。この二年後に、時頼は三十七歳の若さで亡くなってしまう。

●貞時の出産

堀内殿は、文永八年（一二七一）十二月十二日に、嫡男貞時（一二七一〜一三一一）を産む。当時二十歳であった。乳父は御内人であり内管領の平頼綱（?〜一二九三）であった。

【堀内殿関係系図】

安達盛長―景盛―義景―泰盛……→堀内殿

北条時房―女子（＝義景）

松下禅尼―北条時頼―時宗

堀内殿＝時宗―貞時

平頼綱は、北条氏が伊豆国（静岡県）を拠点とする在地豪族時代からの家臣の家に生まれ、頼綱の祖父の盛綱と父の盛時が北条泰時（一一八三〜一二四二）・経時（一二二四〜四六）・時頼らに仕えて幕府内での勢力をのばしていった。盛綱のときに侍所所司となり、御成敗式目制定にあたっては奉行として重要な役割を果たしている。頼綱のときに得宗家の乳父を任せられるまでになっていた。

「西院八結（宝珠護摩壇図）」（龍華寺蔵）には、おそらく堀内殿の御産祈祷と思われる記事がみえる。「西院八結」とは、ほぼ全帖が印融（一四三五〜一五一九）の自筆にかかる龍華寺（神奈川県横浜市金沢区）を代表する真言密教聖教である。もとは宏教（一一八四〜一二五五）が、東密広沢流で最も有力な西院流の諸尊法に関する儀軌・口伝の枡形折本を八結にまとめたものである。印融は京都・高野山に遊学し、帰郷後は鳥山三会寺（神奈川県横浜市港北区）を中心に南関東の諸寺で活動した、室町時代を代表する真言の学匠である。金沢光徳寺（神奈川県横浜市金沢区、のちの龍華寺）は印融の重要な拠点の一つであり、その後身である龍華寺に最も重要な聖教が伝えられている。本史料に記された修法は、鶴岡八幡宮別当であった、時頼の甥にあたる頼助（一二四六〜一二九六）が大阿闍梨をつとめ、文永七年（一二七〇）四月に「相州女房」すなわち執権北条時宗夫人である堀内殿のための御産祈祷を行ったことが確認できる。貞時の誕生は翌同八年十二月なので、このときの祈祷は貞時誕生のときのものではないのかもしれないが、近い時期に行われた祈祷であり、貞時出産の際も同様の祈祷が行われたことだろう。なお、これにつづけて弘安四年（一二八一）に北条顕時（一二四八〜一三〇一）夫人のための懐妊祈願の祈祷がみえるが、彼女は泰盛の娘である。安達氏は代々、真言密教に厚く帰依しており、鎌倉における真言密教の流入と展開に大きく寄与したことでよく知られている。

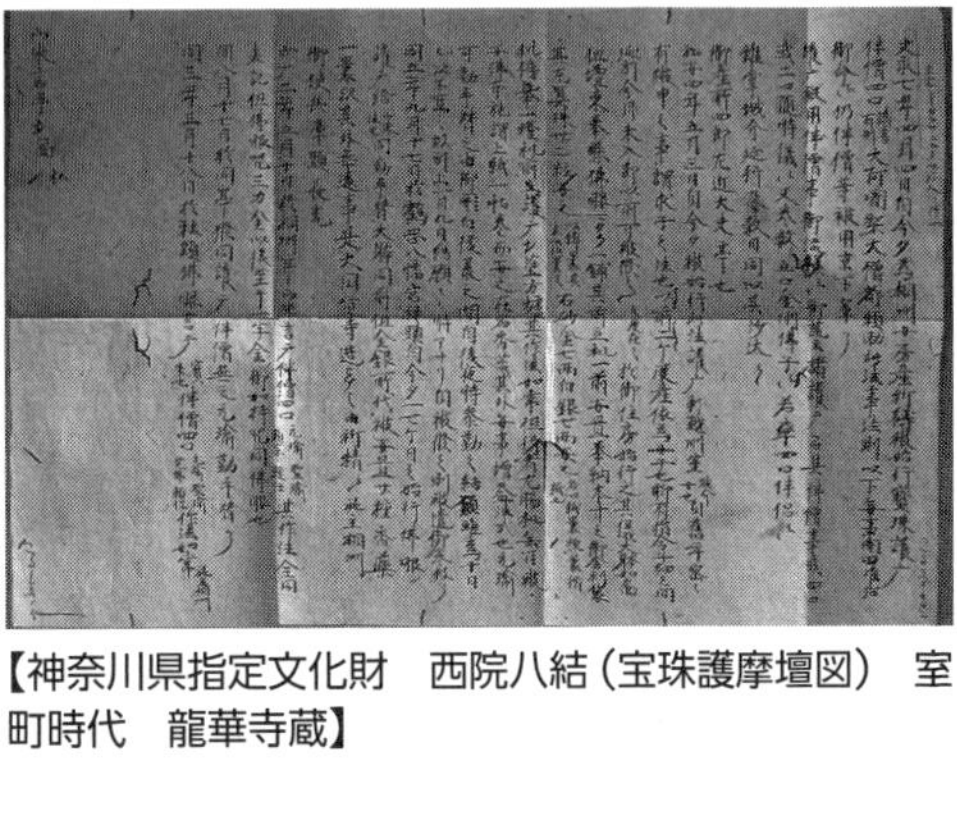

【神奈川県指定文化財　西院八結（宝珠護摩壇図）　室町時代　龍華寺蔵】

●日蓮との奇縁

建長年間（一二四九〜五六）、日蓮宗の宗祖である日蓮（一二二二〜八二）は鎌倉に移り、名越の松葉ヶ谷に草庵を構えて布教活動をはじめた。当時、法華経の題目である「南無妙法蓮華経」を唱えることを説き、『立正安国論』を著して、時頼に『法華経』への帰依を進言した。さらには、浄土宗・禅宗・律宗など他宗への強烈な批判を繰り返し、他宗への帰依を止めなければ国難がふりかかると主張した。このことが政治批判と捉えられたため、時宗は日蓮を伊豆国に流罪とした。のちに赦免されたが、ふたたび鎌倉に来て法華経を説き、他宗の批判を繰り返した。そこで幕府は佐渡（新潟県）に流すことにした。日蓮は捕縛され、鎌倉の龍口（神奈川県藤沢市）に到着した。当時、この地には刑場があり、日蓮はここで斬首されると察知した。

二年後の建治元年（一二七五）に著した『種々御振舞御書』には、このときのことが次のように語られている。すなわち、江ノ島（神奈川県藤沢市）の方角から月のように光った鞠のような物が、南東から北西の方向に飛び渡った。それを見た刀を振り上げていた役人は倒れ伏し、警護の者たちは怖がり、逃げ去ってしまったという、と。日蓮教団がのちに「四大法難」として物語るうちのひとつ、「龍ノ口法難」である。安国論寺（神奈川県鎌倉市）に伝わる「日蓮聖人註画讃」には、このときの様子が描かれている。本絵巻はとくに、この場面をはじめとする鎌倉での日蓮の行状を詳細にとりあげているという特徴がみられる。

現在、日蓮真筆にかかるこの著書は確認されておらず、またこの事件を伝える同時代史料はみられない。ちょうどこのとき、嫡子貞時の誕生を喜んだ時宗が、日蓮に恩赦を与えて、死刑を免じて流刑としたのだろうといわれている。これには泰盛の進言があったとみられている。

建治三年（一二七七）、堀内殿は第二子を懐妊するも流産してしまい、以降懐妊した形跡はない。時宗は他の女性との間に子を儲けることもなかったようなので、時宗の子息は堀内殿との間に儲けた嫡子貞時のみであった。

●霜月騒動と安達氏と復権

文永・弘安の役（一二七四・一二八一）と二度にわたった蒙古襲来に、執権時宗は非常によく対応した。安堵もつかの間、弘安の役直後の弘安四年八月、時宗の信頼が厚かった同母弟の宗政が亡くなってしまう。さらに、病気がちであった時宗は、宗政の死から三年後の弘安七年（一二八四）四月四日に重病により出家し、その日のうちに亡くなった。法名は宝光院殿道杲で、導師は無学祖元（一二二六〜八六）がつとめた。このときに堀内殿も出家し、覚山志道大姉という法名を与えられた。三十四歳の若さであった。十四歳の嫡男貞時が執権に就任し、祖父（実際は外伯父）である安達泰盛が彼を補佐することとなった。また、堀内殿は父の義景、兄の泰盛の後を受けて、遠江国笠原荘（静岡県小笠郡浜岡町）地頭職を引き継いでいる（「遠江国笠原荘一宮記」）。

時宗が得宗独裁を指向していくなか、得宗家被官である御内人が勢力を伸長させていった。一方、蒙古襲来の対応などで、外戚の御家人である安達氏は幕府内での存在感を増していった。ともに時宗を支える存在でありながらも、両者の溝は次第に深まっていった。そうしたなかで、弘安七年に時宗が死去すると、泰盛は幕府の中で主導的な役割を果たすようになり、弘安徳政などの施策を実行していった。しかしこれが、御家人の幕政への関与を抑制するものであったため、一部の御家人から反感を買ってしまう。貞時の乳父で内管領である平頼綱は、「泰盛の子である宗景（一二五九〜八五）は源姓を称し、将軍となる野心をもっている」と貞時に讒言し（『保暦間記』）、弘安八年（一二八五）十一月十七日、安達一族とそれに与党する御家人を滅ぼした。両者にそれぞれ味方する武士たちの抗争は、関東のみならず京都や九州など波及していき、多くの御家人が滅びた。これが霜月騒動である。得宗家御内人と得宗家外戚の対立が、この戦いにより鮮明化したのである。

安達氏の復権と存続には、堀内殿の存在が大きかった。彼女は、安達氏の子どもたちを庇護しつつ、再起の時をじっと待った。霜月騒動の八年後にあたる正応六年（一二九三）、二十三歳となり、すでに執権として実質的な権限と判断力をもっていた貞時によって平頼綱は滅ぼされている（平禅門の乱）。

「称名寺聖教」のなかに伝わる「諸社寺勧進状写」と「修理事」には、永仁年間（一二九三〜九九）頃に、安達氏が関与した痕跡を残す甘縄観世音寺の再興が企図されている様子がうかがえる。平頼綱の粛清によって、この頃から安達氏復権の機運が高まったのだろう。「諸社寺勧進状写」に、檀越は「当寺大檀那〈某甲／上州幽儀〉」と記されており、上野国守護をつとめていた安達泰盛を指しているとみられる。さらに書写した良印房亮順は、泰盛の管理下にあった京都の遍照心院（京都府南区、現在の大通寺）で活動したのち、称名寺に入っている。こうした経緯から本史料が称名寺に伝わったものとみられる。

また、安達氏の復権前には、安達氏のための法要の実施さえ禁忌となっていたことが、「安達宗顕三十三回忌表白」（「称名寺聖教」）よりうかがえる。本史料は、文保元年（一三一七）に安達時顕（一二八五？～一三三三）が執行した、霜月騒動で死去した父宗顕（一二六五～八五）の三十三回忌供養の表白である。宗顕は泰盛の甥にあたり、その子時顕は政村流北条氏の支援を受けて成長したという［細川二〇〇七］。この表白では、安達家が源家三代将軍に仕え、北条義時（一一六三～一二二四）

以来六代の執権を支えて、城介(じょうのすけ)を名乗ってきた家であるにもかかわらず、弘安八年（一二八五）に「佞臣(ねいしん)の讒(ざん)」によって一族が滅亡の憂き目に遭い、さらに安達氏と関係のない者までも巻き込まれたとの怨みを滲ませている。さらに、泰盛の初七日・年忌供養等を行うことが叶わなかったという。こうした厳しい状況を経て、鎌倉幕府最末期には安達時顕が幕府の首脳部として名を連ねていることが、「金沢文庫文書(かなざわぶんこもんじょ)」などによって確認できる。堀内殿が安達氏復権の可能性をつないだとみてよいだろう。

●堀内殿と信仰

時宗は、中国から渡来した南宋出身の無学祖元（一二二六～八六）に厚く帰依した。父時頼が帰依した建長寺住職の蘭渓道隆(らんけいどうりゅう)（一二一三～七八）が弘安元年（一二七八）に亡くなったのち、時宗は中国で高名であった無学祖元の来日を望んだ。無学はそれに応えて、翌年に来日したのである。時宗は建長寺の第五世住職に就任させ、無学のもとに通い、禅を学んだ。無学は時宗の志を受けて、指導に注力した。蒙古襲来への対応に頭を悩まされていた時宗に対して、無学は、「莫煩悩(まくぼんのう)」という三文字を書いて時宗に与えたという。これはさまざま迷うことなく、信じる道を進みなさいということを意味している。また、「驀直去(まくじきこ)」という語も与えたという。前を向き、一直線に勢いよく進みなさいという教えである。弘安七年の時宗出家の際、堀内殿もともに無学を導師として、禅興寺にて落髪（出家）を果たしている。

堀内殿も時宗と同様、信仰に厚く、鎌倉松ケ岡(まつがおか)に東慶寺(とうけいじ)（神奈川県鎌倉市）を建立したという。東慶寺が鎌倉時代から存在し、得宗家とゆかりの深い尼寺であった。ただし、堀内殿が建立したとするのは戦国時代最末期以降の史料が伝えるのみである。江戸時代以降、東慶寺は女性のための駆込寺・駆入寺としてよく知られている。

堀内殿は、嘉元（かげん）四年（一三〇六）十一月十五日、五十五歳で亡くなった。堀内殿は夫時宗の内政・外交をよく支え、息子貞時の時代には、安達氏の存続に重要な役割を果たしたといえよう。

夫時宗とともに出家した堀内殿。三年忌の際の無学祖元の法語、そして時宗没後の懇篤な追善仏事からは、夫妻のきずなの深さがうかがえる［川添二〇〇四］。禅の世界観を共有することで、それは確かなものとなり、二人を結び付けていたのだろう。

（貫井裕恵）

【参考文献】

今井雅晴『鎌倉北条氏の女性たち』（教育評論社、二〇二二年）
神奈川県立金沢文庫編『安達一族と鎌倉幕府─もうひとつの鎌倉時代史─』（同館、二〇一八年）
鎌倉市史編纂委員会編『鎌倉市史・寺社編』（吉川弘文館、一九五九年）
川添昭二『北条時宗』（吉川弘文館、二〇〇一年）
高橋慎一朗『北条時頼』（吉川弘文館、二〇一三年）
福島金治『安達泰盛と鎌倉幕府』（有隣堂、二〇〇六年）
細川重男「秋田城介安達時顕─得宗外戚家の権威と権力─」（『鎌倉北条氏の神話と歴史─権威と権力─』日本史史料研究会、二〇〇七年、初出一九八八年）

9　覚海円成 ―得宗生母の政治的立場―

●覚海円成について

覚海円成（禅僧としての名前。実名は不明。以下「円成」と記す）は、北条得宗家（嫡流家）の外戚家であった有力御家人安達氏の庶流、大室泰景（泰宗）［鈴木二〇一九］の娘で、母は法名を妙寂といい永仁三年（一二九五）に没した［湯之上二〇一四］。円成は北条貞時の妻となって、北条氏最後の得宗（家督、当主）となる高時とその弟泰家を生んだ。

円成の生年は不明であるが、夫の貞時が文永八年（一二七一）生まれ、円成の兄弟で園城寺の僧の盛瑜が建治元年（一二七五）生まれであるから（「伝法灌頂血脈譜」、園城寺文書。［鈴木二〇一九］）、円成も、貞時や盛瑜と同じく、一二七〇年代頃の生まれと考えて良いであろう。

●得宗家の外戚安達氏

安達氏と北条得宗家の婚姻関係は、北条時氏と安達景盛の娘松下禅尼からはじまる。以降、北条得宗家は時宗・貞時・高時と安達氏の娘を妻に迎えた。

【覚海円成関係系図】

安達景盛
├ 義景
│ ├ 大室景村 ― 泰景（泰宗）
│ │ 　├ 盛瑜
│ │ 　└ 覚海円成（泰景＝妙寂の子）
│ ├ 泰盛
│ └ 堀内殿
└ 松下禅尼

北条時氏＝松下禅尼 ― 時頼
時頼 ├ 時宗
　　 └ 宗政 ― 女子
時宗＝堀内殿 ― 貞時
泰景＝妙寂 ― 覚海円成
貞時＝覚海円成 ― 高時、泰家
貞時＝女子

円成は庶流とはいえ安達氏の出身であり、貞時の後継者高時を生んでいる。また「大方殿」（得宗の母を指す。もともとは貴人の母のことをいう）と呼ばれ、後述する嘉暦の騒動で高時の後継の執権人事に介入していることなどから、円成が結婚当初から一貫して貞時の正室であったような印象を受ける。しかし、貞時が最初に迎えた正室は円成ではなかった。

●貞時と円成の結婚時期

貞時の父時宗は、康元二年（一二五七）二月に七歳で元服し、十一歳で安達義景の娘堀内殿と結婚している。貞時も建治三年（一二七七）十二月に父と同じ七歳で元服した。正室を迎えたのも父と同じくらいの年齢であろう。貞時の正室を選んだのは時宗であったと考えられる。

円成が貞時の最初の正室でなかったことは、貞時が円成と結婚した時期から判断できる。二人が結婚した時期はある程度の推測が可能である。

円成が施主となった、応長元年（一三一一）十月二十六日に没した貞時の没後百箇日供養の表白（導師が法会の趣旨を読み上げた文）「最勝園寺殿百ケ日大方殿御仏事」（『拾珠鈔』第五）には、二人の仲睦まじい結婚生活が語られ、「歳花十有余廻（十有余回の歳月＝十数年）」という記述がある。これは二人が結婚していた期間と考えられる。二人の結婚は貞時が没した応長元年より十数年前、正応五年（一二九二）～正安二年（一三〇〇）の間となり、貞時が二十二歳～三十歳の間のこととなる［鈴木二〇〇八］。これは父時宗の没（弘安七年〈一二八四〉）や安達泰盛以下安達氏の一族が滅びた霜月騒動（弘安八年）よりも後のことである。貞時の年齢から考えると、円成を妻として迎えたのは、貞時自身の選択であったであろう。

●貞時の最初の正室

それでは、父時宗が選んだ貞時の最初の正室は誰であったか。

野津本「北条系図」・入来院家所蔵「平氏系図」から、時宗の弟である北条宗政の娘が貞時の室であったことがわかる。貞時の従姉妹にあたるこの女性は、血筋からしても貞時の正室にふさわしい。時宗が、貞時の最初の正室として迎えたのは、この宗政娘であったと考える。また、時宗は宗政の息子師時と、もうひとりの弟宗頼の息子兼時・宗方を猶子（相続権のない養子）としている。時宗は一人息子の貞時の支えとなるように、自分の甥姪といった血縁の近い信用に足ると考えられる人物を、貞時の義兄弟や正室として配したのであろう［細川二〇一一］。

●貞時の妻と子供たち

北条貞時には、筆者が数えた限りではあるが、最小限に見積もって円成・宗政娘を含め五人の妻との間に十六人の子が確認できる（表参照。★のある子は、他の子と同一人物の可能性がある）。妻が正室の堀内殿一人、子もおそらく貞時一人のみと考えられる父北条時宗と比べると格段の差がある。

貞時の子、特に男子で成人したのは、得宗の家臣である御内人の長崎光綱の養子となった僧侶の覚久（『鶴岡八幡宮寺諸職次第』）を除けば、円成が生んだ北条高時と泰家の二人のみであった。正安四年（一三〇二）九月に嫡子菊寿丸を五歳で亡くし（『吉続記』）、跡継ぎの男子がなかなか育たない状況に貞時は心を痛めていたであろう。推測ではあるが、貞時は、跡継ぎの男子が生まれるように、また

【北条貞時の妻子】

妻	子		生没年月日（享年）	根拠
北条宗政娘	子女不明			
播磨局	★子	性別不明	正応3（1290）.5.8～？	「関東冥道供現行記」同日条
	★女子		正応5（1292）.10.21～？	「親玄僧正日記」同日条
	★女子		永仁2（1294）.10.21～？	「親玄僧正日記」同日条、同月27日条
覚海円成	高時		嘉元元（1303）.12.2～元弘3（1333）.5.22（31）	「北条時政以来後見次第」高時の項
	泰家		？	『尊卑分脈』桓武平氏北条、『保暦間記』
竹向御方	宮寿丸		嘉元3（1305）.5.8～延慶元（1308）.10.23（4）	「嘉元三年雑記」同月22日条、「槐抄」下　法事（同年）11月2日条
近衛局	★女子		？	「関東冥道供現行記」正応4年（1291）正月4日条
不明	覚久	長崎光綱の養子	弘安7（1284）～？	「伝法灌頂血脈譜」（園城寺文書）、『鶴岡八幡宮寺諸職次第』安楽坊の項
	★女子		永仁元（1293）.9.29～？	「親玄僧正日記」同日条
	女子		永仁5（1297）.8.6～永仁5（1297）.8.6（1）	『鶴岡社務記録』同日条
	菊寿丸		永仁6（1298）～正安4（1302）.9.30（5）	『吉続記』同年10月5日条、『園太暦』康永4年（1345）8月2日条
	女子		？～正応5（1292）.11.7	「親玄僧正日記」同日条
	女子		？～正応6（1293）.4.22	「親玄僧正日記」同日条
	女子		？～正応6（1293）.4.22	「親玄僧正日記」同日条
	女子	名越時基室	？～正安3（1301）.正.22	『武家年代記裏書』同日条
	金寿丸		？～嘉元3（1305）.7.16	『鎌倉年代記裏書』同日条、『桓武平氏系図』
	女子		？～延慶2（1309）	『園太暦』康永4年（1345）8月2日条
	★女子		？	「親玄僧正日記」正応5年（1292）7月16日条
	★女子		？	「親玄僧正日記」永仁2年（1294）11月9日条
	★男子		？	「関東冥道供現行記」正安2年（1300）2月16日条
	★男子		？	「関東冥道供現行記」正安2年（1300）7月7日条
	千代寿丸		？	『桓武平氏系図』
	女子	土岐光定室	？	『尊卑分脈』清和源氏土岐
	女子	北条煕時室	？	『桓武平氏系図』
	女子	北条師時室	？	『桓武平氏系図』

時宗が甥の師時や兼時・宗方を猶子として貞時の補佐としたように、自分や後継者のために忠誠を期待できる一族を残そうとした結果、多くの子を授かることになったのではないだろうか。

●正室となった円成

北条宗政娘が、いつまで貞時の正室であったかはわからない。

元亨三年（一三二三）十月におこなわれた貞時の十三回忌供養には、宗政娘らしき名は見えない。彼女は貞時の従姉妹であるから、仮に離縁しても存命であれば十三回忌供養には参加するのではないだろうか。おそらくこの時点で宗政娘は没していたのであろう。

また貞時の十三回忌供養にあたって円成が前面に出ている様子を見ると、貞時生前から円成が貞時の正室となっていたことは動かしがたいと考える。

宗政娘が離縁もしくは死没といった理由によって貞時の正室ではなくなったために、当初から円成が貞時の正室として迎えられたのか、もともとは側室であった円成が、彼女が嘉元元年（一三〇三）に生んだ高時が得宗家後継者となったことにより正室の座を手に入れたのかは不明である。

●幕政に取り組む貞時

貞時は、父時宗の死去を受けて、弘安七年（一二八四）七月、十四歳で執権となった。そして二十三歳で貞時の幼少期に幕府の執政者となっていた乳母夫の平頼綱を滅ぼし（平禅門の乱）、貞時は自ら幕政を牽引しはじめる。五方引付を廃止して、訴訟を自身で裁決するために執奏を設置し（処理が滞るため、一年後に五方引付を復活させる）、訴訟の再審請求を受け付ける越訴方の廃止と再設置など、精力的に政治に取り組んだ。

鎌倉時代も後期となり、北条氏は得宗家をはじめ赤橋氏・金沢氏・名越氏など、多くの庶流に分かれていた。北条氏だからといって、誰もが執権・連署はもちろん引付衆・評定衆といった幕府中枢の役職に就任できるわけではなく、就任できる家柄が固定されてきていたのである［細川二〇一一］。

貞時は、従兄弟で兄弟ともいえる北条師時（貞時の娘婿でもあった）と北条宗方を登用した。師時を執権に、宗方を北条氏としては異例の幕府侍所所司・得宗家公文所執事に就任させるなど、貞時自身と師時・宗方の三人、つまり得宗家への権力集中を企図した［細川二〇一一］。しかし北条氏庶家は貞時の改革を阻む。それが顕著に表れるのが、嘉元の乱である。

●嘉元の乱と貞時の没

嘉元三年（一三〇五）四月二十三日、宗方は連署北条時村の屋敷を襲撃し、時村は討たれた。しかし時村襲撃は間違いとされ、五月二日に時村邸を襲撃した討手が処刑される。五月四日には、貞時の滞在する執権師時邸に向かった宗方が佐々木時清と相討ちになり、宗方の余党は討手の大仏（北条）宗宣と宇都宮貞綱に討たれて乱は終結する。

この嘉元の乱は、得宗家一門と北条氏庶家の対立の中で、貞時が宗方に命じて北条氏庶家の代表といえる連署時村を殺害させ、北条氏庶家の制圧を目論んだという推定がなされている［細川二〇一一］。この計画が失敗したため、貞時は宗方を切り捨てて事態の収拾を図ったというのである。

貞時は善政を目指し幕政改革に奮闘していた。しかし現実は理想通りにはいかず、自らの片腕と言うべき宗方を切り捨てることとなった。この結果に貞時は絶望したようである。

嘉元の乱以降、貞時は寄合や評定にも出席せず、政治に背を向け酒浸りの生活を送る。貞時が没したのは嘉元の乱から六年後、応長元年のことであった。

●貞時と円成の信仰

貞時は仏教に深く帰依していた。正安元年（一二九九）に元より使節として日本に来ていた臨済宗の僧一山一寧に参じ、延慶二年（一三〇九）には曹洞宗宏智派の僧東明慧日を招聘し、来日した東明慧日を鎌倉の円覚寺の住持に任ずるなどしている［玉村一九八一］。

円成も貞時と同じく、厚く仏教を信仰していた。後宇多法皇や貞時が檀那であり、正応四年（一二九一）に火災に遭った法観寺八坂塔（京都市東山区）の再興に、円成も寄進している（『山城州東山法観禅寺仏舎利塔記』）。

●円成と夢窓疎石

円成の禅僧としての名前（道号法諱）は、本節のタイトルにもあるように「覚海円成」が著名である。円成は貞時の死を契機として貞時の四十九日のころに東明慧日を師として出家し、その時に「円成」という法諱を授けられたと推定されている［湯之上二〇一四］。

円成の道号は当初「海山」であり、「覚海」が確認できるのは、『天龍開山夢窓正覚心宗普済国師年譜』文保二年（一三一八）条である。円成に「覚海」という道号を与えた師は、夢窓疎石であった可能性が指摘されている［湯之上二〇一四］。

諸所で修行していた夢窓疎石は、円成によって鎌倉へ招かれるが、断って土佐（高知県）へ赴いた。しかし円成は元応元年（一三一九）四月に再び夢窓疎石を招き、夢窓疎石は断りきれずに鎌倉勝栄寺に入った。その後は円成の子北条高時に招かれて鎌倉の浄智寺・円覚寺に入っている［湯之上二〇一四］。

●円成と大燈源智の交流

鎌倉の覚園寺は、鎌倉幕府二代執権北条義時が建てた大蔵薬師堂を前身とし、永仁四年（一二九六）に貞時が智海心慧を開山として創建した、浄土・華厳・真言・律の四宗兼学の寺院であった。

その覚園寺二世の住持、大燈源智の供養のために作られた妙法蓮華経が、国立国会図書館に所蔵され現存している［小林一九六七］。大燈源智と円成（書状では「大の御かた（方）」）・大弐局（円成周辺の女性と推測される）の間に交わされた書状の紙背に経文を刷っており、円成と大弐局らが主体となって大燈源智の菩提を供養するために作成したものであろう［小林一九六七］。

大燈源智の書状には、貞時の加持祈祷を行ったことや、高時の様子を尋ねる内容などが記されており、貞時が創建した覚園寺の住持・大燈源智と円成や円成の周辺の女性たちとの親密な交流の様子がうかがえる。

●円成の所領

法観寺八坂塔再建のための寄進や、大燈源智の供養のために妙法蓮華経を作成するためには、財源が必要である。

円成は所領をいくつか持っていた。文保元年（一三一七）ごろ行われた、北条氏庶流金沢氏の菩提寺称名寺（横浜市金沢区）の金堂造営の際、材料の木材が流出する事故があった。金沢氏の当主であった連署金沢貞顕が、御内人の有力者尾藤演心に交渉したところ、材木が漂着したのが円成の所領（「大方殿御領」）であるため得宗家の公文所（家政機関）では処理ができず、円成の公文所に問い合わせるよう言われたという（年月日欠金沢貞顕書状、金沢文庫文書、『鎌倉遺文』二六一八九号）。円成が得宗家公文所とは別に、自らの公文所を持っていたことがわかる。円成の所領は、得宗家とは別に円成の公文所で経営されていたのである。

材木が流れ着いた円成の所領がどこのことなのか具体的にはわからない。伊勢国原御厨（三重県鈴鹿市）・上野御厨（三重県津市）が「崇演（貞時の法名）後妻跡」であり、これが円成の所領と考えられる（建武二年〈一三三五〉九月二日付太政官符案、神宮文庫所蔵御鎮座伝記裏文書）。室町幕府初代将軍足利尊氏が鎌倉幕府を滅ぼした勲功によって与えられた常陸国北郡（茨城県石岡市・かすみがうら市）もまた円成（「大方禅尼」）の所領であった（足利尊氏・同直義所領目録、比志島文書）。

●東慶寺梵鐘

大覚寺統から天皇となった後醍醐天皇は、一代限りの中継ぎの天皇であった。自らの子孫への皇位継承を望む後醍醐が選んだ道は、鎌倉幕府を倒すことであった。正中の変（一三二四）と元弘の変（一三三一）、後醍醐は二度、倒幕を計画したがともに発覚した。

世上が落ち着かない中、円成は、元徳四年（正慶元・元弘二、一三三二）四月に作られた鎌倉東慶寺の鐘の大檀那となっている。鐘の銘の撰者は、円成が帰依する円覚寺の住職清拙正澄であった。

銘には北条一族の幸福や国家の平安を願う言葉が記されていた。それは大檀那である円成の願いでもあったであろう。しかし、その願いは叶わなかった。鐘の鋳造からおよそ一年後の元弘三年五月に、新田義貞（にったよしさだ）に攻められ鎌倉幕府は滅亡することになる。

●鎌倉幕府滅亡後の円成

鎌倉幕府は滅亡した。子の高時をはじめ多くの北条一族が滅びたなかを、円成は生き延びた。

円成は幕府滅亡の二ヶ月後に、後醍醐天皇より高時の旧宅である伊豆（いず）国北条宅（静岡県伊豆の国市）と上総（かずさ）国畔蒜（あひる）荘（千葉県君津市・木更津市・袖ヶ浦市）を安堵されたという（元弘三年七月二十五日付後醍醐天皇綸旨写、真珠院所蔵『祇樹林歴鑑録』所収文書）。円成はその北条の地に尼寺の円成寺を建立した。足利尊氏の弟直義からも所領を寄進されている（暦応（りゃくおう）二年〈一三三九〉四月五日付足利直義寄進状案、北条寺文書）。円成は北条氏一門の女性や寡婦たちとともに、円成寺で暮らした。

●夢窓疎石との交流

伊豆の円成寺に暮らす円成と、夢窓疎石の交流は続いていた。夢窓疎石が円成に示した法語や、二人が交わした和歌が今に伝わる（「禅宗法語（仮題）」、金沢文庫文書。『正覚国師集』）。

相州高時禅門の母儀、伊豆の北条にすみける時、よみてたてまつられける

あらましにまつらん山ぢたえねただそむかずとても夢の世の中

この歌は、世をそむく我があらましの行末にいかなる山のかねてまつらん、とよみ給ひたりしを思ひ出でられたるにや

御返し

夢の世とおもふうき世をなほすてて山にもあらぬ山にかくれよ

【意訳】

相模入道高時の母君が、伊豆の北条に住んでいた時に、詠んで（夢窓疎石に）贈られた歌。

これからの私に待つであろう山道（仏道修行の道）も途絶えてしまえばいい。世の中からひたすらに逃れたとしても、この世の中は夢のようにはかないのだから。

この歌は、以前に（夢窓疎石が）「世の中から逃れた私の行く末には、どのような山が待っているのでしょうか」とお詠みになったのを思い出されたのでしょうか。

（夢窓疎石の）御返しの歌

夢のようにはかない世の中といわれるつらい現世をそれでも捨てて、山でもない山にお隠れなさい（どこにいても仏道の修行をなさることです）。

●円成の死

円成は、幕府滅亡から十二年後の康永四年（興国六、一三四五）八月十二日に没した（『常楽記』同日条）。その後、円成寺は関東管領山内上杉氏の娘を住持に迎え、江戸時代まで存続していたが、寛政十年（一七九八）ごろ廃寺となったという［三浦一九七五］。

『新編鎌倉志』によれば、円成が大檀那となった東慶寺の鐘は、天正十八年（一五九〇）の豊臣秀吉の小田原攻めの時に東慶寺から失われたという。円成と同じく鎌倉を離れた鐘は、どのような経緯をたどったかはわからないが、円成寺から直線距離で三キロほどの距離の本立寺（静岡県伊豆の国市）にやって来た。鐘は今も本立寺に存在し、静岡県指定有形文化財となっている。

（鈴木由美）

【参考文献】

小林花子「当館所蔵鎌倉時代刊妙法蓮華経紙背の源智消息」（『図書館研究シリーズ』十一、一九六七年）
鈴木由美「北条貞時の妻」（『段かづら』六、二〇〇八年）
鈴木由美「白河集古苑所蔵白河結城家文書所収「安達氏系図」の記載内容について」（『古文書研究』八七、二〇一九年）
玉村竹二「北条貞時の禅宗帰嚮の一断面―曹洞宗宏智派に対する―」（同『日本禅宗史論集』下之二、思文閣出版、一九八一年）
細川重男『鎌倉幕府の滅亡』（吉川弘文館、二〇一一年）
三浦吉春「北条貞時後室覚海円成尼について―伊豆国円成寺の創建とその時代的背景―」（『地方史静岡』五、一九七五年）
湯之上隆「覚海円成と伊豆国円成寺―鎌倉禅と女性をめぐって―」（同『日本中世の地域社会と仏教』思文閣出版、二〇一四年、初出一九九六年）

10　北条高時の妻妾—安達氏出身の正妻と妾たち—

●高時の正室と側室

鎌倉幕府十四代執権で、最後の得宗（北条氏の家督、当主）である北条高時には、正室が一人と、側室が少なくとも一人いた。正室は安達時顕の娘で、側室は嫡子の邦時を生んだ常葉前と呼ばれる女性である。

高時の側室には、嘉暦二年（一三二七）～元徳二年（一三三〇）の間の三月ごろ出産予定であった女性と（年欠三月七日付金沢貞顕書状、金沢文庫文書、『鎌倉遺文』二九二五六号）、元徳三年七月十四日に娘を生んだ女性がいた（『鎌倉年代記裏書』同日条）。この側室が常葉前とはそれぞれ別の人物であれば、高時には、常葉前の他に側室が二人いたことになる。

●安達氏について

高時の正室の出身である安達氏とは、どのような一族であったのか。

安達氏は、鎌倉幕府初代将軍　源　頼朝が流人であったころから仕えていた藤九郎盛長を祖とする一族である。安達氏は鎌倉幕府で評定衆や寄合衆などの要職を務め、幕府内で重きをなしていた。また、安達氏は代々得宗家の正室を出す得宗家の外戚家でもあった。

高時の祖父である八代執権北条時宗政権下では、時宗の外戚安達泰盛（正室堀内殿の兄で養父）と、幕府侍所所司・得宗家公文所執事を務める御内人（得宗の家臣）のトップ、平頼綱が中心となって時宗を支えていた。

時宗の跡を継いで十四歳で執権となった貞時は、安達泰盛をはじめとする安達一族が平頼綱によって滅ぼされた霜月騒動を経て、二十三歳の時には平禅門の乱で平頼綱を滅ぼし、幕府の権力を掌握した。

貞時は、霜月騒動の時に難を逃れた安達時顕を登用し、安達氏を復権させる。また平頼綱の親戚（従兄弟の子）にあたる長崎円喜（法名。俗名は盛宗）も、平氏とその庶流長崎氏の世襲職であった幕府侍所所司・得宗家公文所執事に任命した［細川二〇一一］。

貞時は臨終にあたって、安達時顕と長崎円喜の二人に政務を託した。時顕と円喜は、相談しながら先例に従い滞りなく政治をおこなったという（『保暦間記』）。貞時は父時宗政権下の安達泰盛と平頼綱になぞらえて、安達時顕と長崎円喜を取り立て、時宗政権の再現を目指したのである［細川二〇〇七］。

●正室・安達時顕娘

北条時宗の正室堀内殿が安達氏出身であったように、高時も安達時顕の娘を正室に迎えた。時顕娘の生年は不明であるが、高時と同世代だったと考えられる。

時顕娘の母、つまり安達時顕の妻は、鎌倉幕府十五代執権金沢（北条）貞顕の同母兄である時雄の娘であった［細川二〇〇七］。

高時と時顕娘が結婚したのは、時宗が堀内殿と結婚した年齢と同じ、高時が十一歳頃のことと考えられる。二人は元応元年（一三一九）十月六日に亡くなった金沢貞顕の母入殿の三十五日法要の時点、つまり高時が十七歳の時にはすでに結婚していた（入殿三十五日廻向文土代、金沢文庫文書）。貞時は高時が九歳の応長元年（一三一一）に没しているから、高時の婚姻を実際に進めたのは安達時顕と長崎円喜であろう。

しかし、高時と時顕娘の間には、得宗家の跡継ぎたるべき男子は生まれなかった。

●側室・常葉前

高時の嫡子邦時を生んだのは、側室の常葉前である。

軍記物語の『太平記』によれば、邦時と弟の時行の母は、御内人五大院宗繁の妹で「新殿の御局」と呼ばれる女性であったという。新殿の御局と常葉前が同一人物なのか、つまり邦時と時行が同母兄弟なのかは、『太平記』以外に史料がないため、断言できない。

五大院氏が御内人であったことは、史料からも確認できる（『武家年代記裏書』嘉元三年〈一三〇五〉五月二日条など）。また、「遠藤系図」によれば、得宗家傍流の北条宗頼の妻であった御家人遠藤為俊

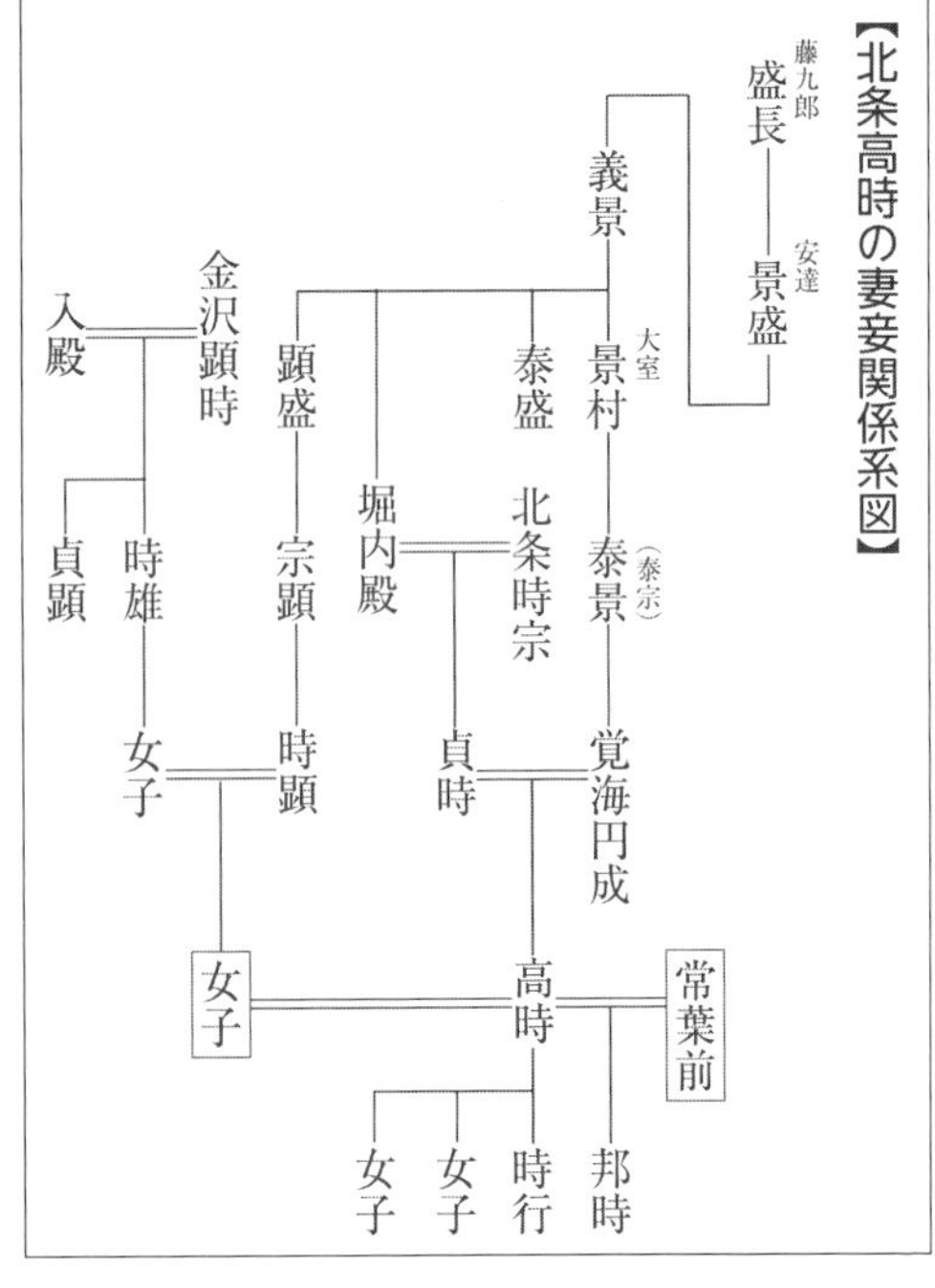

の娘（金沢貞顕の母入殿の姉妹）が、五大院左衛門尉に再嫁していることがわかる［生駒二〇〇二・永井二〇〇三］。

●邦時の誕生

このころ、天皇家は持明院統（後深草天皇の皇統）と大覚寺統（亀山天皇の皇統）に分かれ、一代または二代ごとに交互に皇位を継承していた。これを両統迭立という。

文保二年（一三一八）に即位した大覚寺統の後醍醐天皇は、一代限りの中継ぎの天皇とされていた。後醍醐が子孫に皇位を伝えるためには、両統迭立という原則を壊さねばならず、それを支持する鎌倉幕府を倒す必要があった。そして元亨四年（一三二四）九月、後醍醐の倒幕計画が露顕する。これを十二月に改元した年号「正中」から正中の変という。

正中の変は未然に防がれたが、後醍醐は天皇であり続けた。その翌年、正中二年（一三二五）十一月二十二日に邦時は生まれた（同日付金沢貞顕書状、金沢文庫文書。『花園天皇宸記』同月三十日条）。

邦時出生のお祝いに駆け付けた、当時の連署（副執権）金沢貞顕の書状によると、貞顕が祝賀のため産所に訪れたのは、邦時誕生から約四時間後であった。貞顕は北条高時と長崎円喜に会ったのちに帰宅し、お祝いの進物を送った。高時の母大方殿（安達氏庶流大室泰景〈泰宗〉［鈴木二〇一九］の娘、覚海円成）は産所へは来ていなかったが、これから祝賀に訪れる予定であるという。安達時顕の一族は、産所にも高時のもとにも姿を見せておらず、いぶかしいことである、と記している。

高時正室の父である安達時顕をはじめとした安達氏の一族が、常葉前の男子出産を快く思っていなかったことがわかる。高時の後継者は、正室の時顕娘が生むべきだと思っていたからであろう。それが、北条得宗家の外戚たる安達氏の務めであるのだから。

●嘉暦の騒動

邦時出生時の朝廷の対応をみると、貞時や、高時の兄で貞時の嫡子であった菊寿丸（きくじゅまる）の例を参考にしており、ここから邦時が高時の長男であったことがわかる。

邦時誕生の翌年、正中三年（一三二六）三月、高時は病のため執権の職を辞して出家する。高時の後を継いで執権となるには、二歳の邦時はあまりにも幼すぎた。

高時の次の執権には金沢貞顕が就任した。『保暦間記』によると、高時の母覚海円成は、高時の後任の執権に高時の弟泰家（やすいえ）を望んでいたため、貞顕の執権就任を不服として、泰家を出家させた。後追い出家する者が続出し、鎌倉中が騒然となった。

泰家や覚海円成の報復を恐れ、貞顕は就任からわずか十日で執権を辞任し出家してしまう。この事件を、四月に改元した「嘉暦（かりゃく）」の年号から嘉暦の騒動と呼んでいる。貞顕の後任の執権には、北条氏庶流赤橋氏の赤橋守時（もりとき）が就任した。

●嫡子邦時

邦時は、父高時の先例に従い、五歳になった嘉暦四年五月に馬乗始（うまのりはじめ）と矢開（やびらき）という通過儀礼をおこなった（年月日欠金沢貞顕書状、金沢文庫文書、『鎌倉遺文』三〇八五四号。［中澤二〇〇八］）。

元徳三年（一三三一）四月には、後醍醐天皇が再び倒幕を計画したものの、またもや事前に発覚する（元弘の変）。後醍醐は幕府方に捕らわれ、隠岐（島根県隠岐郡）へ配流されてもなお、倒幕を諦めなかった。後醍醐天皇皇子の護良親王や楠木正成なども戦い続け、元弘三年（一三三三）五月の鎌倉幕府の滅亡へとつながっていく。

そんな中でも、邦時は得宗家の先例を踏襲して通過儀礼をこなしていった。邦時は、七歳となった元弘元年十二月に、将軍御所で元服する（『鎌倉年代記裏書』同月十五日条）。当時の鎌倉幕府将軍守邦親王から「邦」の一字をいただき「邦時」と名乗ったと考えられる。

北条時宗以降の得宗三代（時宗・貞時・高時）は、七歳での元服が先例となっていた［細川二〇一一］。邦時の七歳での元服も、先例に従ってのものである。また、時宗以降の得宗も、邦時と同じく将軍御所で元服していた（時宗は『吾妻鏡』康元二年〈一二五七〉二月二十六日条、貞時は『建治三年記』同年〈一二七七〉十二月二日条、高時は「北条時政以来後見次第」高時の項）。

側室所生の子であっても邦時が高時の嫡子、つまり北条得宗家の後継者として扱われていたことがわかる。そこから類推して、高時と正室の安達時顕娘の間には男子はいなかったと考えられる。二人の間に男子がいれば、その男子が嫡子となり、邦時への待遇も変わっていたであろう。

●時顕娘と常葉前のその後

元亨三年十月二十六日に行われた北条貞時の十三回忌供養で、一品経のうちの薬草喩品を調進した「女房御方」が時顕娘のことと考えられている（北条貞時十三年忌供養記、円覚寺文書）。時顕娘の動向はこれ以降確認できないものの、鎌倉幕府滅亡以前に没していたら何かしら史料が残るであろう。

幕府滅亡までは存命していたのではないだろうか。

一方、常葉前の動向も不明である。『太平記』によれば、邦時・時行の母新殿の御局は、鎌倉攻めの時は時行とともに館に残っていた。邦時は五大院宗繁に託され先に落ち延びていた。そこに高時の弟泰家から時行を逃がすように命令を受けた御内人の諏訪盛高（すわもりたか）がやってくる。盛高は時行の生存を隠すため、時行を「高時のもとに連れて行ってともに自害する」と嘘をついて連れ出し、時行の乳母（めのと）は悲しみのあまり井戸に飛び込んだという。新殿の御局がどうなったかについては記されていない。

時顕娘も常葉前も、鎌倉幕府滅亡の際に没した可能性もある。しかし、幕府滅亡後に高時の母覚海円成は伊豆の北条氏の館に尼寺の円成寺を建立し、そこで一族の女児や後家と暮らしていたという（暦応（りゃくおう）二年〈一三三九〉四月五日付足利直義寄進状案、北条寺文書）。時顕娘や常葉前も、覚海円成とともに、円成寺で高時たちの菩提を弔いながら余生を送ったのかもしれない。

（鈴木由美）

【参考文献】

生駒孝臣「鎌倉中・後期の摂津渡辺党遠藤氏について―「遠藤系図」をめぐって―」（『人文論究』五二―二、二〇〇二年）

鈴木由美「白河集古苑所蔵白河結城家文書所収「安達氏系図」の記載内容について」（『古文書研究』八七、二〇一九年）

永井晋『金沢貞顕』（吉川弘文館、二〇〇三年）

中澤克昭「武家の狩猟と矢開の変化」（井原今朝男・牛山佳幸編『論集　東国信濃の古代中世史』岩田書院、

二〇〇八年）
細川重男「秋田城介安達時顕―得宗外戚家の権威と権力―」（同『鎌倉北条氏の神話と歴史―権威と権力―』日本史史料研究会、二〇〇七年、初出一九八八年）
細川重男『鎌倉幕府の滅亡』（吉川弘文館、二〇一一年）

第三章　摂家将軍の妻たち

鎌倉幕府の将軍は、源氏将軍・摂家将軍・親王将軍によって継承されていった。源氏将軍は、初代源頼朝とその子息である二代頼家・三代実朝である。摂家将軍は四代藤原頼経と五代頼嗣であり、親王将軍は六代宗尊・七代惟康・八代久明・九代守邦である。

建保七年（一二一九）一月の実朝暗殺により源氏将軍は断絶した。北条政子と義時は後鳥羽院の皇子を将軍後継に迎えようとした。実朝生前より子のいない実朝の後継として皇子を擁立する構想があったためである。後鳥羽院が皇子下向を拒否したために、摂関家の九条道家の子息三寅を後継とすることになった。道家の生母は一条能保と源頼朝の妹のあいだに生まれた女性であり、三寅は頼朝の妹の曾孫にあたる。

鎌倉に下向した三寅の邸宅は義時邸の敷地内に新造されており、義時の子息重時が三寅の警固を担当する小侍所の別当に就任した。また、三寅とともに下向した一条実雅（能保の子息）は義時の女婿に迎えられている。義時は三寅との関係を強化したのである。

その後も北条氏は摂家将軍との結びつきを強めるために婚姻関係を結んでいる。政子の孫娘にあたる竹御所は頼経と結婚した。また、経時の妹檜皮姫は頼嗣と結婚している。

本章では、摂家将軍の妻となった竹御所と檜皮姫についてみていく。

1　竹御所―源氏将軍家の後継者―

●竹御所という女性

鎌倉幕府将軍家は、源頼朝による幕府草創以来、源氏将軍の血縁関係だけで維持されることができず、摂家将軍、親王将軍と異性の将軍が継承する特徴をもつ。源氏将軍三代が途絶えた後、鎌倉殿となったのは、摂関家の九条頼経である。摂家将軍とよばれるゆえんである。しかし、青山幹哉氏は、十三世紀後期、頼経が将軍となるために源姓と改姓したと、事実に反して考える人々が存在していたことを指摘している［青山一九八八］。将軍＝源氏であるという認識が、当時の御家人社会に存在していたのである。

そうだとすると、実際摂家将軍は源氏将軍家とどのような関係を維持していたのであろうか。摂家将軍期における源氏将軍家と摂家将軍家の「家」の展開を注目してみる必要がある。このような観点から鎌倉幕府の将軍家を検討する上で、一人の興味深い女性が見えてくる。九条頼経の最初の御台所である竹御所という人物である。竹御所は、摂家将軍頼経の御台所であるが、二代将軍源頼家の娘でもある。源氏将軍家の血をひきながら摂家将軍の御台所となっているのである。ここで、竹御所という女性を手がかりに、源氏将軍家から摂家将軍家へ移行する時期の、将軍家のありかたをさぐってみたいと思っている。さらに、将軍の妻としての女性の役割も明らかにしてみたい。

●三寅の下向

建保七年（一二一九）正月二十七日、三代将軍源実朝が源頼家の遺子公暁に殺害される。当時、幕府の実権をにぎっていた北条政子と北条義時は、早速実朝の後継者を選定することになる。最初、朝廷に後鳥羽院の皇子をもとめたが受け入れられず、摂関家の九条道家の子三寅（頼経の幼名）が下向することになる。九条家は、摂関家である藤原氏の家名の一つとして、藤原兼実が九条に邸宅を構えたことから始まる。九条道家は兼実の孫にあたる。

しかし、同年七月十九日に下った三寅はわずか二歳で、代わって政子が政治をつかさどることになる。実朝死後、三寅が将軍に就任することなく政子は源氏将軍家を継承し、幕府の全権を握っていたと思われる。野村育世氏も、実朝死後幕府が発給した文書の発給主体が政子であったことを明らかにし四代将軍としての地位にあったと指摘している［野村二〇〇〇］。

九条頼経が将軍となるのは、政子の死後である。はたして政子が継承していた源氏将軍家を頼経が継ぐことができたの

【竹御所関係系図】

- 北条時政 ― 政子・義時・時房
- 義時 ― 泰時
- 政子 ＝ 源頼朝
- 源頼朝 ― 貞暁
- 政子・源頼朝 ― 頼家・実朝
- 実朝 ＝ 西八条禅尼
- 比企能員 ― 若狭局
- 頼家 ＝ 若狭局
- 頼家 ― 公暁
- 頼家・若狭局 ― 竹御所
- 九条道家 ― 九条頼経
- 竹御所 ＝ 九条頼経
- 竹御所 ― 竹御所姫君

であろうか。頼経の将軍就任の過程を追う前に、注目したいのが竹御所の存在である。

●源氏将軍家を継承する竹御所

史料から竹御所の存在がはじめて確認できるのは、『吾妻鏡』建保四年（一二一六）三月五日の記事である。頼家の姫君である竹御所（十四歳）が、尼御台所政子の計らいによって実朝室の猶子となっている。おそらく、頼家が元久元年（一二〇四）に殺されてから、竹御所は政子の保護を受けながら成長していたと考えられる。実朝室の猶子となっているが、承久の乱以前に、実朝室は京都にもどっているので、これ以降も竹御所は政子の保護下にいたであろう。

それからしばらく、竹御所に関する記事はみえなくなるが、嘉禄元年（一二二五）七月十一日、政子の死により、竹御所は幕府において特別な存在として、再び『吾妻鏡』に登場する。同年八月二十七日、「二品御葬家・御仏事、竹御所御沙汰也」とあり、竹御所は政子の葬儀と仏事を主宰している。それ以来、政子の仏事は竹御所によって行われるようになる。野口実氏は、竹御所が政子の死によって、祖母政子の「後家の力」の後継者として、鎌倉将軍家のイエの嫡女および主婦の立場に立ったのだと評価している［野口一九九二］。

一方、頼経は嘉禄元年（一二二五）十二月二十九日、八歳で元服の儀を行っている。翌年正月十日幕府は、京都に頼経の任官・叙位申請のため、佐々木信綱を使節として送り、同年二月十三日には京都から将軍宣下が伝えられ、右近衛少将に任官・正五位に叙位されている。頼経の叙位・任官の儀は、摂関家の例に準ずるものであったと思われる。

さて、『明月記』によると、頼経の任官のため、使者として京都へ派遣された佐々木信綱は、嘉禄二年（一二二六）一月春日社にむかっている。

信綱が春日社に派遣された理由は、「改姓を申請すべきかいなか」と記されており、頼経を源氏に改姓するか否かが問題となっていることがわかる。しかし、春日社の神判は「藤原氏をあらたむべからず」と下され、頼経は改姓せず将軍に就任することになる。これは、将軍権力の形骸化を進めたい北条氏にとって、源氏将軍との継続性を強調する改姓は、将軍の御家人に対する主君権を強調することにつながるため、絶対に忌避しなければいけなかったからだと、青山幹哉氏は解釈している。頼経は、藤原姓のまま鎌倉殿となっているのである。

結局、政子の立場は、それぞれ仏事と将軍職を媒介として、竹御所と頼経の二人によって継承されたことになる。つまり、源氏将軍家の私的な「家」と鎌倉殿の地位が分離され、竹御所こそ源氏将軍家の「家」の継承者となったのだと思われる。そして、このような源氏将軍家の「家」と鎌倉殿の地位との分離は、執権北条氏の意図によるものであったことが考えられる。

では、竹御所・頼経の両者の関係は、以後どのように展開していくのであろうか。まず、御台所となる以前の竹御所を考察してみよう。

竹御所は、嘉禄二年（一二二六）三月十八日、大慈寺の舎利会に北条泰時とともに参堂している。政子の仏事だけではなく、幕府の行事となっていた源氏将軍家の寺院の仏事へもかかわりをもっていることが確認できる。その他にも、二所奉幣使発遣と方違をおこなっている。二所奉幣使発遣は将軍祭祀権に属するもので、方違は将軍の御台所でない女性としては唯一であり、女性としては十三回で一番多いと、野口氏が明らかにしている。

また、頼経の御台所になる以前から、頼経と同行して行事に参加しており、主宰していることも確認される。寛喜元年（一二二九）八月十五日の放生会の『吾妻鏡』記事には、将軍頼経の出御と、泰時・時房及び御家人たちの供奉を記した最後に、「竹御所・武州室参り給う」と記されている。将軍と御家人との主従関係を確認する場である放生会に、武州（泰時）室とともに参加しているのである。また、同年九月四日には三浦泰村の妻である泰時娘の上洛に際して、頼経と竹御所が御餞別などを送っている。寛喜二年（一二三〇）閏正月二十九日には、将軍家の方違を頼経・竹御所二人がおこなっていることも確認できる。

竹御所は御台所となる以前から、幕府内で重要な位置にあり頼経とも密接な関係をたもっていたのである。

寛喜二年（一二三〇）十二月九日、いよいよ竹御所と頼経の婚姻の儀がおこなわれる。竹御所二十八歳、頼経十三歳の時である。御台所となった竹御所は、頼経に同行し御行始・方違など幕府の行事に参加している。そもそも頼経の主宰であったと思われる、勝長寿院・永福寺などの恒例の仏事にも頼経とともに出席している。竹御所は、御台所として将軍頼経に同行しているのである。

しかし、政子の仏事は依然として竹御所単独の主宰で行われている。寛喜三年（一二三一）七月十一日には、政子月忌のため勝長寿院に渡御している。天福元年（一二三三）十二月十二日には、南御堂の政子月忌の聴聞のため入御している。さらにみて行くと、源氏将軍一族の仏事も竹御所が主宰している。寛喜三年（一二三一）三月九日には、頼朝の子どもで仁和寺の僧となっていた貞暁の死が、六波羅探題から知らされているが、竹御所は叔父の喪に服するために、竹御所亭に入御している。さらに、貞永元年（一二三二）七月二十七日には、父頼家追善の伽藍造営のため方違をおこなっている。

つまり、政子と源氏将軍一族の仏事は源氏将軍家の「家」の仏事として、竹御所の主宰となっていたのである。

●竹御所の死

さて、『吾妻鏡』文暦元年（一二三四）七月二十七日の記事には、竹御所が難産により死産し、自身も死亡したと記されている。竹御所三十三歳である。竹御所の喪に服しているのは、竹御所姫君という人物である。嘉禎元年（一二三五）七月には、竹御所姫君は北条時房亭で除服している。ほかに、竹御所姫君に関する記事は、『吾妻鏡』安貞二年（一二二八）五月八日・十日・十四日と三か条が確認できる。この一連の記事は、竹御所姫君の不例（病気）を記している。十日条では北条時房の沙汰として御祈祷が行われており、十四日条には不例の御減により、竹御所（亭）において沐浴をおこなっていることが記されている。竹御所姫君は、おそらく竹御所の猶子あるいは養子であるとおもわれる。

竹御所姫君の除服の二ヶ月前の嘉禎元年（一二三五）五月二十七日には、泰時が竹御所一回忌追善の仏像を造立している。竹御所主宰の政子仏事には、ほぼ北条氏の人物が参加していたし、傍ら北条氏側でも政子の仏事がおこなわれていた。また、数々の行事に北条氏、特に泰時室が竹御所に同行していることからも、北条氏は、政子に代わり竹御所の後見人の役割を担い、竹御所を通して摂家将軍と姻戚関係に等しい立場を維持していたとも考えられるのである。

以上のように、竹御所と頼経は、政子が体現してきた源氏将軍家、つまり血縁関係を通して作られる私的な「家」と鎌倉殿の地位を継承し、やがて二人は夫婦となっていたのである。源氏将軍家の「家」と鎌倉殿という、かつて一体化となっていたものが分離されてしまったが、幕府・御家人社会には、いまだ公式の場に、両者を統合した源氏将軍家の存在をもとめる意識があったのであろう。

頼経は、竹御所を通して源氏将軍家との連続性をみせていたが、竹御所の死は、源氏将軍家と摂家将軍家を分離するきっかけとなったと思われる。源氏将軍の血を引く、竹御所の出自の特質による結果として理解できる。

そうだとすると、竹御所死後の摂家将軍家の妻たちの出自も気になるところである。竹御所死後、頼経には二人の妻が確認できる。側室（そくしつ）である二棟御方（ふたむねおんかた）と二人目の御台所である。二人の妻の出自、子どもたちとの関係をみてみると、竹御所を含む妻たちの、摂家将軍家における役割と政治的立場が理解できるであろう。

●頼経の二人の妻たち

延応（えんおう）元年（一二三九）八月八日に、二棟御方の着帯（ちゃくたい）の儀が行われた。この記事には、二棟御方が頼経の寵愛を受け、大宮殿（おおみやどの）と呼ばれており、その出自が大納言定能（だいなごんさだよし）の孫・中納言親能（ちゅうなごんちかよし）の娘であるとしている。二棟御方の祖父定能・父親能の家は、二条家を称している。まず、祖父定能は九条兼実に伺候しながら後白河院の院司として、さらに皇嘉門院の院司として活躍している人物である。定能の父季行は同じく皇嘉門院の院司である藤原宗能の娘と婚姻し、定能以外も、兼実北政所兼子と皇嘉門院の院司能保をもうけている。さらに、定能の姉妹は八条院女房大弐局・宜秋門院女房六条局がいた。また、定能の娘たちも皇嘉門院・宜秋門院等の女房をつとめており、親能は二棟御方以外にも宜秋門院女房の大宮局という娘をもうけている。また定能の孫資季は九条家の家領奉行人として、道家以降家司として活躍していた。二条家は王家に代々臣従しながら、兼実の時期から九条家とも密接な関係をもっている家柄である。九条家とは重層的に婚姻関係を維持していることも確認できるのである。

【頼経関係系図】

忠通―九条兼実＝兼子
九条兼実―良経―道家―頼経
（二条）季行―兼子
（二条）季行―定能―親能―二棟御方
定能―女子
（持明院）基家―基宗―家行＝女子
基家―西園寺公経母
家行―頼経御台所
頼経＝二棟御方
頼経＝頼経御台所

二棟御方は延応元年（一二三九）十一月二十一日、若君を出産している。次期将軍頼嗣である。以後、彼女は頼嗣の「母儀」として、多くの将軍家の行事に参加している。頼嗣の将軍就任後、二位に除されたようで「二品」と記されている。

さて、『鎌倉年代記裏書』仁治二年（一二四一）七月四日条には、「将軍若君誕生、御母御台所、中納言家行卿女」と記されている。頼嗣誕生から二年後、頼経御台所も若君を出産しているのである。頼経御台所は寛元二年（一二四四）五月十八日の記事から二位殿と呼ばれていることが確認できる。将軍御台所として二位に叙せられていたと思われる。

頼経御台所の父親は藤原家行である。家行は持明院家を称し、家能から家行へと改名していて、正三位、権中納言の公卿である。家行の妹は四条天皇（道家の外孫）の乳母で、娘は後堀河天皇との間で室町院・神仙門院をもうけている。また、家行の父基宗の姉妹には、後高倉院の妃で後堀河天皇の母となる女性と、西園寺公経の母となる女性が存在する。そして家行自身の妻が二棟御方の祖父定能の娘である。

以上のように、持明院家は直接王家、そして九条家の外戚にあたる西園寺家と婚姻関係を結んでいる。しかも、二棟御方の二条家ともすでに婚姻関係があったことが確認できる。

このような頼経の二人の妻の出自は、どのような政治的意味をもつのであろうか。

頼経は嘉禎四年（一二三八）二月に、鎌倉に下向後、はじめて京都に上洛している。上洛した頼経は、外祖父公経と父道家に会っている。そして、父道家は頼経の在京中、九条家の諸行事を催しており、それらすべてに頼経が参加している。特に、道家の若君福王が仁和寺に入室する際には、道家が同車しており、道家の子である良実・実経・将軍頼経が従っていたことが記されている。福王は頼経の猶子ともなっているため、頼経が扶持し、共侍を差し遣わしており、実際福王の出家の行列には頼経から差し遣わされた十人の侍が扈従している。しかも福王の仁和寺入室の行列には多くの公卿が供奉しており、これは公家・武家をあげての大行事となっていたとみられる。『五代帝王物語』には、四条天皇の外祖父であり、摂政（教実）と将軍、延暦寺の座主・三井寺の長吏・興福寺の別当の父親である、この時期の道家の権勢を、「世を手に握り給う」と表現している。道家は摂関家・将軍家・寺家の頂点にたつ立場をアピールしていたともみられる。つまり、頼経の上洛は、鎌倉殿頼経と、父道家・外祖父公経との関係を緊密にするものとなっており、特に父道家の政治的立場を補強する役割を担っていたとみられる。

一方、頼経の上洛は頼経の婚姻にも重要な意味を持っていたと思われる。二棟御方が出産するのは、頼経が京都からもどった一年後となる。このような時期的な問題から頼経と二棟御方、さらには頼経御台所までを含んだ婚姻関係は、上洛をきっかけとして、父道家のはからいによって結ばれたと推察できる。道家は頼経の暦仁元年（一二三八）の上洛を通して、頼経を九条家の「家」秩序に包摂し、将軍頼経の「家」構成に大きく介入するようになったと、評価できる。

仁治三年（一二四二）道家の外孫である四条天皇が死亡、その皇位をめぐる幕府と道家の対立のすえ、幕府の推す後嵯峨天皇が即位することになる。そして、寛元二年（一二四四）に頼経は将軍職を辞任させられ、寛元四年（一二四六）には京都に追放されることになる。

●北条氏と摂家将軍家の妻たち

以上のように、竹御所死後の摂家将軍家の「家」の形成は、父道家と密接にかかわっていることがわかる。北条氏の意図とは異なる方向へと向かったことになる。結局、頼経が辞任させられた後、頼経の子頼嗣の御台所には、北条時頼の妹である檜皮姫(ひわだひめ)が迎えられている。北条氏が直接、将軍家と婚姻関係を結んでいるのである。摂家将軍家の「家」の形成は、北条氏の政治的意図と摂家将軍との対立を反映する形で、ドラマティックに展開されたようにみえる。源氏将軍家と姻戚関係を根拠に、幕府の実権を掌握してきた北条氏は、婚姻関係を通して将軍家を手中に置こうとする政治的構想を、さらに強めていったのである。

このような観点からみると、源氏将軍の血を引きながら北条氏と密接な関係を維持していた竹御所は、北条氏の政治的構想を作り上げる重要な発端となった人物として評価できよう。やがて北条氏は、源氏将軍の血を引く存在を介在せず、将軍家と婚姻関係を結び、鎌倉幕府の実力者としての立場を強固なものにしたと考えられる。

（金(キム)　永(ヨン)）

【参考文献】

青山幹哉「鎌倉将軍の三つの姓」（『年報中世史研究』一三、一九八八年）
金永「摂家将軍期における源氏将軍観と北条氏」（『ヒストリア』一七四、二〇〇〇年）
五味文彦「聖・媒・縁」（『日本女性生活史2中世』東京大学出版会、一九九〇年）
野口実「竹御所小論―鎌倉幕府政治史上における再評価―」（『青山史学』一三、一九九二年）
野村育世『北条政子　尼将軍の時代』（吉川弘文館、二〇〇〇年）

2 檜皮姫―政子以来の北条氏出身の御台所―

●将軍頼嗣との結婚

寛元三年（一二四五）七月二十六日、北条泰時の子時氏の娘で、四代執権・北条経時の同母妹である檜皮姫が将軍九条頼嗣と結婚した。檜皮姫の母は安達景盛の娘で、のちに松下禅尼と呼ばれた女性である。檜皮姫は寛喜二年（一二三〇）生まれであるが、誕生した月日はわかっていない。父時氏は同年六月に亡くなっており、父娘が対面できたかどうかは不明である。檜皮姫の夫となった頼嗣は、前年の四月に元服し、その直後に父頼経から譲られて将軍となった。元服したとはいえ結婚当時の頼嗣は七歳、檜皮姫は十六歳である。頼嗣の父頼経も十歳以上年長の竹御所（二代将軍源頼家の娘）を妻に迎えているが、結婚当時の頼経は十三歳（八歳で元服し、その直後に将軍になっている）だったので、檜皮姫と頼嗣はかなり急いで婚姻関係を結んだように見受けられる。二人の結婚を主導したのは檜皮姫の兄経時だが、『吾妻鏡』同年七月二十六日条より経時が急いでいた事実がわかる。すなわち、檜皮姫が結婚した七月二十六日は、結婚するにはあまり縁起が良くない日であった。先例があるとはいえ、そのような日に結婚することについて、全く感心しないと非難する者がいたにもかかわらず、経時はこの結婚を強行した、というのである。この日の夜、武士達に付き従われた檜皮姫は、将軍頼嗣の御台所として御所に入った。二人の結婚によって北条氏は頼嗣の外戚となり、現任の将軍の後見役という立場を獲得したのである［高橋二〇一三］。

●祖父の死と兄経時の執権就任

それでは何故、経時は自身の妹と将軍頼嗣を急いで結婚させ、現任の将軍の後見役という立場を獲得する必要があったのだろうか。その背景には、仁治三年（一二四二）六月の祖父泰時の死により十九歳で執権を引き継いだ経時を取り巻く厳しい状況があった。執権就任時の泰時が四十二歳であったことを考えると、十九歳という格段に若い執権が誕生したのである。本来であれば、泰時の死後は経時の父時氏が執権に就任したのであろうが、すでに述べたように、時氏は寛喜二年六月に二十八歳で亡くなった。このため、時氏の嫡子である経時が祖父の後を継いで執権となったのである。泰時は、貞応三年（一二二四）以来、二十年近くの長きにわたって執権の地位にあったため、まだ十代であった経時が後を継いだというだけでもその苦労が偲ばれるが、執権泰時の体制も決して盤石ではなく、いくつかの問題を抱えていた。

まずは、執権を支えるべき連署の不在である。延応二年（一二四〇）正月、泰時の叔父で、連署として長年にわたり泰時を支えて来た時房が急死した。平経高の日記『平戸記』の同年正月二十八日条によれば、時房より一ヶ月余り前に亡くなった三浦義村の死も急なもので、義村・時房という承久の乱で活躍した御家人の相次ぐ急死は、前年二月に配流先の隠岐国（島根県）で亡くなった後鳥羽上皇の怨霊のしわざだと噂された。後任の連署はしばらく不在で、六波羅探題を務めていた重時（泰時の異母弟）が鎌倉に戻って連署に就任したのは、北条氏に次ぐ有力御家人だった三浦氏が宝治元年

（一二四七）六月の宝治合戦で滅亡した後のことである。しかも、この時すでに経時は亡くなっており、執権は経時の同母弟で檜皮姫のもう一人の兄である時頼（ときより）が引き継いでいた。

●九条道家の動向

重時がなかなか鎌倉に戻れなかったのは、当時の京都の情勢が関係している。幕府は将軍頼経の父九条道家（くじょうみちいえ）の動向を警戒しており、監視の要とも言うべき六波羅探題の重時を鎌倉に呼び寄せるわけにはいかなかったのである。幕府が道家を警戒したのは、以下の二つの出来事が原因であろう。一つは、貞永（じょうえい）元年（一二三二）十月の後（ご）堀河（ほりかわ）天皇から子の四条（しじょう）天皇への譲位である。四条天皇の母は道家の娘であ

【檜皮姫関係系図】

高倉―後鳥羽―土御門―後嵯峨―宗尊親王
高倉―守貞親王（後高倉院）―後堀河
九条兼実―良経
一条能保＝女子
一条能保―女子（良経室）
一条能保―女子（西園寺公経室）
良経＝女子（一条能保娘）―道家
西園寺公経＝女子―女子
道家＝女子（西園寺公経娘）―頼経・教実・竴子（藻壁門院）
後堀河＝竴子（藻壁門院）―四条
源頼朝＝女子（女子）
源頼朝＝政子―頼家―竹御所
頼経＝竹御所
頼経―頼嗣
北条時政―義時・時房・政子
義時＝姫の前―重時・朝時
重時―長時
朝時―光時・時幸
義時―泰時―時氏
安達盛長―景盛―松下禅尼
時氏＝松下禅尼―檜皮姫・経時・時頼
檜皮姫＝頼嗣

る中宮竴子で、前年の十月に皇太子に立てられてはいたものの、四条天皇はわずか二歳であった。幕府はこの譲位に難色を示したが、四条天皇の外祖父である道家は、妻の父で関東申次（朝廷と幕府の連絡役）の西園寺公経の了解を得て四条天皇への譲位を強行したのである。

二つめは、後鳥羽・順徳両上皇の帰京運動である。四条天皇の母竴子は、貞永二年（一二三三）四月に院号を宣下され藻壁門院となったが、同じ年の九月に皇子を死産した後に亡くなった。翌年九月には、夫である後堀河上皇も二十三歳で没している。二人の相次ぐ死は、隠岐国にいる後鳥羽上皇の怨念によるものと捉えられ、都では後鳥羽上皇と順徳上皇を帰京させてその怨念を取り除きたいとの気運が高まった。そうした中、文暦二年（一二三五）三月、道家は幕府に対して後鳥羽上皇と順徳上皇の帰京を働きかけたのである。しかし、五月になってようやくもたらされた幕府の回答は、帰京を拒否するものであった（『明月記』同年五月十四日条）。

幕府にとって警戒すべきこのような道家の行動は、道家が四条天皇の外祖父であるとともに将軍頼経の父であったことを背景としている。頼経は、建保七年（一二一九）に二歳で鎌倉に下向した後、九歳で将軍となったが、経時が執権に就任した仁治三年には二十五歳になっていた。この間、将軍頼経の周囲には次第に反執権勢力が形成されていったが、その中心にいたのが名越流北条氏である。

●名越流北条氏

泰時の異母弟である朝時を祖とするのが、名越流北条氏である。建久五年（一一九四）生まれの朝時は、異母兄の泰時より十一歳下であった。母は比企朝宗の娘の姫の前で、建仁三年（一二〇三）九月の比企氏滅亡に伴って離縁するまで北条義時の正室だった女性である。母の出自からすると、義時の後継者は朝時だったとしても不思議ではないが、この父子は良好な関係ではなかったようである。『吾妻鏡』建暦二年（一二一二）五月七日条によれば、朝時は、将軍実朝の御台所に仕える女房に艶書を送って深夜に誘い出したことが発覚し、父義時から義絶されて駿河国（静岡県）に籠居した。それから一年後の建暦三年（一二一三）五月に起きた和田合戦の直前に鎌倉に呼び戻され、泰時とともに合戦に参加したが、義時は総じて朝時よりも同母の弟重時の方を重用した。義時の死後、泰時の下で執権政治が確立すると、朝時は徐々に幕府政治の中心から外れて将軍九条頼経との関係を強めた。やがて頼経を擁する反執権勢力が形成されたが、朝時の生前に北条氏嫡流と名越流の表立った衝突は起きていない。しかし、泰時と朝時の関係は良好なものではなかったことが知られている。仁治三年（一二四二）五月に泰時が出家した際に朝時も出家したことについて、『平戸記』同月十七日条には、日頃は疎遠な兄弟であったのにと世間で不思議がられた、と記されている。名越流北条氏の名越は、朝時が祖父時政の屋敷である名越邸を継承したことに由来する。朝時以来、名越流が執権と対立し続けたのは、このような由来を背景に、名越流こそが北条氏の本流である、という意識があったためと考えられている［細川二〇一一］。最近の研究では、執権と名越流の確執を生み出したきっかけは、義時の死であったことが指摘されている［山本二〇二一］。

●経時政権

以上で見てきたように、執権を支える連署の不在、天皇の外祖父および将軍の父として独断行為が目立つ九条道家の存在、成長した将軍頼経を擁する反執権勢力の形成といった問題を抱えた状態で経時政権は発足した。難しい舵取りを迫られたためであろうか、執権就任後の経時はしばしば体調を崩していたが、寛元四年（一二四六）三月、ついに深刻な病状に陥ったため、同母の弟時頼に執権を譲った（経時は同年閏四月一日に死去）。このように、経時政権は四年足らずの短いものであったが、増加する幕府裁判を効率的に処理するための組織運営に転換した点で注目されている。また、寛元二年（一二四四）四月の頼経から頼嗣への将軍の交代は、経時の執権在任中に起きた最大の事件といえるだろう。頼経は翌年七月には出家したが、そのまま鎌倉に留まって大殿と呼ばれ、将軍の父として隠然たる影響力を保っていた。一方頼嗣は、将軍に就任する直前に経時を烏帽子親として元服し、その翌年には経時の妹である檜皮姫を正室に迎えた。これらは、北条氏嫡流による摂家将軍への影響力の行使と読み取ることができる［岩田二〇一四］。しかし、反執権勢力の拠り所となる頼経は、大殿として影響力を保ったままであったため、時頼は、兄経時と同様に、厳しい状況の中で執権を引き継いだのである。

●相次ぐ政変と檜皮姫の死

深刻な病状にあった経時が、寛元四年（一二四六）閏四月一日に亡くなると、鎌倉では不穏な動きが見られるようになり、騒然とした状況が続いた（『吾妻鏡』）。前年四月に亡くなった名越流の朝時の息子達が、執権勢力との対立を強めたからである。五月二十五日になると、朝時の嫡子光時（みつとき）が謀反（むほん）の嫌疑を受けて出家した。六月に入って光時の弟時幸（ときゆき）が自害し、大殿頼経の近習（きんじゅう）藤原定員（さだかず）・定範（さだのり）父子が処罰され、反執権勢力の評定衆後藤基綱や千葉秀胤等が解任された。その後、光時は伊豆に配流となり、千葉秀胤は上総に追放されている。反執権勢力は一掃され、側近を失って孤立した頼経は京都に送還されることとなり、七月十一日に鎌倉を出発した。以上が、寛元の政変または宮騒動と呼ばれる事件である。この事件の影響は頼経の父道家にも及び、道家は関東申次を罷免され籠居することとなった。

将軍頼嗣の御台所となった檜皮姫は、御行始の記事や御台所として幕府の重要仏事に関わっていたことが『吾妻鏡』に見える。しかし、兄経時と同様に病弱だったようで、寛元四年二月より『吾妻鏡』には不例の記事が続き、翌宝治元年（一二四七）五月十三日に十八歳で亡くなった。頼嗣との結婚から二年足らずのことである。『吾妻鏡』同年五月十四日条によれば、檜皮姫は佐々目にある兄経時の墳墓の傍らに葬られた。執権時頼は、妹の喪に服するため、檜皮姫が亡くなった当日に三浦泰村の屋敷に移ったが、それから一ヶ月足らずの六月五日に宝治合戦が起こり三浦氏は滅んだ。この時、鎌倉の不穏な様子をいち早く六波羅探題の重時に知らせたのはその嫡男長時だったが、長時が鎌倉に下向していたのは、檜皮姫の死去による弔問のためであった。

妹である檜皮姫の死後も、時頼は将軍としての頼嗣の育成に力を注いだ。しかし、建長三年（一二五一）十二月に九条家と関係の深い僧で千葉氏の流れをくむ了行らが謀反の疑いで捕えられ、関係者が処罰されるに及んで、頼嗣が将軍である限り父頼経の政治的影響力を排除することはできないと判断したようである。翌建長四年（一二五二）二月、時頼は、現将軍頼嗣の解任と新将軍として後嵯峨上皇の皇子の下向を要請し、四月一日には十一歳の宗尊親王が鎌倉に到着して将軍となった。その二日後の四月三日、入れ替わるように十四歳の前将軍頼嗣は京都へ向けて鎌倉を出発している。檜皮姫の二人の兄は、現任の将軍の外戚となり後見役という立場で将軍に対する影響力を行使しようとした。しかし御台所となった檜皮姫が早くに亡くなった影響もあってその試みはうまく行かず、最終的に将軍そのものを交代させたのである。

（長田郁子）

【参考文献】

岩田慎平「九条頼経・頼嗣—棟梁にして棟梁にあらざる摂家将軍の蹉跌」（平雅行編『中世の人物　京・鎌倉の時代編　第三巻　公武権力の変容と仏教界』清文堂出版、二〇一四年）
金永「摂家将軍家の「家」の形成と妻たち」（大阪歴史学会『ヒストリア』一七八号、二〇〇二年）
高橋慎一朗『北条時頼』（吉川弘文館、二〇一三年）
細川重男『執権　北条氏と鎌倉幕府』（講談社学術文庫、二〇一九年、初出二〇一一年）
森幸夫『北条重時』（吉川弘文館、二〇〇九年）
山本みなみ『史伝　北条義時』（小学館、二〇二一年）

終章　鎌倉幕府滅亡以後

元弘元年（一三三一）五月、後醍醐天皇の倒幕計画が発覚したために、幕府は日野俊基、文観らを捕らえた。同年八月には、後醍醐天皇は京都を脱出して、笠置（京都府笠置町）に立て籠もったが、幕府は大軍を送って笠置を陥落させた。翌年三月に、後醍醐天皇は隠岐島（島根県）に流された。元弘二年（一三三二）十一月に、吉野（奈良県吉野町）で護良親王が、河内（大阪府東部）で楠木正成が挙兵をおこなったために、反幕府の動きが広まった。幕府はこれを鎮圧するために大軍を上洛させたが、有力御家人の足利尊氏も幕府から離反したために、同年五月に六波羅探題は陥落した。探題の北条仲時・時益は光厳天皇を奉じて関東に向かおうとしたが、時益は京都東山で討死し、仲時は近江（滋賀県）で自害した。

東国でも有力御家人が相次いで離反していき、新田義貞を中心とする軍勢が鎌倉を攻撃した。激しい攻防戦のなかで、北条氏一門の執権赤橋守時や金沢貞将（前執権貞顕の子息）らが討死している。五月二十一日には鎌倉は陥落して、得宗北条高時をはじめとする北条氏一門は東勝寺で自害した。鎌倉幕府とともに北条氏も滅亡したのである。高時の生母覚海円成は一族の女性たちを引き連れて伊豆北条（静岡県伊豆の国市）に隠棲した。

後醍醐天皇は京都に帰還して建武政権を樹立したが、その政権は安定しなかった。幕府滅亡後には、北条氏一門の残党による蜂起が相次いでおこっている。建武元年（一三三四）には九州北部で規矩高政と糸田貞義が挙兵しており、建武二年（一三三五）には、北陸で名越時兼が挙兵している。高時遺児の北条時行が擁立された中先代の乱は、最も大きな反乱である。信濃（長野県）で挙兵した時行軍は鎌倉を一時期占領したが、京都から下向した足利尊氏に敗れた。尊氏はそのまま鎌倉に留まって建武政権から離反したために、南北朝内乱が勃発する。時行は南朝方に帰参して足利方（北朝方）と戦ったが、正平八年（一三五三）に捕えられて竜口（神奈川県藤沢市）で斬られた。

北条氏の再興は実現しなかったが、室町幕府を開設した足利尊氏の正妻である赤橋登子は最後の執権守時の妹であった。

赤橋登子——足利尊氏の正妻——

●「継母の讒」は真実か

貞治四年（一三六五）五月四日、室町幕府二代将軍足利義詮の生母・赤橋登子が亡くなった。夫足利尊氏（建武政権発足までは「高氏」と名乗っていたが、本稿では「尊氏」の名で統一する。）の死から七年、兄赤橋（北条）守時の死からは三十二年ほどが経っていた。守時は鎌倉幕府の最後の執権を務めた人物で、幕府滅亡の渦中で奮戦の末、洲崎（神奈川県鎌倉市）で自害したとされる。

尊氏は登子の実家である北条氏を裏切って倒幕運動に加わり、その貢献が評価された結果、後醍醐天皇による新政権（建武政権）に迎えられた。その後、北条氏の残党は中先代の乱や南北朝の動乱で軍事的行動が確認できるものの、次第に歴史の表舞台から姿を消していく。しかし、北条氏の血脈は、登子が産んだ義詮と基氏の子孫、室町将軍家と鎌倉公方家に受け継がれたのである。

いわば登子は鎌倉北条氏から足利氏への武家政権の引継ぎを象徴する人物と言えるが、意外なほどに彼女を専門に論じた論考は少ない。登子に限ったことではないが、中世の女性の名前や事跡が、彼女らが生きた同時代の史料に登場することは非常に少なく、史料をもとに女性の一生を描き出すのは一筋縄ではいかない。

その壁に立ち向かい、限られた史料から登子の人物像を描こうとした研究の中には、『太平記』の

「継母の讒」という記述に言及したものがある。登子の夫尊氏には、登子との間にもうけた二人の男子（義詮・基氏）のほかに、直冬（生母は越前局）という男子がいた。成長した直冬は尊氏に対面を求めたのだが、尊氏はこれを拒んだ。のちに尊氏が弟の直義と対立して「観応の擾乱」と呼ばれる内乱に発展すると、叔父にあたる直義の養子となっていた直冬も、父と骨肉の争いを繰り広げた。尊氏はなぜ直冬を拒絶し、直冬も父に立ち向かったのだろうか。

『太平記』には、直冬が「継母による事実と異なる告げ口が原因で、あちこちを漂泊しなければならなかった」という記述がある。この記述から、尊氏の直冬に対する仕打ちの背景には、「継母」登子の意志が作用していたとも考えられている。実家である北条氏の滅亡という苛酷な経験をした登子は、時には夫の尊氏をも敵として、実家の血を引く自らの子供に幕府を継承させようとしたというのである［谷口一九九七］。

登子の心中に、実家を滅ぼす片棒を担いだ夫への恨みや、実家の血を引く我が子に幕府を継承させようという執念があったことは否定できない。彼女自身に問いかけることはできないが、一般論として、身内を失った人間にそういった感情があった可能性はかなり高いといえよう。しかし、最終的に後継者を決定したのは尊氏であり、彼女の意志が尊氏の判断にどの程度作用したかと問われれば、それはまた別の問題であろう。登子との間に生まれた子を後継者とし、彼女以外の女性が産んだ子を排除するという重大な選択を、妻の意志に寄り添うという理由だけでなし得るだろうか。近年、初期室町幕府政治において、登子の血縁関係による人脈が重要な役割を果たしていたと指摘されている。そのことを踏まえれば、登子が産んだ子を後継者とすることは、尊氏にとっても政治的なメリットのある選択だったのではないだろうか。そのことを手掛かりにしつつ、『太平記』を根拠として描かれた「実家の血脈に執着する女性」という仮面から彼女を解き放ち、その仮面の下に隠された素顔に迫りたい。

●尊氏との婚姻と義詮の誕生

享年から逆算すると、登子の生年は徳治元年（一三〇六）である。父の赤橋（北条）久時は、六波羅探題（北方）や評定衆といった鎌倉幕府の要職を歴任し、正安三年（一三〇一）には一番引付頭人に就任した。北条重時を祖とする極楽寺流北条氏の嫡流とされる赤橋氏は、その嫡子が将軍を烏帽子親として元服し、将軍の名から一字を賜る（偏諱）など、北条一門の中でも得宗家に次ぐ高い家格に位置付けられていた。順当にいけば久時も連署に昇任したものと思われるが、登子誕生から間もない徳治二年十一月二十八日に三十六歳で死去したため叶わなかった。

登子が尊氏に嫁いだ時期ははっきりしないが、大きく分けて二つの説がある。より早い時期と考えるのは、元応元年（一三一九）、尊氏が十五歳で叙爵（従五位下に叙されること）した頃とする説である［細川二〇一六］。足利氏では、北条一門から迎えた正妻から生まれた男子が家督を継承することが通例となっており、尊氏の父貞氏の後継者についても、尊氏の異母兄である高義（母は金沢顕時の娘）に決まっていた。しかし、文保元年（一三一七）に高義が二十一歳の若さで死去すると、足利氏の家督継承者候補として尊氏に注目が集まるようになる。先述のとおり、足利氏当主は代々北条一門から正妻を迎えており、登子との婚姻時期を叙爵の前後とする説では、登子との婚姻によって、尊氏が嫡子として認められたとする点を強調する。

一方で、尊氏と登子の婚姻時期は、彼らの第一子である千寿王（のちの義詮）が生まれた、元徳二年（一三三〇）の少し前だとする説もある［清水二〇一三］。この説では、尊氏がまだ従五位下だったにもかかわらず、嘉暦元年（一三二六）に弟の直義が同じ従五位下に叙された点を重視し、高義の死去後しばらくの間、尊氏の家督継承者の地位は不安定だったと考える。その上で、登子との間に北条氏の血を引く義詮が誕生したことによって、尊氏の家督継承が確固たるものになったとする。しかし、この説に対しては、①直義が叙爵したのは二十歳の時であって、十五歳で叙爵した尊氏の待遇との格差は歴然である上に、②当時の女性の婚姻年齢を踏まえると、登子が義詮誕生の直前（二十代半ば）まで未婚だったとは考え難いという批判がある［細川二〇一六］。いずれにしても、登子との婚姻（＝北条一門との姻戚関係）が、尊氏の家督継承者としての地位の確立と密接に関連しているとする点は、多くの研究者の共通認識となっている。なお、中原師守の日記『師守記』は、登子を「守時の息女」として

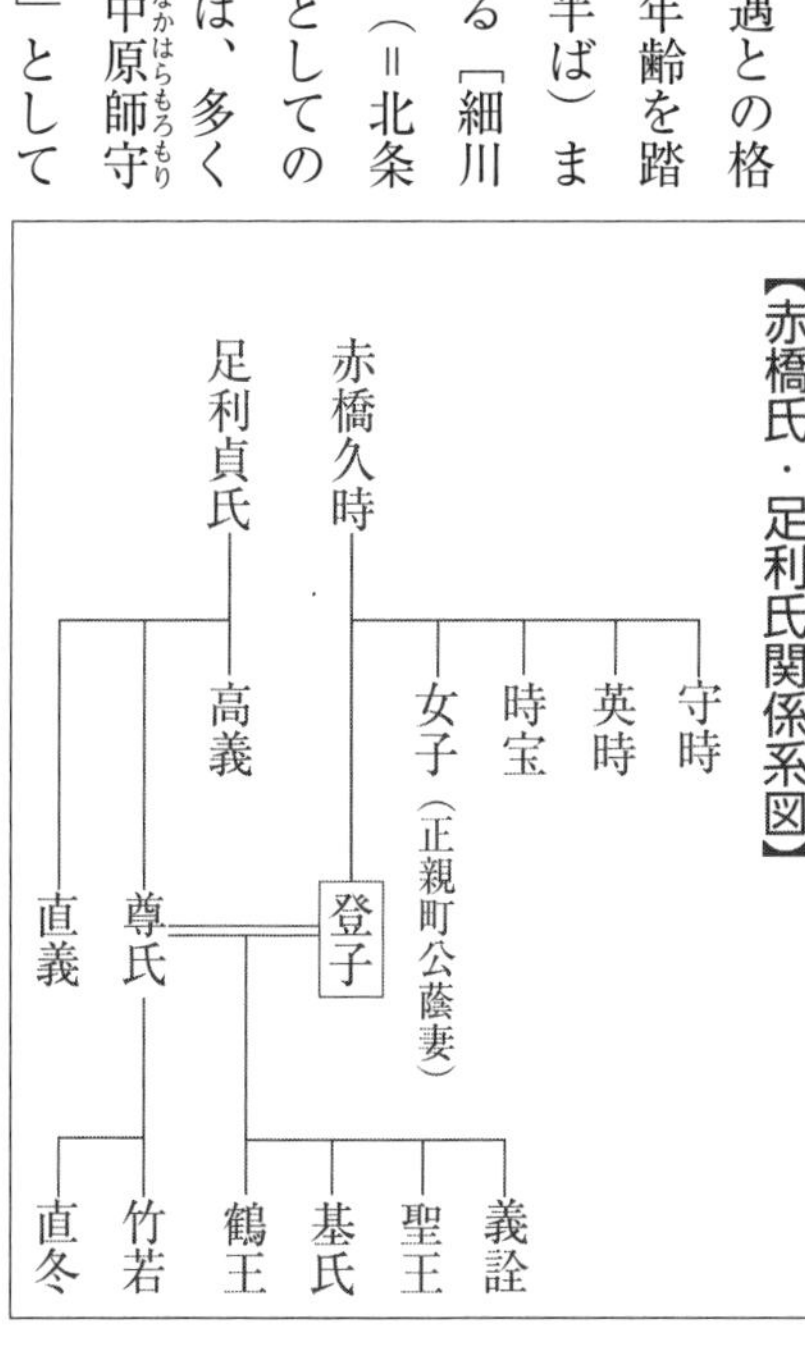

【赤橋氏・足利氏関係系図】

いる。このことは、生後すぐに父を亡くした登子が、尊氏との婚姻に際して、その頃既に幕府の中枢にいた兄守時の養女となっていた可能性を示唆している。

●鎌倉脱出と幕府滅亡

元弘元年（一三三一）九月、父貞氏が死去し、尊氏が足利氏の当主となった。その頃、畿内では後醍醐天皇が鎌倉幕府打倒を目指し、山城国笠置山（京都府相楽郡笠置町）に兵を集めて立て籠もった（元弘の変）。同月、尊氏は大仏貞直や金沢貞冬らとともに幕府側の大将を命じられた。討伐のため西上した尊氏らの働きによって笠置山は陥落し、捕らえられた後醍醐天皇は隠岐島（島根県）に流罪となった。

変の終息によって尊氏は鎌倉に帰還し、翌年には、功績が認められて従五位上に叙された。しばらくは登子や義詮とともに穏やかな日々を過ごしたものと思われるが、元弘三年閏二月、後醍醐天皇が隠岐島を脱出し、伯耆国船上山（鳥取県東伯郡琴浦町）に籠って各地に挙兵を呼びかけた。幕府は再び尊氏に討伐を命じ、名越高家とともに出兵させた。『太平記』によれば、尊氏が登子と義詮を引き連れて上洛しようとしたところ、得宗（北条氏嫡流の家督で幕府の実質的な最高権力者）の北条高時は、尊氏に起請文を提出させるとともに、二人を鎌倉に留め置くよう命じたとされる。尊氏が裏切らないようにするための人質である。そもそも討伐に行くのに妻子を連れて行こうとすること自体が不自然であり、『太平記』の記述が史実を反映しているとは考え難いが、御家人足利氏の生活の拠点は鎌倉にあったことから、義詮が鎌倉に留まったのは確かであろう。

　船上山に向けて進軍していた尊氏は、丹波国篠村荘（京都府亀岡市）で幕府に反旗を翻し、全国各地の武士に挙兵を呼びかけた。五月七日には、集結した武士とともに六波羅探題（京都にあった幕府の出先機関）に攻めかかり、幕府軍との激戦の末、陥落させることに成功する。『太平記』によれば、それに先立つ五月二日夜、義詮が鎌倉の足利邸から脱出し、尊氏の離反が鎌倉市中に知れ渡った。義詮はまだ四歳の幼児であり、実際は登子や足利氏の被官によって連れ出されたものと思われる。五月十二日、義詮は新田荘世良田（群馬県太田市）で倒幕の兵を挙げた。新田荘での義詮挙兵は、新田本宗家・岩松氏・世良田氏といった新田一族が、この周辺で倒幕活動を起こしていたのと連動していた。足利氏と祖先を同じくする彼らは、鎌倉末期までに有力御家人の地位を確立していた足利氏の下で、「足利一門」の一員としての意識を有するに至ったと指摘されている［田中二〇一一］。義詮の世良田での挙兵、さらには登子と義詮の鎌倉脱出は、新田一族の手引きによってなし得たものと考えられる。

　義詮挙兵の四日前、新田義貞が新田荘内で挙兵している。この義貞の挙兵も、新田本宗家単独の判断ではなく、足利氏と緊密に連絡を取り合った上で行われたものと考えられる［峰岸二〇〇五］。遅れて十二日に世良田を出発した義詮の軍勢は、利根川を渡って武蔵国（埼玉県）に入り、義貞軍と合流して鎌倉を攻め落とした。この間、登子の動向は不明であるが、鎌倉を脱出した後も義詮と行動を共にし、世良田に匿われたものと思われる。その後は、義詮の軍勢に同行したとは考えづらいことから、世良田にとどまったのではないだろうか。

●激動の中での婚姻関係

西と東で同時に起こった足利氏の軍事行動が大きく貢献し、後醍醐天皇の倒幕運動が遂に実を結んだ。京都で後醍醐を迎えた尊氏は、天皇を中心とする建武政権で軍事部門の責任者とされ、天皇を補佐したとされる。鎌倉では、京都の尊氏から派遣された細川和氏・頼春・師氏の三兄弟が義詮を補佐した。十二月には、京都から後醍醐天皇の皇子成良親王が鎌倉に派遣され、関東十か国を統治する鎌倉将軍府が発足した。この時、成良親王の補佐役としてともに下向したのが、尊氏の弟直義であった。既に新田義貞は鎌倉を離れて上洛しており、鎌倉は義詮に従う足利勢力によって掌握されていた。このことから、鎌倉将軍府は足利氏によって支えられたといえよう。登子は世良田から鎌倉に戻り、幼い義詮の養育にあたったものと思われる。北条一門の娘として見聞きしてきた鎌倉幕府の政治手法が、足利氏の鎌倉統治にも生かされたのかもしれない。

建武二年（一三三五）七月、北条時行（高時の子）が信濃国（長野県）で挙兵し、義詮や登子のいる鎌倉に攻めかかった（中先代の乱）。直義ら鎌倉将軍府の軍勢は、勢いに押されて鎌倉を守り切れず、成良親王と義詮を伴って西へ敗走した。京都にあった尊氏は、彼らを救援するため、後醍醐の許しを得ないまま八月二日に出陣した。尊氏は直義と三河国矢作（愛知県岡崎市）で合流し、登子や義詮とも二年以上ぶりの対面を果たしたものと思われる。十九日には鎌倉奪還に成功したものの、後醍醐からの帰京命令に従わず鎌倉にとどまったため、建武政権への反逆の意志があるものと判断され、追討軍を差し向けられてしまう。親子水入らずの時間は長く続かなかったのである。

新田義貞が率いる追討軍が鎌倉に迫る中、尊氏が取った行動は、彼に従ってきた人々の期待を裏切るものであった。扇ヶ谷の浄光明寺（神奈川県鎌倉市）に籠って謹慎し、後醍醐に赦免を乞うたのである。なお、浄光明寺は登子の実家である赤橋氏と縁が深く、幕府滅亡後は足利氏から庇護を受けた。尊氏が覚悟を決めて出陣したのは、追討軍を迎え撃つために出陣した直義の苦戦が伝えられてからであった。尊氏が加わったことで足利軍は勢いに乗り、箱根竹之下（静岡県駿東郡小山町）で追討軍を撃退。そのまま西に敗走した追討軍を追って、翌建武三年正月には入京を果たした。

その後、尊氏は後醍醐に与する北畠顕家の攻撃によって京都を追われたが、九州で勢力を盛り返し、六月には反転攻勢して京都を奪還する。十月になると、比叡山（滋賀県大津市）に落ち延びていた後醍醐が抵抗をあきらめて京都に戻り、尊氏に擁立された光明天皇に三種の神器を譲り渡した。この間の登子は、鎌倉を預かる義詮とともに過ごしたものと思われる。その後、暦応三年（一三四〇）には尊氏との間に基氏が生まれていることから、その数年前には、鎌倉から京都の尊氏のもとへ呼び寄せられたはずである。なお、基氏には一歳年長の夭折した兄（聖王）がいた可能性があり［田辺二〇〇二］、その場合には上洛の時期を早めに考える必要がある。登子が呼び寄せられたのは、反足利勢力であった新田義貞や北畠顕家が相次いで戦死し、尊氏が征夷大将軍に任じられるなど、室町幕府の地盤が徐々に固まっていく時期であった。義詮が独り立ちしていく中で、登子には、京都にあって尊氏を支える役割が求められたのかもしれない。なお、暦応元年には、登子の兄弟で鎌倉末期に東大寺の寺務代に任じられていた時宝が寺務代に再任されており［平二〇〇〇］、登子の上洛に関連して彼が復権した可能性もある。

●赤橋氏の人脈

先ほど述べたとおり、後醍醐天皇は三種の神器を光明天皇に譲り渡して光明の皇位を認めた。しかし、その年の年末、後醍醐は京都から大和国吉野（奈良県吉野町）へ脱出し、自身の皇位の正統性を主張した。これにより、京都（北朝）と吉野（南朝）に二人の天皇が並び立つ状態となったのである。

北朝では、貞和四年（一三四八）に、光明天皇が甥の崇光天皇に位を譲った。この時、皇太子となったのが直仁親王だが、この決定の背景には、崇光の父である光厳上皇の強い意志があったとされている。直仁の父は花園法皇であり、花園の甥である光厳から見て直仁は従兄弟にあたる。しかし、実は直仁が光厳上皇の子だとする光厳自筆の置文が残されており、しかもその事実は花園にも知らされていたのではないかと考えられているのである［深津二〇一四］。

【直仁親王関係系図】

※数字は即位の順序を示す

92伏見—93後伏見—北朝1光厳—北朝3崇光
　　　　　　　　　　　　—北朝2光明
伏見—95花園
花園＝直仁
正親町実明—実子（宣光門院）＝直仁
正親町実明—公蔭—忠季

一方で、直仁の立太子は、光厳が足利氏との連携を重要視した結果であるとの指摘もある［家永二〇一六］。このことを理解するには、直仁の母方の血縁をたどる必要がある。直仁の母は正親町実明の娘・宣光門院実子である。実子には正親町公蔭という兄弟がおり、「北条系図」（『続群書類従』六上）によれば、登子の姉妹が公蔭の妻となっていたとされる。公蔭の従兄弟に当たる洞院公賢の日記『園太暦』にも、「宰相中将（＝足利義詮）の母と前大納言（＝正親町公蔭）の妻は姉妹だ」と記されており（観応元年（一三五〇）九月七日条）、この二人が姉妹だったのは事実のようである。つまり、登子と尊氏の夫妻にとって、直仁は義兄弟の甥に当たるのである。

もう一度、正親町公蔭の妻に目を向けてみると、彼女が産んだとされる忠季は元亨二年（一三二二）に生まれており、これが事実であれば、公蔭との婚姻時期は鎌倉幕府滅亡より十年以上も前である。つまり、二人の婚姻は、鎌倉幕府の下での赤橋氏の人脈によって成立したものと考えられる。極楽寺流北条氏の京都との縁は深く、連続して六波羅探題を輩出しただけでなく、実質的に六波羅探題が極楽寺流による請負で運営されていたとされる時期もある。登子の父久時も六波羅探題として京都に赴任したことがあり、そうした経歴の中で京都での人脈を作り上げたのであろう。登子の実家である赤橋氏が築いた京都における人脈は、そのほかにも様々な面で尊氏の政権運営を助けたのであろう。正親町公蔭を通じた直仁との縁戚関係は、その最たるものと考えられる。

●尊氏の娘を産む

尊氏と登子の子として、ここまで三人の男子（義詮、聖王、基氏）が登場しているが、「足利系図」（『続群書類従』五上）によれば、そのほかに崇光天皇の「后妃」になった女子がいたとされる。尊氏の娘については、文和二年（一三五三）十一月六日に鶴王の病気平癒のために祈祷が行われたという記録がある。祈祷の甲斐もなく、彼女は九日に死去してしまったという（『門葉記』）。この年には、尊氏に敵対する直冬が西国から京都に攻め上り、その結果、義詮はやむを得ず京都を捨てて美濃国（岐阜県）に逃げた。この頃、尊氏は鎌倉に下向して京都を離れており、義詮は尊氏から留守を預かっていたのである。この時の混乱は鶴王の身辺にも大きな影響を与えたはずであり、その心労が命を縮めたのかもしれない。鶴王の三回忌には、生前無位だったにもかかわらず、異例の従一位を贈られるという特別待遇を受けていることもあり（『園太暦』）、「后妃」は鶴王のことであると考えられる。

崇光天皇は、観応三年（一三五二）に南朝方の手で拉致され、大和国賀名生（奈良県五條市）に連行されている。鶴王はその翌年にこの世を去っていることから、崇光に嫁いだのが事実だとすれば、拉致される前のはずである。鶴王の享年は十二歳又は十三歳と推定されており［田辺二〇〇二］、当時の婚姻年齢からすれば不自然はない。しかし、彼女が十歳又は十一歳だった観応二年に、尊氏が北朝を見捨てる形で南朝と和睦してしまっている（正平一統）ことから、この時期に鶴王が北朝の崇光に嫁いだのを事実だとするのは難しい。

このように、登子と尊氏の間には、鎌倉幕府滅亡後に少なくとも二男一女が生まれていた。この事実からは、実家を滅ぼした尊氏に対する深い憎しみを推定することは難しい。建武政権の下では、赤橋守時の後家に伊豆国（静岡県）の所領が与えられており、この決定に尊氏が関与していた可能性が指摘されている［下山二〇一五］。こうした北条一門に対する尊氏の姿勢が、鎌倉幕府滅亡後の登子の心情の緩和に作用したのかもしれない。

●登子の生涯を振り返って

延文三年（一三五八）四月三十日、尊氏が五十四歳で死去した。十二月には義詮が征夷大将軍に就任した。結果としては、登子を通じて北条一門の血を引く将軍が誕生したわけである。しかし、ここまでの登子の生涯を振り返ってみると、北条一門の滅亡をめぐる夫への憎しみを生涯引きずっていたというよりは、尊氏と協力して義詮や基氏の栄達を成し遂げたという評価の方が適切ではないかと思われる。また、尊氏が義詮を後継者とした理由としては、実家を滅ぼされた登子に対する負い目があったというよりは、彼女が産んだ子を後継者とすれば、赤橋氏が京都で築いていた人脈を有効活用できるという現実的なメリットが念頭にあったと考えられる。

貞治二年（一三六三）六月二十九日には、北朝が登子を従二位（じゅにい）に叙した。彼女が亡くなったのはその二年後である。亡くなる前年には、彼女の病気平癒を祈る祈祷が行われており（『門葉記』）、しばらく病気がちだったようである。葬儀は北山（きたやま）の等持院（とうじいん）（京都市北区）で執り行われ、北朝からは従一位が贈られた（『師守記』）。なお、登子の死去の十四日後、貞治四年五月十八日には、義詮によって、登子の兄守時の三十三回忌法要が常在光院（じょうざいこういん）（京都市東山区）で行われた。

（長谷川明則）

【参考文献】

家永遵嗣「光厳上皇の皇位継承戦略と室町幕府」（桃崎有一郎・山田邦和編『室町政権の首府構想と京都―室町・北山・東山―』文理閣、二〇一六年）
清水克行『足利尊氏と関東』（吉川弘文館、二〇一三年）
下山忍「赤橋守時」（日本史史料研究会監修・細川重男編『鎌倉将軍・執権・連署列伝』吉川弘文館、二〇一五

年）
平雅行「鎌倉山門派の成立と展開」（『大阪大学大学院文学研究科紀要』四〇巻、二〇〇〇年）
田中大喜『足利氏と新田氏』（吉川弘文館、二〇二一年）
田辺久子『関東公方足利氏四代―基氏・氏満・満兼・持氏―』（吉川弘文館、二〇〇二年）
谷口研語「足利尊氏の正室、赤橋登子」（芥川龍男編『日本中世の史的展開』文献出版、一九九七年）
深津睦夫『光厳天皇―をさまらぬ世のための身ぞうれはしき―』（ミネルヴァ書房、二〇一四年）
細川重男「足利尊氏は「建武政権」に不満だったのか？」（日本史史料研究会監修・呉座勇一編『南朝研究の最前線―ここまでわかった「建武政権」から後南朝まで―』朝日新聞出版、二〇二〇年、初出二〇一六年）
峰岸純夫『新田義貞』（吉川弘文館、二〇〇五年）

あとがき

「鎌倉殿（かまくらどの）」を冠した大河ドラマは、予想を大幅に上回る（?）人気となり、鎌倉殿という言葉もすっかり定着した感がある。さて、はしがきでも述べているとおり、本書は『「吾妻鏡」でたどる北条義時の生涯』（小径社、二〇二一年）の「人物点描」で女性を多く取り上げたことから生まれたものである。女性をなるべく取り上げようというのは田辺旬さんの着想であった。本書においても、多くを田辺さんによっている。

新型コロナウィルス感染症がいまだ終息しないなか、この本の企画が生まれ進んでいった。以前は都心の喫茶店などで編集会議をし、そのあと飲みに行ったりしていたものだが、ほとんどがメールのやりとりで進められた。共編者の田辺さんの顔を見ての会議はズームを利用した一回のみで、そういう意味で少し難しいと感じる時があったものの、在宅のみでもなんとかできるものだなとも思った。それでも個人的には、たわいもない会話からいろいろな発想が飛び出し、本の作成以上のことを学べる、対面での会議がやはり良いなとも感じた。

本書の作成段階で［付記］にもあるとおり、今井雅晴氏のご著書の刊行を見た。多くの鎌倉殿関連書籍が北条政子以外の女性にほぼ興味がないなか（女性を取り上げていても、深掘りされない）、女性を中心とした本が出たということ自体、それが読者に求められている証拠だとも思った。そして本書の企画も間違いなかったと確信した。小径社からは以前にも服藤早苗編著『「平家物語」の時代を生きた女性たち』（二〇一三年）が出ている。このように女性に注目するものが、今後どんどん出てくることを望みたい。

執筆者となってくださったたくさんの研究者が本書の趣旨に応じてくださり、各位から非常に興味深い原稿が寄せられた。執筆者のみなさまに感謝するとともに、早くに原稿を提出されながら、編者の不手際から刊行時期が当初の予定より遅れたことをお詫びしたい。

本書の作成においては、樋口州男先生からバトンを渡されたものの、とても樋口先生のようにいくわけもなく、執筆者の方々、また共編者の田辺旬さん、そして小径社の稲葉義之さんには、多大なご迷惑をおかけし、かつより一層のご尽力をいただくこととなった。また、中村俊之さんには、本書においても全体の校正・文章の統一などについて確認していただいた。最後に心より感謝申しあげたい。

二〇二三年一月吉日　　野口華世

【編著者略歴】

田辺旬（たなべ　じゅん）
一九八一年生まれ。大阪大学大学院文学研究科博士課程修了。博士（文学）。現在、東京都立浅草高等学校教諭。
▼『中世史講義【戦乱篇】』（共著、筑摩書房）、『図説鎌倉北条氏』（共著、戎光祥出版）、『史料が語るエピソード　日本史100話』（共著、小径社）ほか。

野口華世（のぐち　はなよ）
一九七二年生まれ。東京都立大学大学院人文科学研究科博士課程単位取得。博士（史学）。現在、共愛学園前橋国際大学教授。
▼『増補改訂新版　日本中世史入門―論文を書こう―』（共編著、勉誠出版）、『恋する日本史』（共著、吉川弘文館）、『『吾妻鏡』でたどる北条義時の生涯』（共編著、小径社）ほか。

【執筆者略歴】

大澤泉（おおさわ　いずみ）
一九八〇年生まれ。早稲田大学大学院博士後期課程満期退学。現在、鎌倉歴史文化交流館学芸員。
▼「相模国の知行体制と地域秩序の形成」（『三浦一族研究』一九号）、『よみがえる荘園』共著、勉誠出版）、「元暦年間の公武関係と大江広元―九条家本『日王苑寺十二箇条起請』紙背文書等を中心に―」（『鎌倉市教育委員会文化財部調査研究紀要』三号）ほか。

長田郁子（おさだ　いくこ）
一九六九年生まれ。明治大学大学院文学研究科博士後期課程満期退学。現在、地方公務員（会計年度任用職員）。
▼『新訂中世史料採訪記』（共著、ぺりかん社）、「鎌倉期の八条院領と天皇家」（『古文書研究』五一号）『『吾妻鏡』でたどる北条義時の生涯』（共編著、小径社）ほか。

金永（キム　ヨン）
一九六六年生まれ。東京都立大学人文科学研究科博士課程単位取得（満期退学）。博士（史学）。
▼『日本の社会と文化』（共著、J&C）、「摂家将軍期における源氏将軍観と北条氏」（『ヒストリア』一七四号）、「日本の「家」と女性―中世将軍の御台所の検討を通して―」（『日本研究論叢』一二九号）ほか。

鈴木由美（すずき　ゆみ）
一九七六年生まれ。帝京大学文学部史学科卒業。現在、中世内乱研究会会長。
▼『中先代の乱』（中央公論新社）、『鎌倉将軍・執権・連署列伝』（共著、吉川弘文館）、『南朝研究の最前線』（共著、朝日新聞出版）ほか。

須藤聡（すとう　さとし）
一九六五年生まれ。群馬大学教育学部卒業。現在、群馬県立文書館古文書係長。
▼『上野新田氏』（共著、戎光祥出版）、『中世の人物　京・鎌倉の時代編1』（共著、清文堂）、『図説　戦国里見氏』（共著、戎光祥出版）ほか。

高松百香（たかまつ　ももか）
一九七三年生まれ。東京都立大学大学院人文科学研究科博士課程修了。博士（史学）。現在、東京学芸大学特任准教授。
▼『ジェンダー分析で学ぶ　女性史入門』（共著、岩波書店）、『恋する日本史』（共著、吉川弘文館）、『藤原道長を創った女たち〈望月の世〉を読み直す』（共編、明石書店）

田村亨（たむら　とおる）
一九九三年生まれ。大阪大学大学院文学研究科博士前期課程修了。修士（文学）。現在、島根県古代文化センター研究員。

▼「中世的世界への視座―平報告に対するコメントとして―」(『歴史科学』二三六号)ほか。

貫井裕恵(ぬくい　ひろえ)
一九八四年生まれ。早稲田大学大学院文学研究科博士後期課程単位取得(満期退学)。現在、神奈川県立金沢文庫学芸員。
▼「安達氏の拠点・甘縄―無量寿院とその周辺」(『かまくら考古』四九号)、「今に息づく日本中世「知」のアーカイブズ」(『書物学』一六号)、「中世寺院における寺誌の一側面―東寺と「弘仁官符」―」(『アジア遊学』一七四号)

長谷川明則(はせがわ　あきのり)
一九九二年生まれ。東北大学文学部人文社会学科卒業。現在、群馬県教育委員会事務局総務課主事。
▼『戦国人―上州の150傑―』(共著、上毛新聞社)、「長楽寺再建事業にみる鎌倉時代末期の在地領主と「有徳人」」(『国史談話会雑誌』五七号)、「鎌倉御家人漆原氏の西遷―『阿波国徴古雑抄』所収史料の再検討―」(『群馬文化』三三八号)ほか。

【編集協力】

中村俊之(なかむら　としゆき)
一九五九年生まれ。東京都出身。明治大学文学部卒業。現在、駒込学園講師。
▼『史料が語るエピソード　日本史100話』(共著、小径社)、『新説日本史』(共著、日本文芸社)、『東京都謎解き散歩』(共著、新人物往来社)ほか。

小径選書 ❼

鎌倉北条氏の女性ネットワーク

2023 年 4 月 1 日　第 1 刷発行

編著者　田辺旬・野口華世
発行者　稲葉義之
印刷所　株式会社シナノパブリッシングプレス

発行所　株式会社 小径社 Shokeisha Inc.
〒 350-1103　埼玉県川越市霞ケ関東 5-27-17　TEL 0266-78-7172

ISBN　978-4-905350-16-3
◎定価はカバーに表示してあります。
◎落丁・乱丁はお取り替えいたします。

小径選書①

再検証 史料が語る新事実

書き換えられる日本史

村岡　薫　戸川　点
樋口州男　野口華世／編著
武井弘一　藤木正史

ISBN978-4-905350-00-2　四六判／二五六頁／定価　一、六〇〇円（税別）

歴史が変わる?!　歴史研究の最前線は今……

『歴史』の裏付けとなっている様々な史料も、視点を変えて読み解くと新たな側面がみえてくる。近年の研究により従来の『歴史』の記述が塗り換えられた、あるいは塗り換えられつつある事例をやさしく解説することにより、史料を研究することのおもしろさと歴史研究のダイナミズムを提示する」

本書はこの趣旨のもと、近年の新たな史料研究によってみえてきた、従来の常識をくつがえす日本史の真相に迫る。

小径選書②

「平家物語」の時代を生きた女性たち

服藤早苗／編著

ISBN978-4-905350-02-6　四六判／二四八頁／定価　一、六〇〇円（税別）

『平家物語』に登場する女性たちの実像とは!!

建礼門院は、『平家物語』像をもとに、頭の悪い、思考力のない女性とされることが多かった。『平家物語』のみならず、実際の歴史研究でも、いまだに女性の出てくる史料や生活に関する史料をあまり重視しない傾向が強い。

平家政権をとりまく政治勢力構造や推移を考察するとき、姻戚関係はきわめて重要な要素だが、婚姻儀礼や居住形態研究も、女性たちの朝廷内での女房役割や人間関係の研究も、まだまだ始まったばかりである。（はしがきより）

本書は最新の研究成果から女性たちの実像を描き出す。

小径選書③

歴史と文学

―文学作品はどこまで史料たりうるか―

樋口州男　村岡　薫
戸川　点　野口華世 / 編著
田中暁龍

ISBN978-4-905350-04-0　四六判 / 二五六頁 / 定価 一、六〇〇円（税別）

文学作品を歴史研究に利用することは可能なのか?!

文学作品を歴史研究の史料として利用するさいのアプローチの方法は、たとえば「文学作品と歴史史料を対比させて展開する」「文学作品そのものの歴史史料性を追求する」「文学作品に描かれた内容から時代性を浮かび上がらせる」などさまざまである。そこから創作と史実の境界線を探ることもできるのではないかと考えたのが本書である。

文学作品を読む楽しさと歴史を考える面白さを同時に味わっていただけると誠に幸いである。（はしがきより）

小径選書④

歴史の中の人物像

―二人の日本史―

樋口州男　小林　風
戸川　点　中村俊之 / 編著
野口華世

ISBN978-4-905350-10-1　四六判 / 二九六頁 / 定価 二、〇〇〇円（税別）

二人の人生が歴史の中で交差する!!

「古代から近代にいたる歴史上の人物を二人ずつ取り上げ、その関係を解説することで日本史をたどる」（「あとがき」より）。

過去、二人の関係性で読ませる本はいくつも存在するが、本書では今までにない意外な組み合わせや、組み合わせ自体はオーソドックスでもその関係性があまり知られていない、などの点において新鮮な話題を集めた。それらの人物の対比や関係性から、新たな歴史の視点と歴史を学ぶことの楽しさが見えてくるに違いない。

小径選書⑤

武士道と男色物語

―『賤のおだまき』のすべて―

伊牟田經久／著

ISBN978-4-905350-12-5　四六判／二八〇頁／定価二、〇〇〇円（税別）

『賤（しず）のおだまき』のすべてを解明‼

江戸時代の末期に鹿児島で作られた美少年をめぐる物語『賤（しず）のおだまき』が、明治初期の東京で若者たちにもてはやされた。戦国時代、島津義久・義弘治世のころを舞台とする男色の物語である。

新旧の思想や文化の相克する明治初期の世相の中で、この物語は、西欧化の新しい風潮を軟弱として反発し、戦国武士の義と愛に生きる男どうしの関係を純で美しいものとして憧れる若者たちに受け入れられていった。それはなぜか。その物語の全容をここに解き明かす。

小径選書⑥

『吾妻鏡』でたどる 北条義時の生涯

樋口州男　田辺　旬
錦　昭江　野口華世／編著

ISBN978-4-905350-15-6　四六判／二八〇頁／定価二、〇〇〇円（税別）

北条義時の光と影の生涯をたどる‼

武士の都・鎌倉を舞台として生きた北条義時とその時代を知る上で、もっとも基本的な史料の一つとしてあげられるのは、鎌倉幕府の記録『吾妻鏡』である。しかし同書はまた、見方をかえると、幕府・北条氏サイドの視点から編纂されているという厄介な代物であることも確かである。

本書はまさにこの虚実ないまぜの『吾妻鏡』を手がかり（窓口）に、「義時の世界」へと入っていく道案内人としての役割を果たしたいとの思いから生まれた企画にほかならない。

わが国最大かつ最高水準を誇る僧侶の伝記大成を完訳!!

『本朝高僧伝』は、臨済宗の僧卍元師蠻(まんげんしばん)が、元禄15(1702)年に完成させたわが国最大の僧侶の伝記集で、仏教を初めてわが国に伝えた朝鮮僧曇慧(どんえ)・道深(どうじん)伝から、江戸寛文年間の禅僧隆琦(りゅうき)伝まで1130余年間にわたる、1660名あまりを収録した大僧伝です。現代の歴史事典・百科事典・人名辞典の僧侶の略歴の多くは、本僧伝に基づいています。日本仏教史のみならず、様々な歴史分野における貴重な一級資料です。

本シリーズは、漢文で記された原文に訓読・語注を施し、完全現代語訳化を果たした、史上初の完訳本です。(第四巻以降、順次刊行予定)

濃州盛徳沙門 卍元師蠻/撰述 斯于明/訳註

完訳 本朝高僧傳(一)

巻之一~巻之四。曇慧に始まり仁秀までを収録。最澄・空海を含む古代の高僧を網羅。

ISBN978-4-905350-07-1/A5判/三六八頁
定価 八、五〇〇円(税別)

完訳 本朝高僧傳(二)

巻之五~巻之八。善議から義昭まで(9世紀~10世紀)を収録。

ISBN978-4-905350-11-8/A5判/三六八頁
定価 八、五〇〇円(税別)

完訳 本朝高僧傳(三)

巻之九~巻之十二。法蔵から辨暁まで(10世紀~12世紀)を収録。

ISBN978-4-905350-13-2/A5判/三八四頁
定価 八、五〇〇円(税別)

史料が語るエピソード　日本史100話

樋口州男／編著

ISBN978-4-905350-01-9　四六判／二九六頁／定価 一、七〇〇円（税別）

そんなこと知らなかった――

古代から近代まで、日本史の100の「？」を考察する!!

教科書の日本史はつまらないけれど、先生が語る歴史の裏話はとても面白い。誰もがそんな経験あるのではないでしょうか。本書はそんな日本史の一〇〇のエピソードを選び出し、解説しています。すべて史料の裏付けのあるものばかりです。最新の研究成果に基づき、根拠をしっかり示した、少々「骨太」のエピソード集です。

日本史の研究は日進月歩。目からウロコの日本史を楽しむことができる、日本史ファン待望の書です。

解説と鑑賞　書で味わう万葉百歌

針原孝之／福島一浩

ISBN978-4-905350-08-8／A5判／二一六頁／定価 二、三〇〇円（税別）

万葉集愛好家と書道を学ぶすべての人々に送る、新しい万葉秀歌誕生!!

万葉集研究第一人者の針原孝之（二松学舎大学名誉教授）が万葉集から秀歌百首を選定して各首に丁寧な解説を施し、それらの百首を気鋭の仮名書家福島一浩（二松學舍大学教授）が、書下ろしで作品化しました。作品ごとに創作の意図と鑑賞法の解説を付し、書道の初心者でも楽しめる構成としました。

書を味わいながら万葉の世界を徘徊することのできる画期的な万葉秀歌集です。